Kalligrafie Alphabete

FÜR JEDEN

Anlass

Natascha Safarik
TINTENFUCHS

Kalligrafie Alphabete für jeden Anlass

Inklusive **POSTER** mit **SCHRIFT-VORLAGEN**

BUCHSTABENKUNST MIT SPITZ-, GLAS-, REDISFEDER UND MEHR

EMF

EIN BUCH DER EDITION MICHAEL FISCHER

INHALT

VORWORT

Das Ziel dieses Buches ist es, dir die Kunst der Kalligrafie näher zu bringen. Hier finden sich ausgewählte einfachere Alphabete, sodass auch Einsteiger ihre Freude daran finden. Zusätzlich stelle ich dir ein paar Techniken vor, die zeigen sollen, dass Kalligrafie kein altbackenes Hobby sein muss, sondern durchaus eine moderne und kreative Beschäftigung ist. Außerdem möchte ich grundlegende Techniken erklären – dieses Buch soll nicht einfach nur hübsche Alphabete zeigen, sondern dir durch genaue Illustrationen und ausführliche Beschreibungen den Einstieg erleichtern. Wenn du die Schriften und die einzelnen Buchstaben verstehst, wirst du es viel leichter haben, weitere Alphabete zu erlernen. Das Gelernte wird dir im Gedächtnis bleiben, und du kannst dein Wissen ganz individuell anwenden.

Wie du dieses Buch verwendest:

Dieses Buch kann quergelesen oder der Reihe nach durchgegangen werden. Wichtig ist nur, dass du dich zuerst mit den Grundbegriffen vertraut machst.
Such dir einfach ein Alphabet heraus, das dich anspricht, hol dir die passenden Materialien und los geht's!

Ich wünsche dir viel Spaß mit diesem Buch und hoffe, du hast genauso viel Freude an der Kalligrafie wie ich.

Ich würde mich freuen, wenn du mir zeigst, zu welchen Ergebnissen du durch dieses Buch gelangst: Verwende dazu auf Instagram den Hashtag #kalligrafiealphabete und/oder markiere mich unter @tintenfuchs.

Deine Natascha

Aus Gründen des Leseflusses wird in dem Buch das generische Maskulinum verwendet. Ich bitte darum, das zu verzeihen – selbstverständlich sind immer alle Geschlechter gemeint.

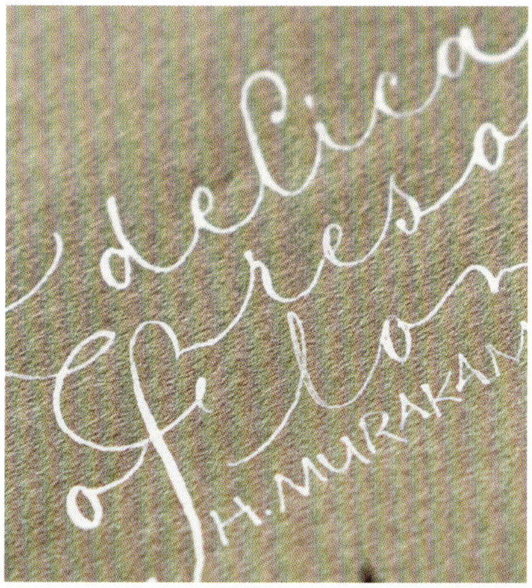

Spitzfeder • Fließende Moderne (S. 22)

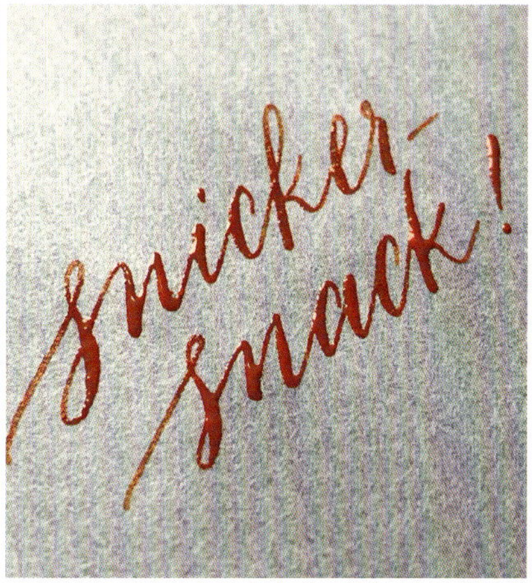

Spitzfeder • Kantige Moderne (S. 24)

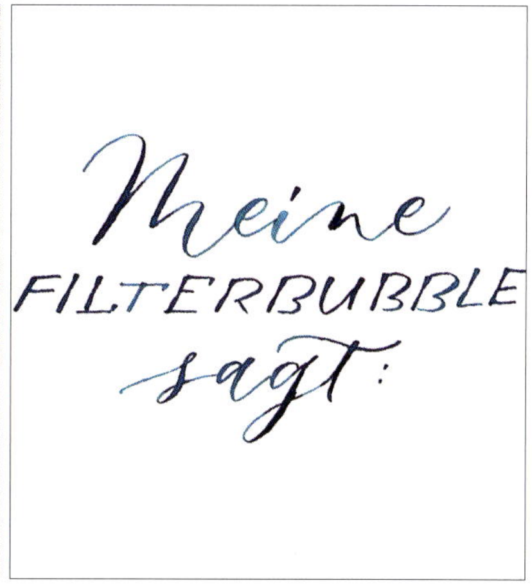

Spitzfeder • Hüpfende Moderne (S. 26)

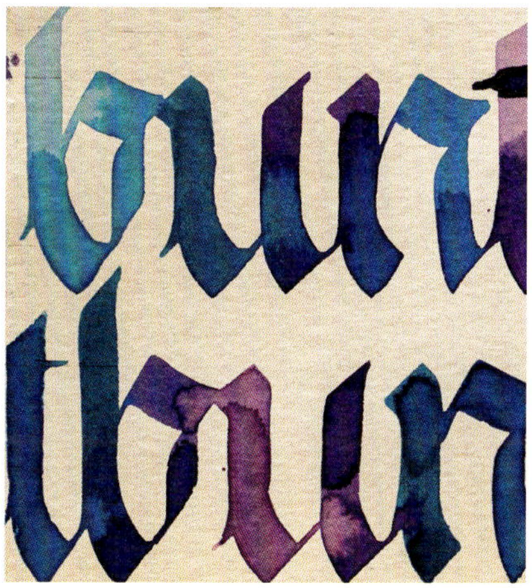

Bandzugfeder • Simple Fraktur (S. 74)

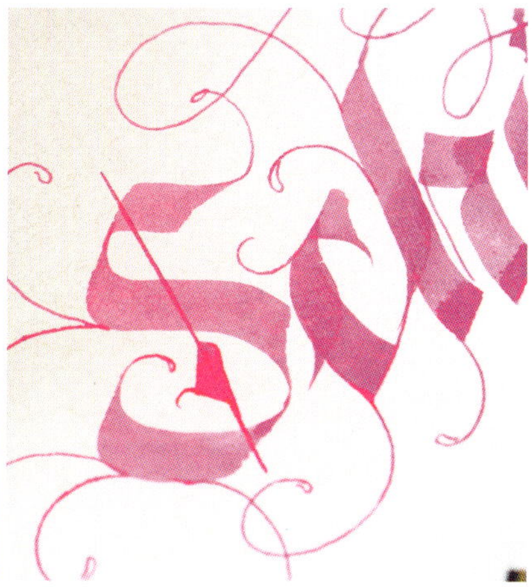

Bandzugfeder • Verzierte Fraktur (S. 88)

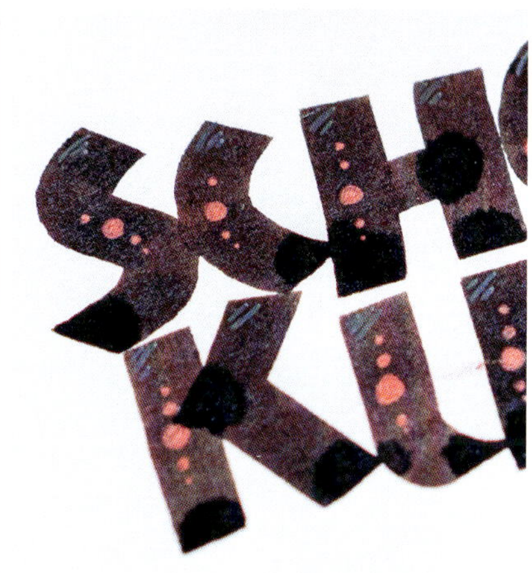

Bandzugfeder • Neuland (S. 94)

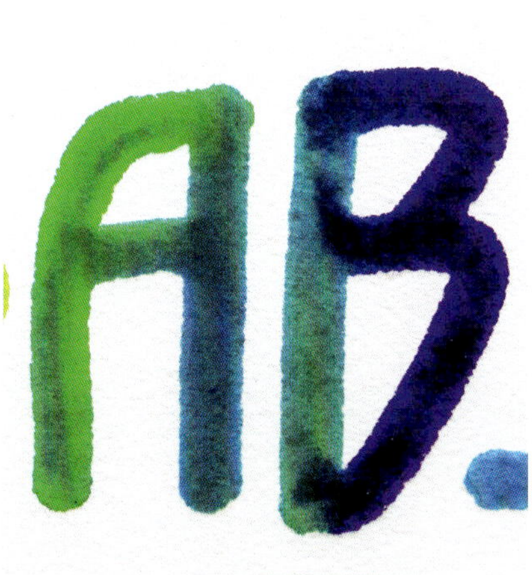

Redisfeder • Jugendstil-Alphabet (S. 106)

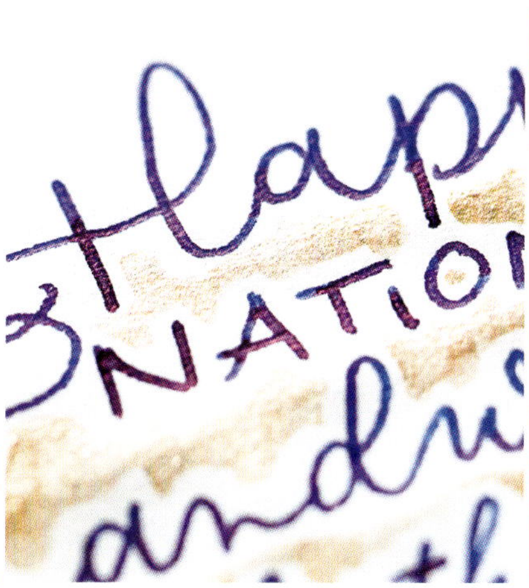

Glasfeder • Monoline Script (S. 115)

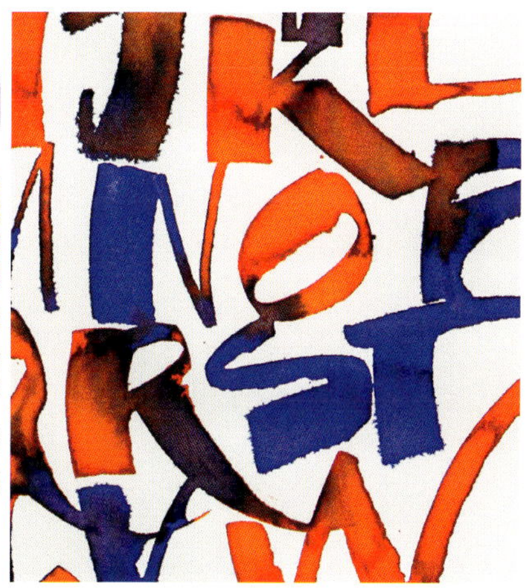

Colafeder-Alphabet (S. 129)

DIE ANATOMIE DER SCHRIFT

Um dir den Einstieg zu erleichtern, ist es wichtig, dass du einige Begriffe kennenlernst. Wenn du diese verinnerlicht hast, fällt es dir leichter, den Anleitungen in diesem Buch zu folgen und sie umzusetzen.

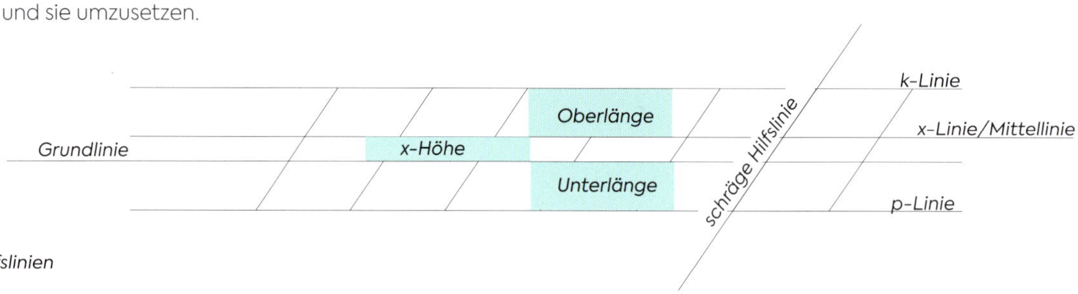

Die Hilfslinien

x-Höhe: In diesem Bereich werden die Kleinbuchstaben, auch Minuskeln genannt, geschrieben. Die Kleinbuchstaben ohne Ober- und Unterlänge sitzen auf der Grundlinie und hören an der Mittellinie auf.

Oberlänge: Hier befinden sich die Bögen von Buchstaben, wie l oder h, sowie einige Großbuchstaben, auch Majuskel genannt. Die Oberlänge endet an der k-Linie.

Unterlänge: Die Bögen nach unten etwa bei g, j oder q werden hier geschrieben. Die Linie, auf der diese enden, ist die p-Linie.

Konvex und konkav: Diese Begriffe stammen eigentlich aus der Geometrie, sind aber hier auch sehr nützlich. Ein Strich ist konkav, wenn er sich nach innen wölbt. Wenn er sich nach außen wölbt, ist er konvex.

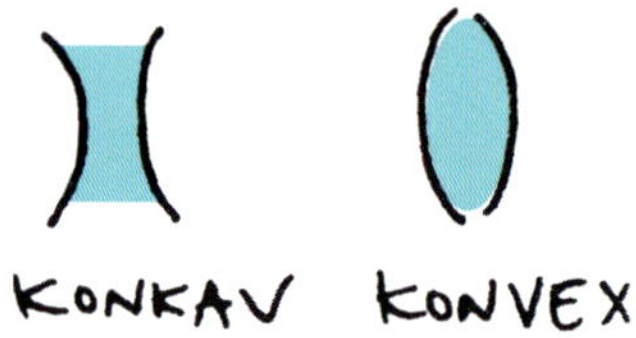

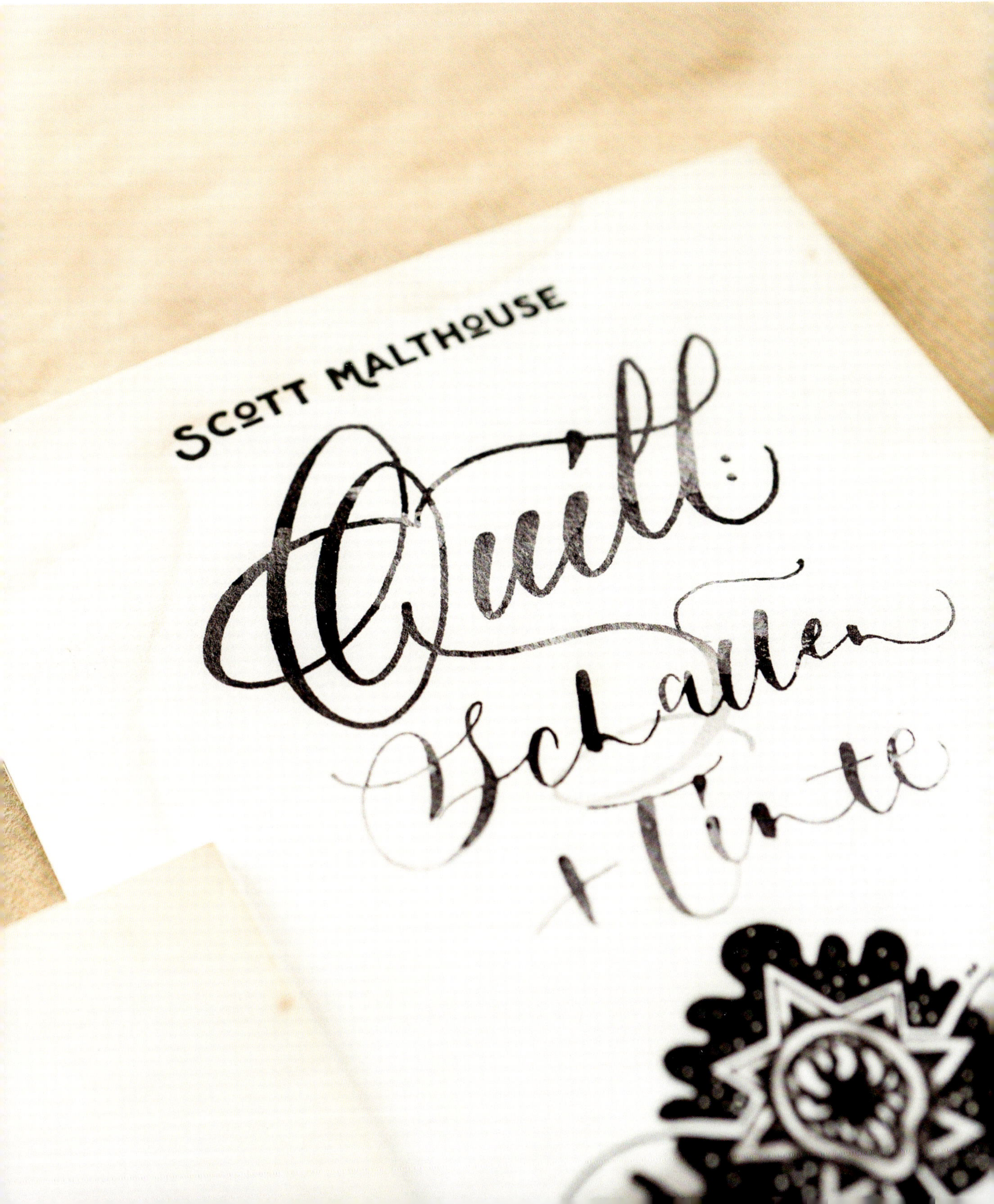
SCOTT MALTHOUSE
Quill:
Schatten
+ Tinte

IN DIESEM KAPITEL:

SPITZFEDER

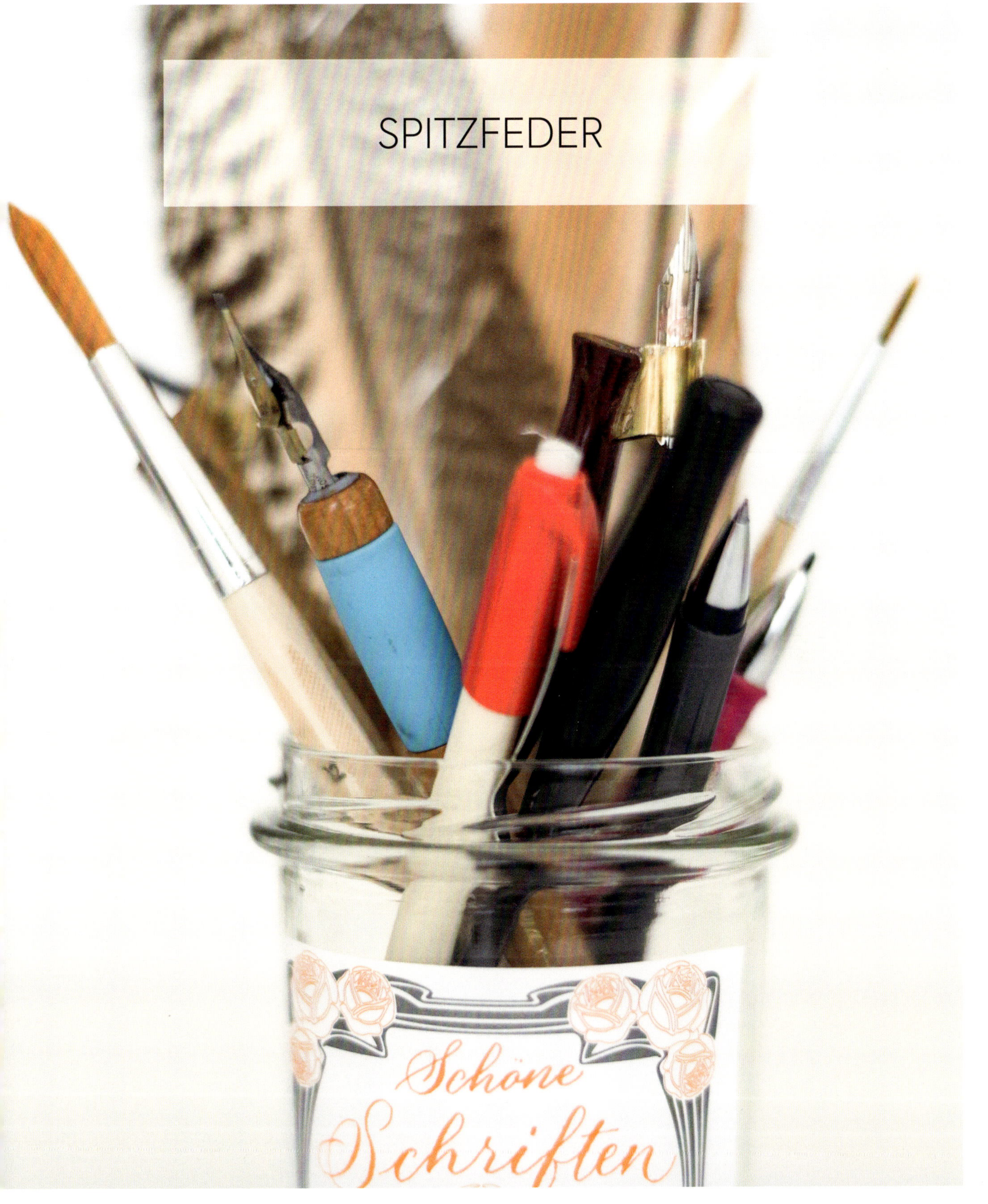

ÜBER DIE SPITZFEDER

Die Alphabete in diesem Kapitel schreibst du mit einer sogenannten Spitzfeder. Diese Feder heißt so, weil sie vorne spitz zuläuft.

Spitzfeder-Schriften zeichnen sich vor allem durch den Kontrast zwischen dicken und dünnen Linien aus. Diese entstehen alleine durch den Druck, der auf die Feder ausgeübt wird. Wenn du einen Strich nach oben führst, drückst du nicht auf die Feder: Sie gleitet ganz von alleine. Nur durch den Papierkontakt entsteht ein dünner Strich. Wenn du jetzt einen Strich nach unten machst, indem du die Feder zu dir ziehst, übst du hingegen Druck auf sie aus. Dadurch öffnen sich die beiden Hälften der Feder, wodurch mehr Tinte herausfließen kann. Das Ergebnis ist ein dickerer Strich. Diese Kombination aus Druckauf- und -abbauen ist das Grundprinzip der Spitzfeder-Kalligrafie.

HINWEIS

Für eine detaillierte Einführung in die Spitzfeder-Kalligrafie empfehle ich mein Buch „Moderne Kalligrafie von A bis Z" und meinen Online-Kurs (Details auf www.tintenfuchs.net), in denen die Handhabung des Werkzeuges noch viel genauer erläutert wird. Dort finden sich auch ausführliche Kapitel zu Papier, Tinte und Federn, die hier nur kurz angeschnitten werden.

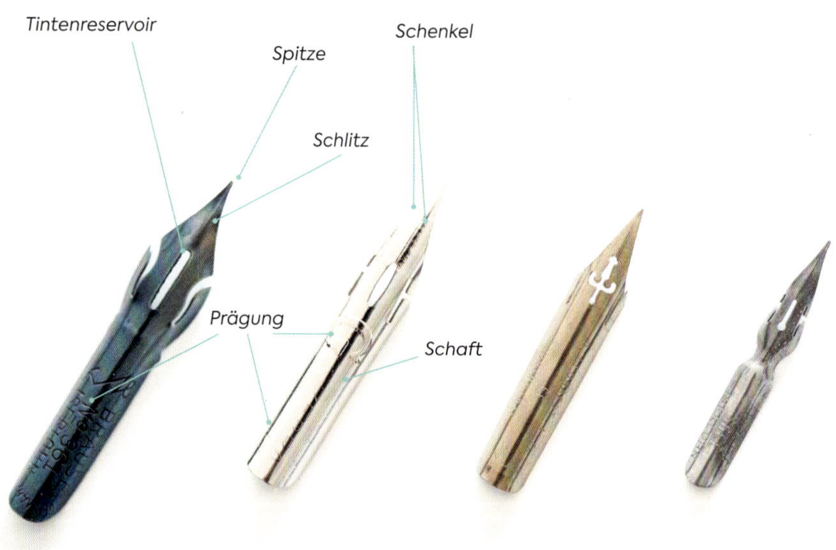

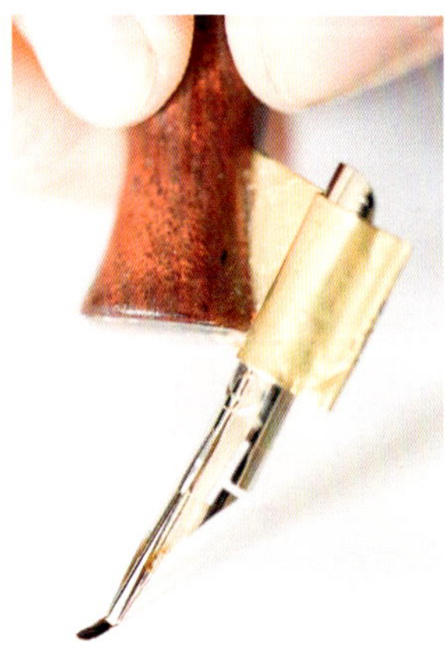

Offene Feder

MATERIAL

Für die Alphabete in diesem Kapitel brauchst du:

Federhalter

Rechtshänder: Oblique Federhalter (erhältlich im lokalen Künstlerbedarf, z. B. Boesner, Gerstaecker; im Internet, z. B. auf www.kallipos.de, www.kalligrafie.com, oder auch www.welovehandmade.at/shop)
Linkshänder: Als Linkshänder kannst du einen Standard-Federhalter verwenden, den du in jedem Künstlerbedarf bekommst. Ich bevorzuge Federhalter mit Korkhalterung, diese liegen sehr angenehm in der Hand.

Feder

Ich empfehle für den Anfang eine der folgenden Federn: Zebra G, Nikko G, Brause 361, Brause 66EF, Hunt 22b. Erhältlich in vielen Künstlerbedarf-Läden sowie online z. B. bei www.j-stuff.de, www.kalligrafie.com, www.kallipos.de.

Tinte

Ich empfehle für den Anfang Walnusstinte, die du in Granulatform (in Wasser auflösen, ca. 1 TL Granulat auf 30 ml Wasser) oder als fertige Tinte im Künstlerbedarf unter einem der folgenden Namen finden kannst: Nussbaumtinte, Walnuss-Schalenpulver, Nussschalen-Granulat.
Online bekommst du sie z. B. auf www.kalligraphie.ch.
Alternativen für Walnusstinte sind z. B. Rohrer & Klingner Schreibtinte in den Tönen Salix, Scabiosa oder Leipziger Schwarz.

Fusselfreies Tuch und Wasser

Um deine Feder zwischendurch zu reinigen, benötigst du ein fusselfreies Tuch und ein wenig Wasser.

Übungspapier

Halbtransparentes und für die Spitzfeder geeignetes Papier ist z. B.:

- Clairefontaine Smart Print Paper (60–80 g/m²): Es ist sehr günstig und eine Packung beinhaltet 500 Blatt.
- Auch das Papier Canson XL Markerpad eignet sich gut für erste Übungen.

Für fertige Kunstwerke eignet sich z. B.:

- Bristol-Karton
- Hahnemühle Federzeichenpapier
- Satiniertes Aquarellpapier

Hilfslinien-Blätter

Hilfslinien kannst du dir auf www.emf-verlag.de/produkt/kalligrafie-alphabete-fuer-jeden-anlass downloaden und ausdrucken. Wenn du direkt auf den ausgedruckten Blättern üben möchtest, empfehle ich dir ein geeignetes Druckerpapier wie z. B. Mondi Color Copy, Clairefontaine DCP oder HP Color Laserjet.

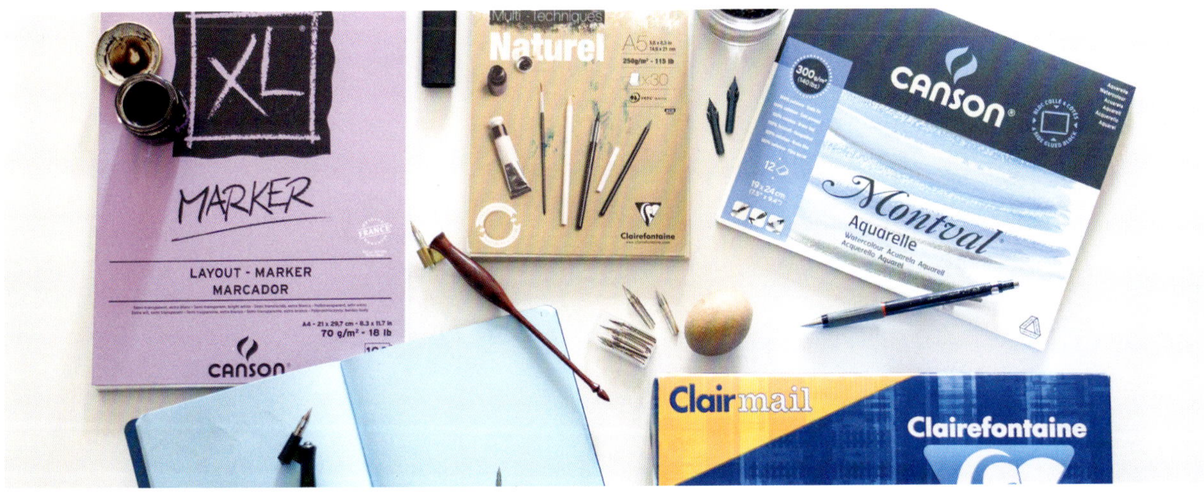

HANDHABUNG UND GRUNDBEGRIFFE DER SPITZFEDER-KALLIGRAFIE

GRUNDBEGRIFFE

Bevor du loslegst, erkläre ich dir noch ein paar Grundbegriffe der Spitzfeder-Kalligrafie. Diese sind nötig, um die Anleitungen besser nachvollziehen zu können.

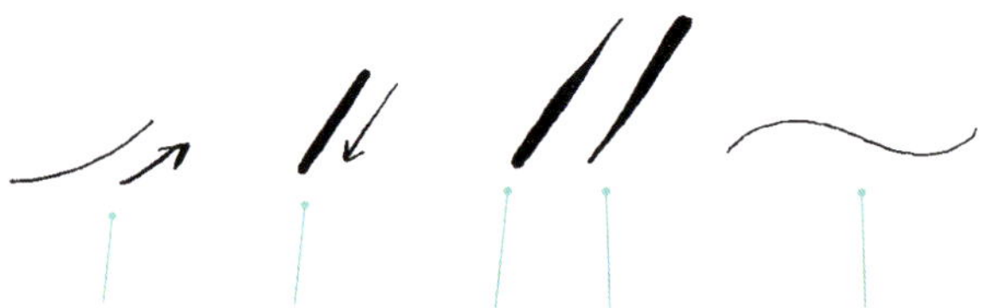

Aufstrich: Unter einem Aufstrich versteht man einen Strich mit der Feder von unten nach oben.

Abstrich: Dieser schattierte Strich wird von oben nach unten geführt. Dabei wird Druck auf die Feder ausgeübt, sodass die Linie dicker wird, also zunimmt.

Zu- und Abnehmen: Nimmt ein Strich zu oder ab, wird er dicker oder dünner.

Haarlinie: Haarlinien sind die feinsten Striche, die sich erzielen lassen. Ein Aufstrich ist auch immer eine Haarlinie.

FEDER VORBEREITEN

Bevor du zu schreiben beginnst, musst du deine Feder vorbereiten, denn frisch aus der Verpackung ist sie nämlich noch mit einer sehr dünnen, mit bloßem Auge nicht sichtbaren Ölschicht bedeckt. Das Öl wird im Produktionsprozess aufgetragen, damit die Feder bei längerer Lagerung und beim Transport nicht rostet. Fett und Wasser – also auch wasserbasierte Tinte – stoßen sich aber ab, daher muss die ölbeschichtete Feder erst gereinigt werden.
Für die Reinigung einer neuen Feder gibt es mehrere Möglichkeiten: Ich empfehle die **Kartoffel-Methode.** Dazu steckst du deine Feder beherzt in eine Kartoffel, so weit bis das Loch in der Mitte der Feder ganz verschwunden ist. Die Kartoffel ist stärkehaltig und die Stärke zersetzt das Öl.

1

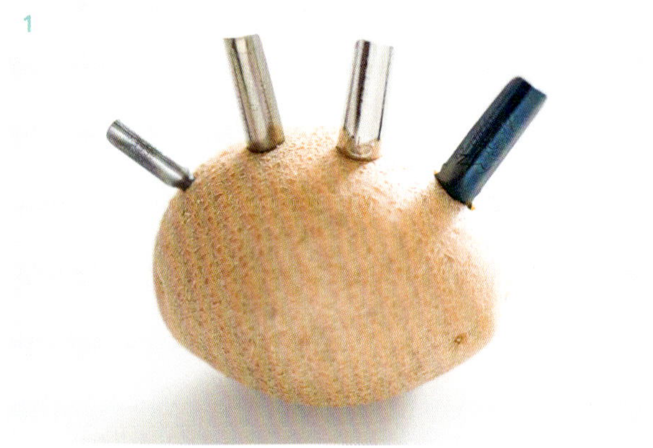

Lass die Feder etwa eine Minute lang in der Kartoffel stecken und reinige sie dann sanft mit einem feuchten Tuch. Jetzt musst du testen, ob die Tinte auch an der Feder haftet.

2

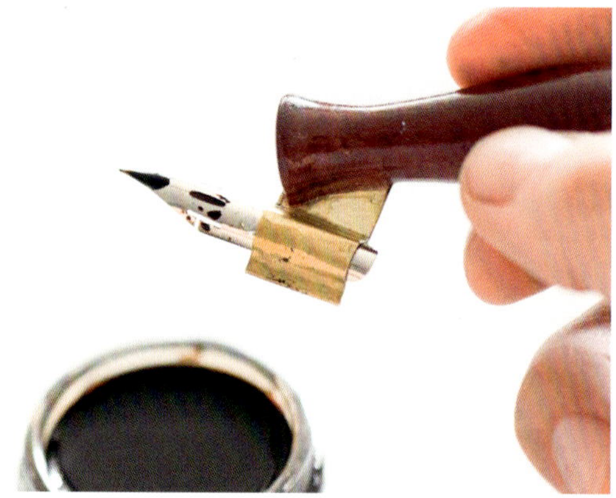

Hier perlt die Tinte von der Feder ab: Noch einmal in die Kartoffel!

3

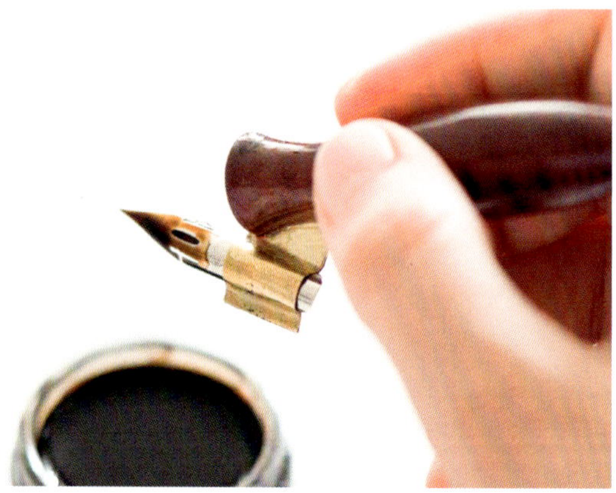

Nun hält die Tinte an der Feder.

Weitere Methoden, um die Feder vom Fett zu befreien sind:

- Feder kurz über eine Flamme halten, damit das Öl abgebrannt wird
- Feder mit einer Zahnbürste und etwas Zahnpasta abschrubben
- Feder mit fettlösendem Reiniger putzen

FEDER IN DEN FEDERHALTER STECKEN

Um die Feder richtig in einen obliquen Federhalter zu stecken, hältst du den Federhalter so vor dich, dass die Verlängerung, in die die Feder kommt, nach rechts oben zeigt. Die Federspitze zeigt ebenfalls nach rechts oben, und das Loch in der Mitte der Feder ist zu dir gerichtet (Bild 1). Dann schiebst du die Feder in den Federhalter. Im Optimalfall ist die Federspitze an der Mitte des Griffs ausgerichtet (Bild 2).

TIPP: Als Linkshänder verwendest du einen geraden regulären Federhalter. Die Feder gehört hier nicht in den Ring, sondern zwischen die Metallklemmen und den Rand des Federhalters.

1

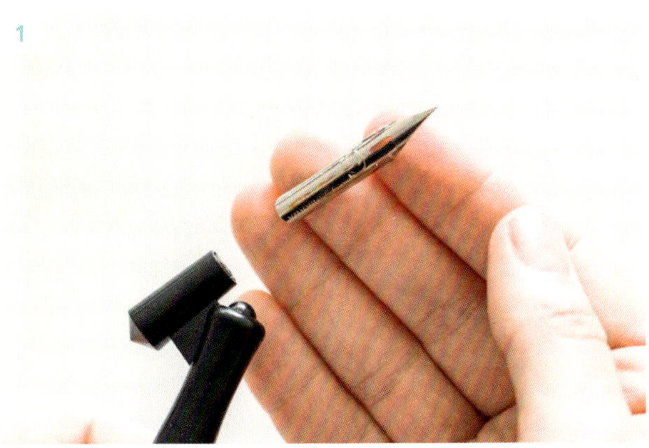

Richte den obliquen Federhalter und die Spitzfeder richtig aus.

2

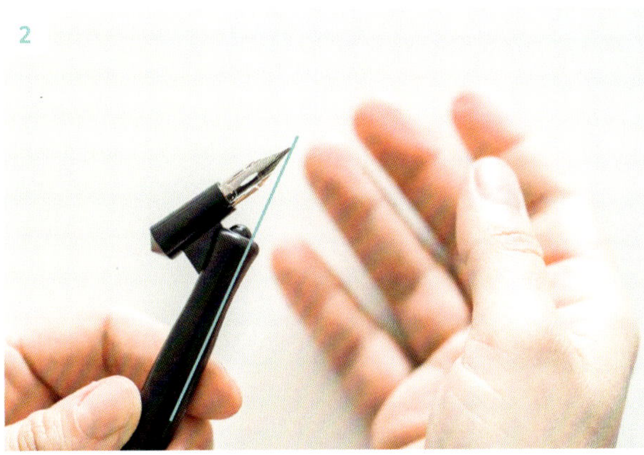

Die Spitze ist etwa an der Mitte des Griffs ausgerichtet.

PAPIER EINRICHTEN

Das Schwierigste bei Spitzfeder-Schriften ist die richtige Haltung des Federhalters und die korrekte Ausrichtung des Papiers. Die richtige Positionierung des Papiers kann dir das Schreiben immens erleichtern.
Zusätzlich zu den horizontalen Hilfslinien habe ich auch schräge Linien eingezeichnet. An diesen Schrägen orientiert sich auch unsere Schrift. Der oblique Federhalter hilft dir dabei, diesen Winkel zu erreichen.
Um richtig auf dem Papier gleiten zu können, muss die Feder in Strichrichtung zu deinem Körper gezogen bzw. von deinem Körper weggeschoben werden. Die Spitze deiner Feder zeigt immer zur oberen Kante des Papiers, entlang der schrägen Hilfslinien. Wenn man die Spitzfeder nach unten zieht, fließt die Tinte am besten. Zieht man sie dagegen nach links oder rechts, dann sperrt sie sich gegen das Papier, und es ist viel schwieriger, einen schattierten Strich zu schreiben. Außerdem nutzt sie sich dann ungleichmäßig ab, und das verkürzt ihre Lebensdauer.

Und so geht's am einfachsten

Lege dein Papier mit den aufgedruckten Hilfslinien vor dich, lege nach Wunsch ein transparentes Blatt darüber und nimm den Federhalter in die Hand, als wäre es ein herkömmlicher Bleistift. Mach einen Strich, indem du den Federhalter zu dir ziehst, wieder so als wäre er ein Bleistift. Dieser Winkel ist der, in dem du normalerweise schreibst (Bild 1). Um nun den richtigen Schreibwinkel für unsere Schrift zu bekommen, drehst du jetzt das Blatt ein wenig (üblicherweise nach links) und ziehst auf dieselbe Art einen Strich. An diesem kannst du dann den Winkel überprüfen (Bild 2). Drehe das Blatt so lange, bis sich dein natürlicher gerader Strich mit der schrägen Hilfslinie deckt (Bild 3).

- Du machst jetzt gerade Schreibbewegungen, die aufgrund der Papierdrehung schräg werden.
- Deine Hand, und somit auch der Federhalter, drehen sich nie. Die Position bleibt immer gleich.

Es ist gut möglich, dass du das Blatt zu Beginn nach einigen Strichen nachdrehen musst. Das ist nicht schlimm, schließlich ist die neue Position ungewohnt.

1

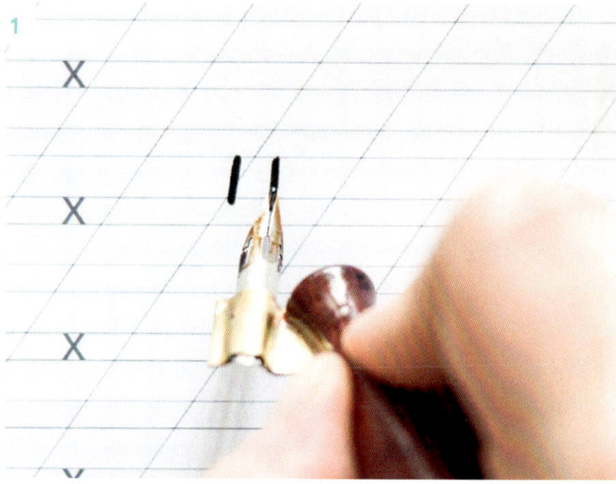

2

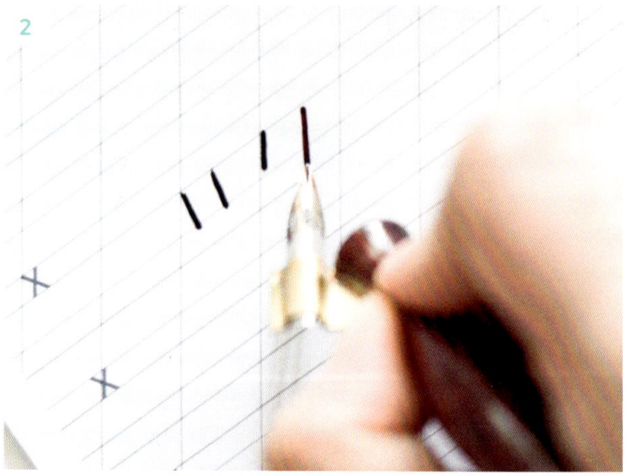

3

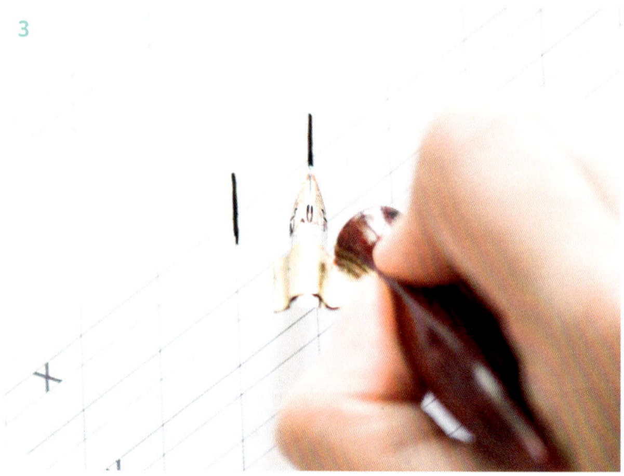

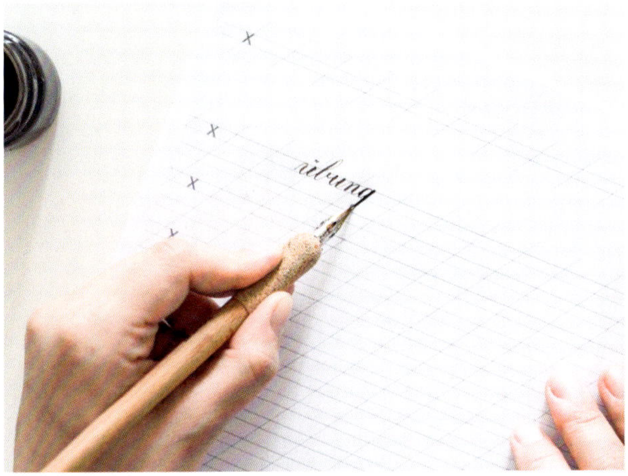

HINWEIS

Als Linkshänder drehst du das Papier nach rechts. Wichtig ist, dass du dein Handgelenk gerade hältst!

ARBEITSPLATZ EINRICHTEN

Ich empfehle dir, dein Tintenglas auf die Seite zu stellen, auf der du deine Hand zum Eintauchen nicht drehen muss. Für Rechtshänder ist das die linke Seite, Linkshänder stellen das Tintengefäß nach rechts. So behält dein Arm die gleiche Position wie beim Schreiben.

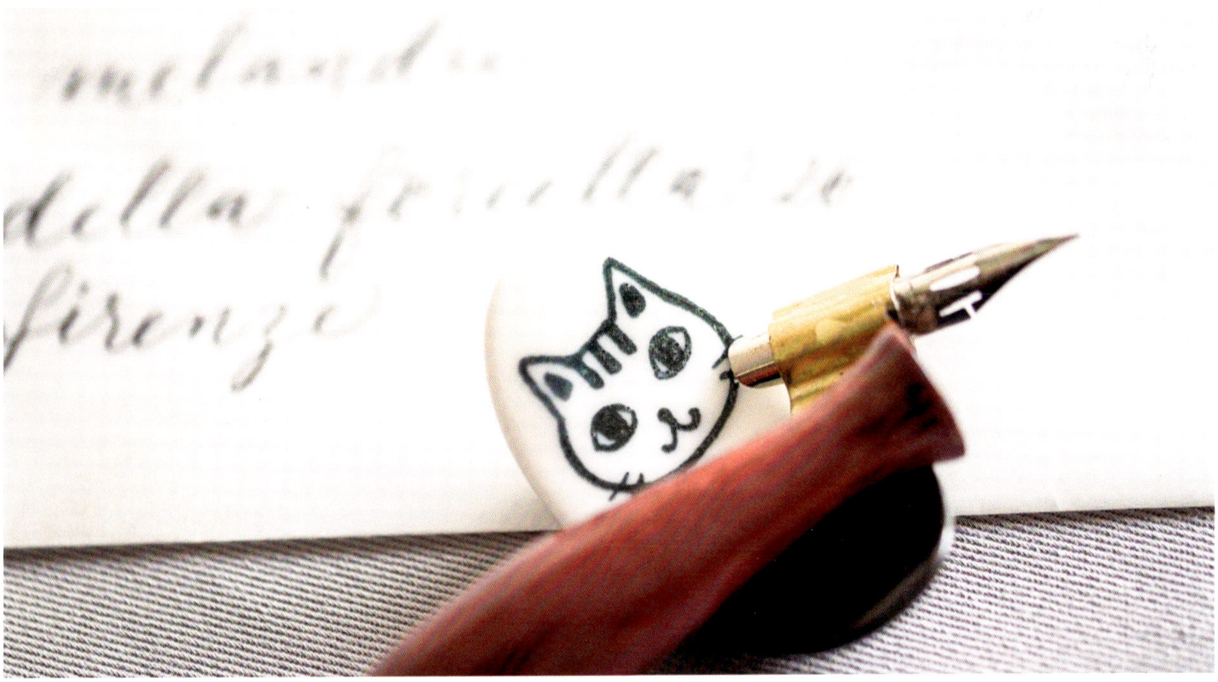

MODERNE KALLIGRAFIE

Gewisse Spitzfeder-Stile (wie z.B. der erste hier vorgestellte) werden oft als „Moderne Kalligrafie" oder „modern calligraphy" bezeichnet. Den meisten Stilen liegt die klassische Copperplate bzw. englische Schreibschrift zugrunde. Diese Schriftart lässt sich unendlich variieren, und so sind in den letzten Jahren viele neue Schriftstile daraus entstanden. Die Abweichungen entstehen oft aus Gründen der Praktikabilität, da die Copperplate sehr langsam geschrieben wird und bei modernen Varianten Schwung und Schnelligkeit dominieren.

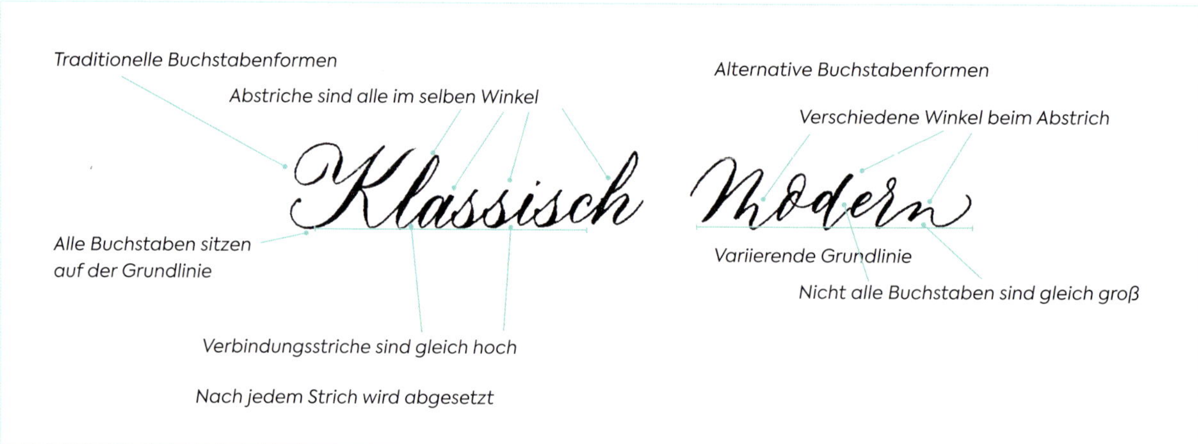

Ich persönlich betrachte den Begriff „Moderne Kalligrafie" als einen Überbegriff der kalligrafischen Schriften, die sich von den traditionellen Buchstabenformen entfernen. Du wirst zunächst auf einem Raster mit einer x-Höhe von 5 mm schreiben, später kannst du die Höhe und auch die Schräge der Buchstaben beliebig variieren. Das Wichtigste ist, dich erst mal mit der Feder vertraut zu machen.

MODERNE SPITZFEDER-ALPHABETE

In diesem Buch stelle ich dir drei moderne Alphabete mit der Spitzfeder vor. Sie haben viel gemeinsam, dennoch ist ihr Erscheinungsbild sehr unterschiedlich. Das Wunderbare an all diesen Alphabeten ist, dass sie nach dem Erlernen der Grundlagen recht einfach abzuwandeln sind, sodass du mit einer Spitzfeder sehr viel Variation in dein Schriftbild bringen kannst.

Ich habe die Buchstaben der modernen Schriften nach Gruppen eingeteilt und nicht alphabetisch sortiert. Die Buchstaben der verschiedenen Alphabete habe ich direkt nebeneinandergestellt. So erkennst du die Unterschiede und Gemeinsamkeiten der jeweiligen Buchstaben auf einen Blick. Du kannst entweder ein Alphabet nach dem anderen durchgehen und die übrigen einfach ignorieren, oder du lernst simultan. Ich würde die erstere Methode empfehlen. Wenn du dann das erste Alphabet draufhast, werden dir die anderen gleich viel leichter fallen.

Alle Spitzfeder-Alphabete in diesem Buch basieren auf der sogenannten Copperplate, der englischen Schreibschrift. Was sich im Vergleich zur Copperplate nicht geändert hat ist der Neigungswinkel der Schrift von 55 Grad. Auch das Verhältnis von 3:2:3 (also 5 mm x-Höhe und je 7,5 mm Ober- und Unterlänge) habe ich hier beibehalten. Wenn du damit Übung hast, kannst du auch andere Winkel versuchen. Tob dich aus – es gibt kein Limit.

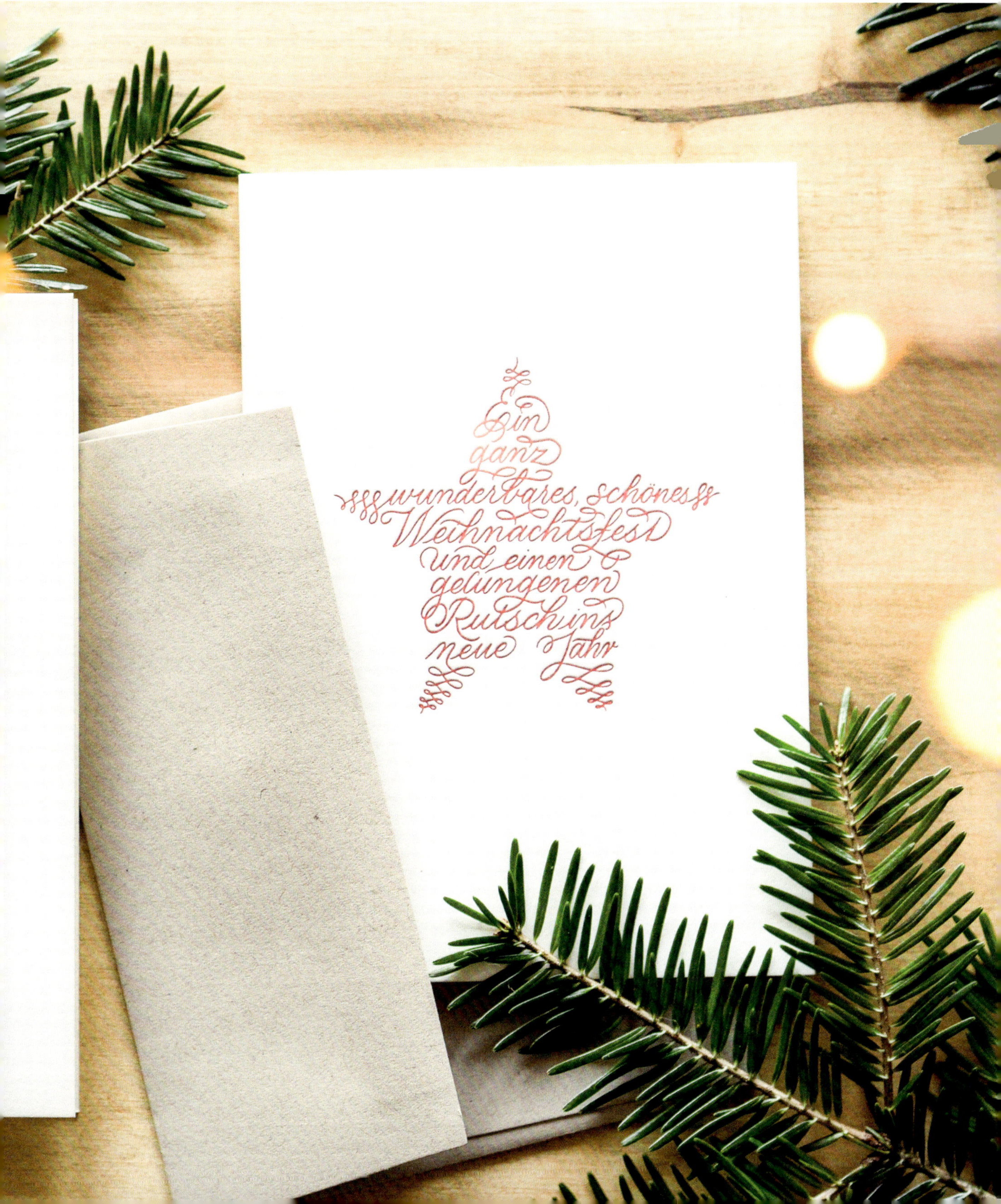
Ein
ganz
wunderbares, schönes
Weihnachtsfest
und einen
gelungenen
Rutsch ins
neue Jahr

DIE SPITZFEDER-ALPHABETE

Fließende Moderne

Diese Schrift, die ich fließende Moderne genannt habe, ist eine sehr dynamische Abwandlung der sogenannten Copperplate. Die Besonderheit der Buchstaben besteht darin, dass die Striche, die in den nächsten Buchstaben übergehen, länger und ausladender sind als bei anderen Schriften. Ich empfehle dir neben dem Üben einzelner Buchstaben, auch bald ganze Wörter zu schreiben, damit du in den Rhythmus kommst. Diese Verlängerung der Verbindungen zwischen den Buchstaben erzeugt den Eindruck, dass die Schrift nach vorne strebt oder fließt – daher der Name.

Ein Unterschied zur Coppeplate ist, dass nicht nach (fast) jedem Strich abgesetzt wird. Der elegante Fluss dieser Schrift entsteht dadurch, dass die Buchstaben oft in einem Schwung geschrieben werden.

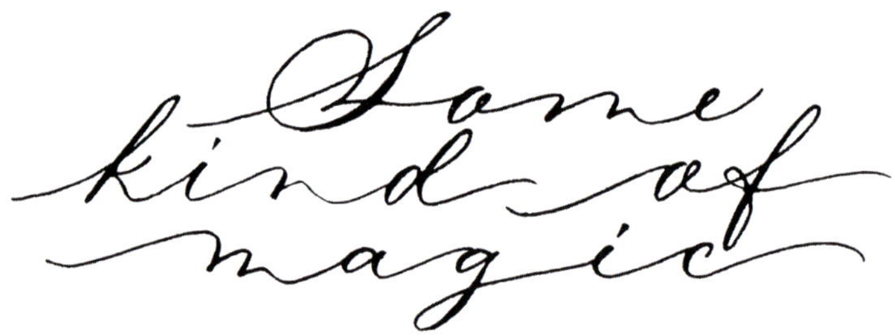

HINWEIS

Die Tatsache, dass bei der fließenden Moderne nicht so oft abgesetzt wird, macht sie der deutschen Schreibschrift ähnlich. Pass auf, dass du dich trotzdem konzentrierst und erst langsam beginnst, damit du nicht in deine Handschrift zurückverfällst. Das kann leicht passieren, wenn du es gewohnt bist, viel mit der Hand zu schreiben. Geschwindigkeit kommt mit der Übung von selbst.

Kantige Moderne

Die kantige Moderne ist ebenfalls eine zeitgenössische Abwandlung der Copperplate. Sie hat einige markante Änderungen erfahren, die größte davon ist bereits im Namen: Die Rundungen der Ausgangsschrift werden kantiger.

Die Buchstaben werden in einem Schwung geschrieben, im Gegensatz zu ihrer großen Schwester, der Copperplate – dadurch ist eine deutlich höhere Schreibgeschwindigkeit möglich und ein dynamisches Schriftbild wird erzeugt.

Kurven waren gestern

Hüpfende Moderne

Der hüpfenden Moderne liegt eine Technik zugrunde, die sich „variable Grundlinie" nennt. Diese Technik, wenn du sie einmal beherrschst, lässt sich nicht nur auf die modernen Varianten anwenden, sondern auf jeden beliebigen anderen Schriftstil.

Das Grundprinzip ist dabei, dass die Buchstaben nicht alle auf einer Linie liegen, sondern ein wenig „hüpfen". Manche sind nach oben versetzt, manche nach unten. Oft variieren bei modernen Spitzfeder-Schriften die Buchstabengrößen. Eine beliebte Methode ist es, die Ovale bei Buchstaben wie o, a und d kleiner zu machen. Diese Methode wenden wir bei der hüpfenden Modernen an. Dadurch erhält die Schrift noch einmal eine ganz eigene Dynamik. Ich habe hier die Buchstaben mit Ovalen etwas verkleinert, es steht dir aber frei, mit den Buchstabengrößen zu experimentieren.

Die Herausforderung bei dieser Schrift sind weniger die Buchstabenformen als die Verbindungen zwischen den Buchstaben und deren Verhältnis zueinander. Deshalb sind die Großbuchstaben hier bewusst einfacher gehalten.

Rauf runter

SPITZFEDER-ALPHABET: FLIESSENDE MODERNE

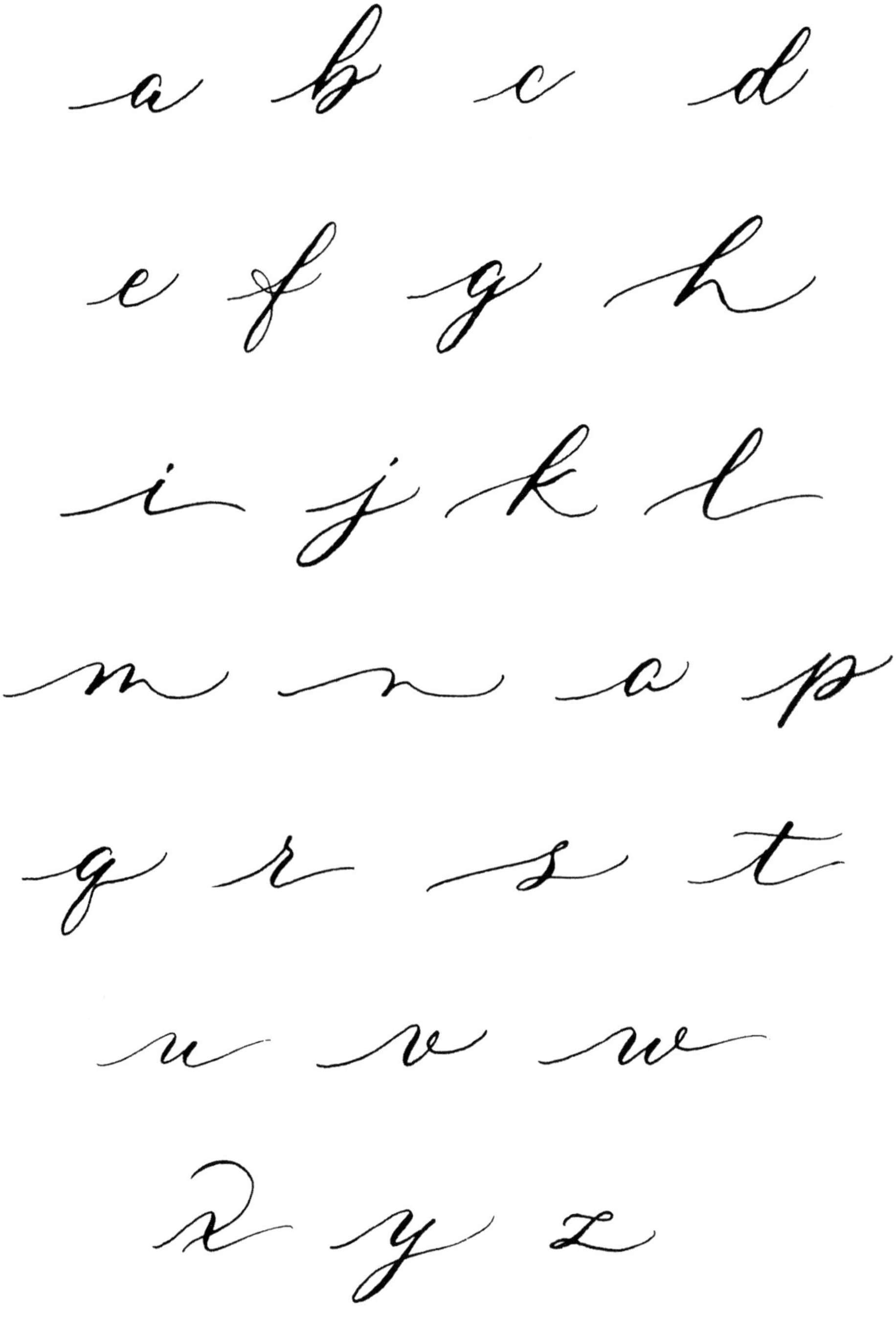

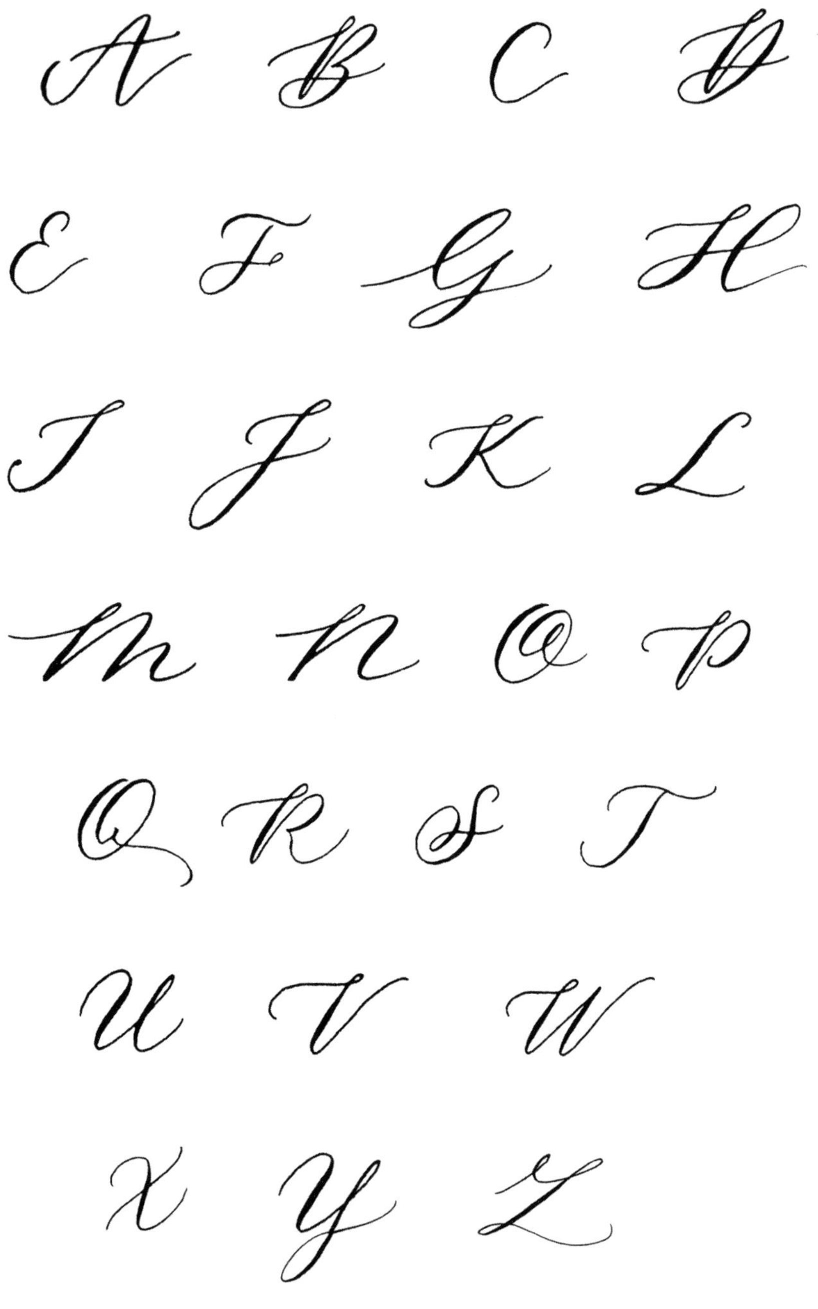

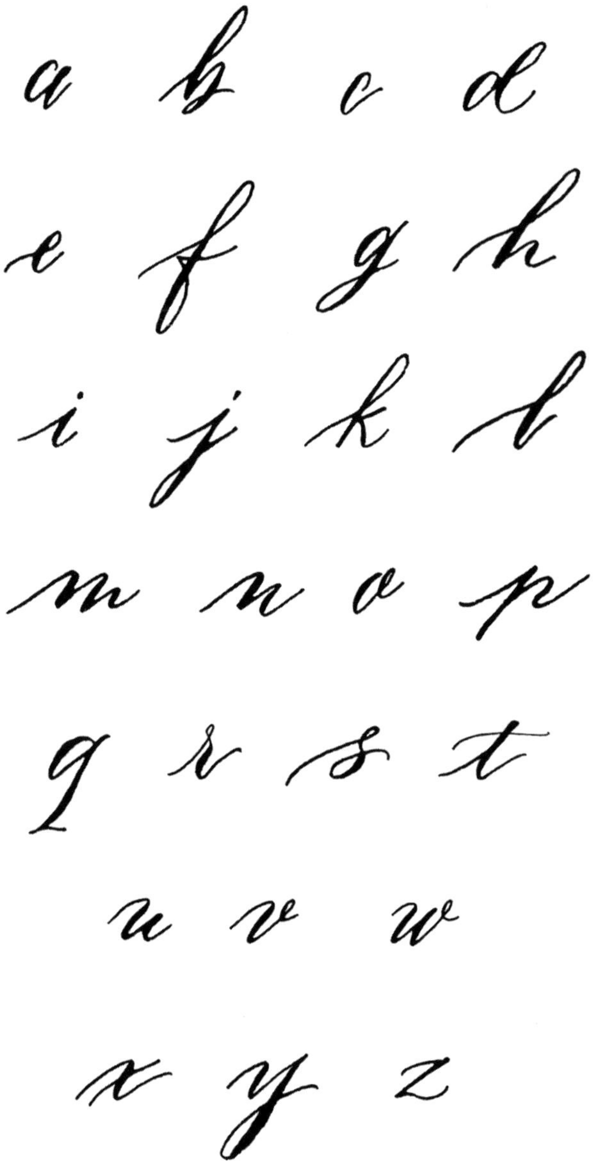
a b c d
e f g h
i j k l
m n o p
q r s t
u v w
x y z

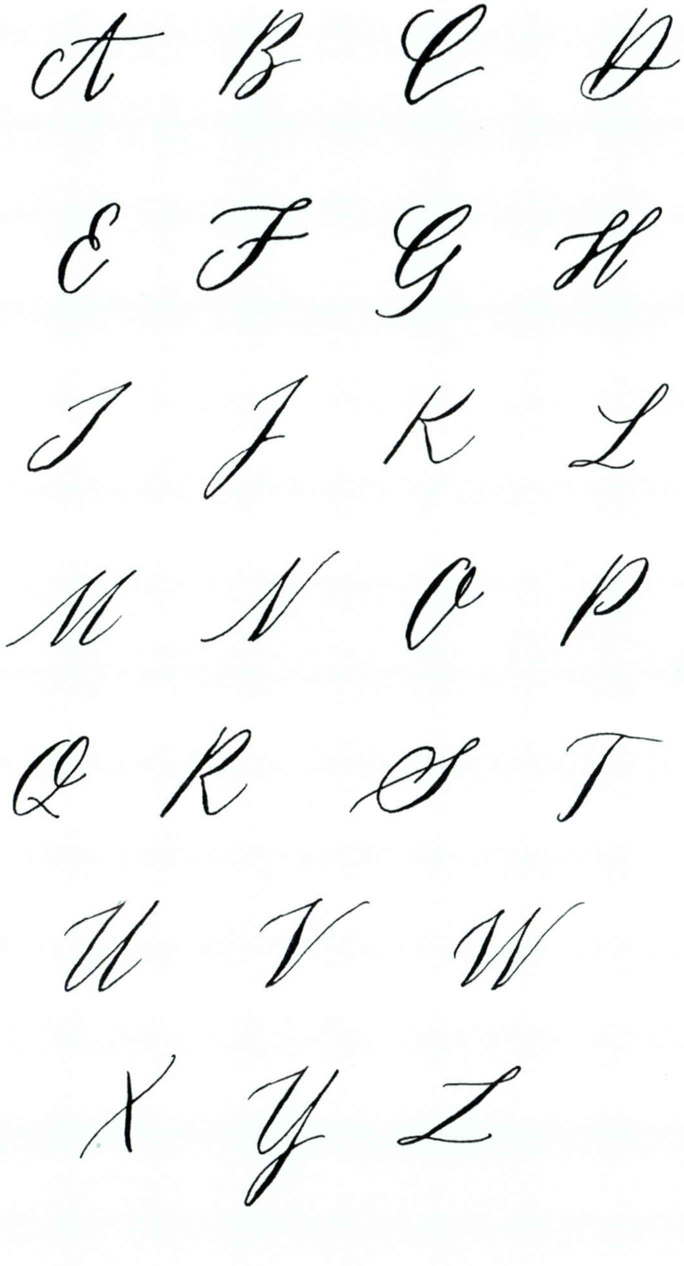

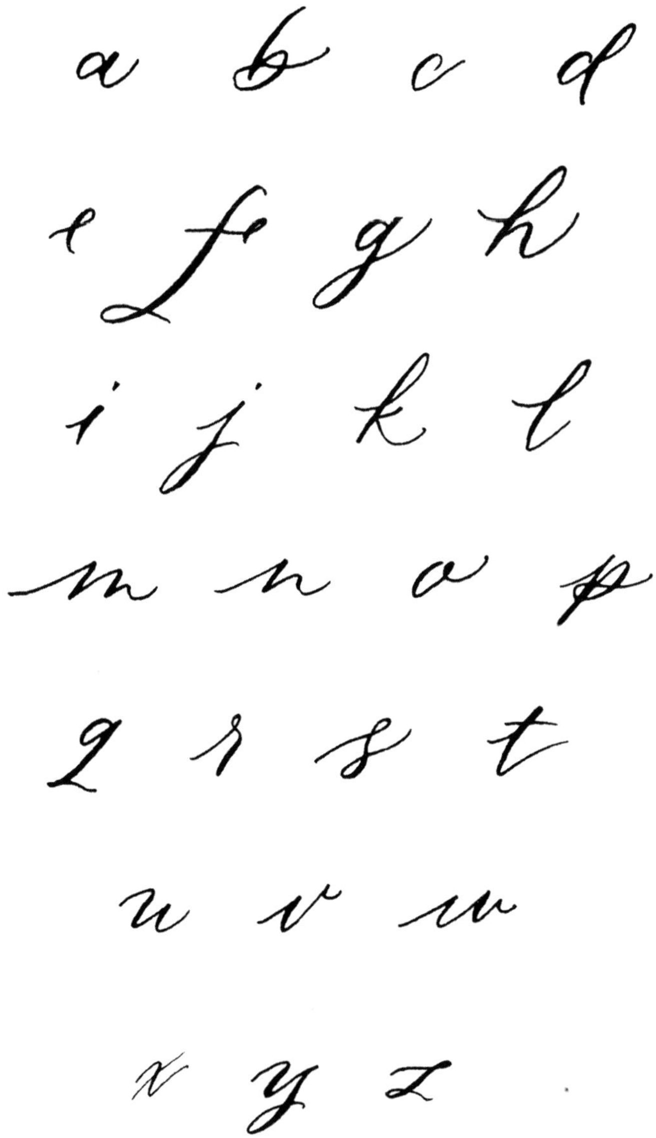

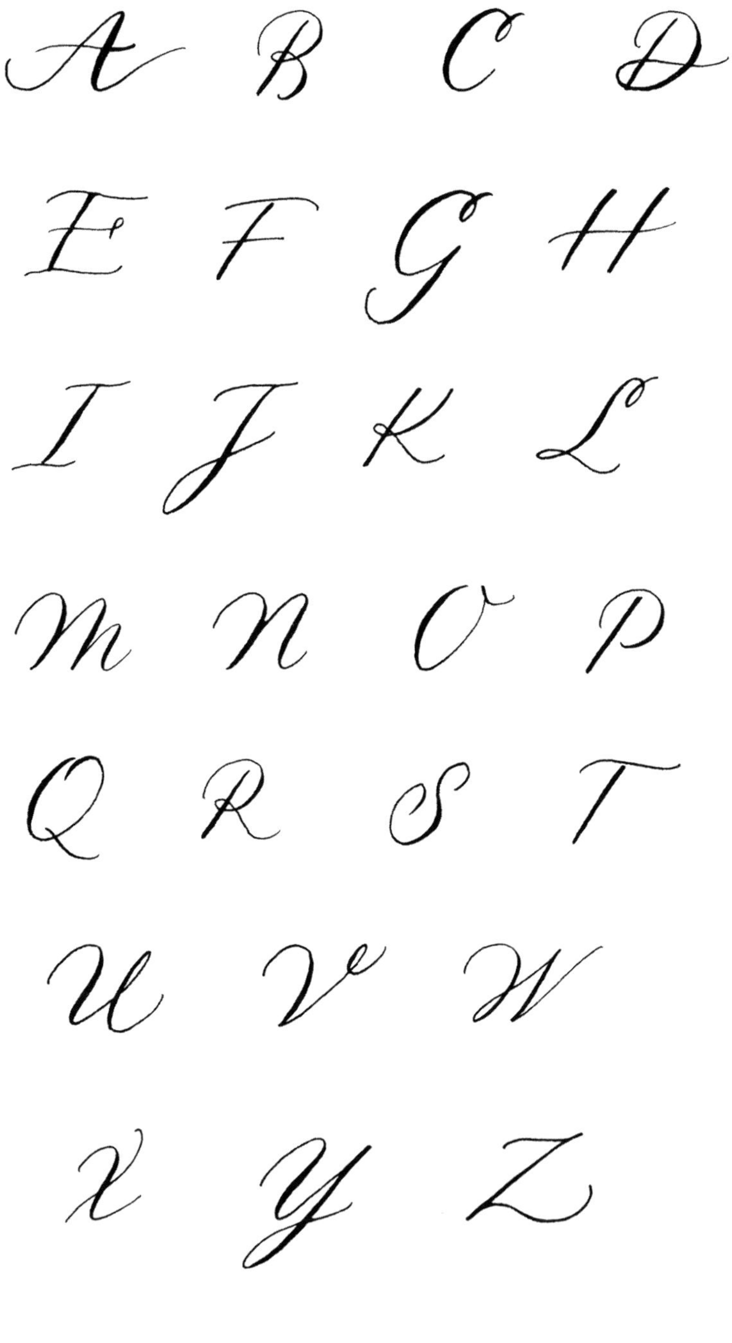
A B C D
E F G H
I J K L
M N O P
Q R S T
U V W
X Y Z

DIE GRUNDSTRICHE

NORMALE GRUNDSTRICHE

Die ersten Grundstriche mit der Spitzfeder sind für alle Alphabete gleich. Sie sind Elemente, die in den hier vorgestellten Alphabeten vorkommen, und daher besonders wichtig. Außerdem helfen sie dir dabei, dich mit dem Material vertraut zu machen.

HINWEIS

Bevor du beginnst, richte dein Papier ein wie im Kapitel „Handhabung" (S. 14) beschrieben.

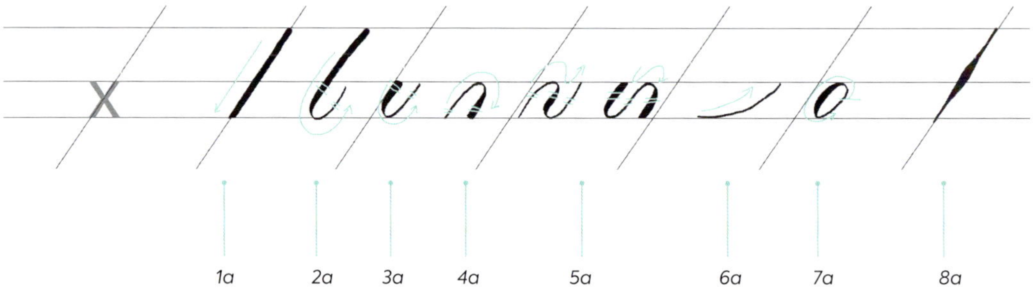

Grundstrich 1a – Gerader Strich mit Druck

Setze an der obersten Hilfslinie an und ziehe langsam einen Strich nach unten bis zur untersten Hilfslinie. Erst an der Grundlinie hörst du langsam auf zu drücken. Während du die Feder nach unten ziehst, behältst du gleichmäßigen Druck bei. Wenn unten ein kleiner, dünner Strich entsteht, hebst du die Feder zu früh ab.

Grundstrich 2a – Schirmgriff

Der Strich beginnt wie Übung 1: Du setzt ganz oben an und ziehst mit Druck nach unten. Kurz bevor du an der untersten Linie angekommen bist, verringerst du den Druck etwas und führst die Feder um die Kurve herum und ohne Druck parallel zum ersten Strich wieder nach oben.

Grundstrich 3a – Kleiner Bogen nach unten

Hier beginnst du an der oberen Linie der x-Höhe und setzt den Bogen gleich fort wie bei Grundstrich 2a. Achte auch hier auf die Parallelität der Linien.

Grundstrich 4a – Kleiner Bogen nach oben

Diesmal beginnst du an der unteren Linie der x-Höhe und führst die Feder ohne Druck hinauf. Erst wenn du den Bogen vollendet hast, beginnst du mit dem schattierten Strich nach unten.

Grundstrich 5a – Welle

Diese Übung kombiniert die Grundstriche aus 3a und 4a. Führe die Feder ohne Druck hinauf, über den Zenit, dann parallel mit Druck nach unten um dann wieder ohne Druck nach oben. Achte darauf, dass die Linien alle parallel zueinander und zur schrägen Hilfslinie sind. Auch der Abstand zwischen den Linien sollte gleich groß sein.

Grundstrich 6a – Aufstrich

Dieser Strich heißt so, weil er aufwärts geschrieben wird. Die dünne Linie wird nicht entlang der schrägen Hilfslinie geführt, sondern in einem deutlich flacheren Winkel. Sie ist der erste Strich bei vielen Buchstaben und verbindet sie auch miteinander.

Grundstrich 7a – Oval

Das Oval (kein Kreis!) ist die Grundform vieler Spitzfeder-Alphabete und eine der wichtigsten Formen. Es liegt ebenfalls auf der schrägen Hilfslinie.

Grundstrich 8a – Druck aufbauen

Übe das Aufbauen und Nachlassen des Drucks, indem du mit einem Strich ohne Druck (=dünn) beginnst, dann immer fester drückst (=dick) und dann wieder nachlässt. Versuche, die Striche gleichmäßig aussehen zu lassen.

ABWEICHENDE GRUNDSTRICHE

Die folgenden Grundstriche sind Abweichungen von den eben erlernten Grundstrichen. Sie sind sozusagen Weiterentwicklungen für das jeweilige Alphabet

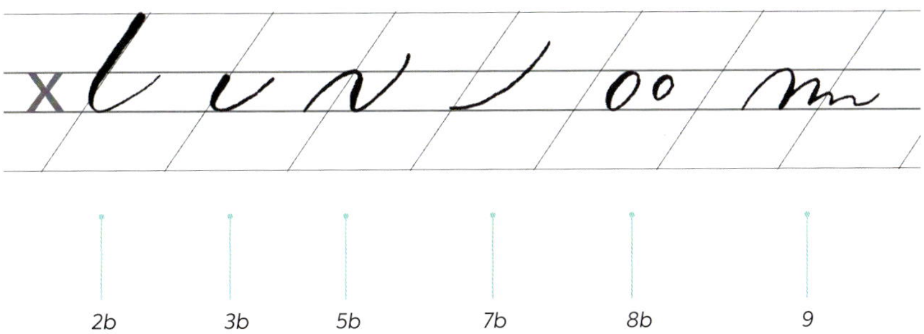

Grundstrich 2b

Wie beim bereits genannten Grundstrich 1 führst du die Feder mit Druck zur Grundlinie. Anstatt sie jedoch parallel zum Abstrich wieder nach oben zu schieben, holst du ein wenig mehr aus und führst die Feder weiter nach rechts.

Grundstrich 3b

Wie Grundstrich 3a, nur dass Ab- und Aufstrich nicht parallel sind, sondern eher einen Bogen ergeben.

Grundstrich 5b

Wie 5a, nur dass die Linien nicht parallel sind und eher einer Zickzack-Form ähneln.

Grundstrich 7b

Dieser Grundstrich ist ein Aufstrich, der steiler ist als der Aufstrich bei Grundstrich 7a.

Grundstrich 8b

Ebenfalls Ovale wie 8a, nur variabel in ihrer Größe. Versuche, verschieden groß zu schreiben, aber die Ovalform trotzdem beizubehalten.

Grundstrich 9

Dieser Strich ist mehr eine Übung als ein Grundstrich: Versuche in einem Zug immer kleiner werdende Bögen zu schreiben. Versuche dabei, die Linien parallel zu halten.

TIPP: Geschwindigkeit kommt mit der Übung und Vertrautheit mit dem Werkzeug. Gehe es erst einmal langsam an, denn langsam bedeutet auch präzise. Es ist viel schwerer, die Feder zu kontrollieren, wenn du dich hetzt. Lass dir für diese ersten Übungen ruhig zwei Sekunden pro Strich Zeit.

AUFSTRICHE

Zu den wichtigsten Strichen bei der fließenden und der hüpfenden Modernen gehören die Verbindungsstriche zwischen den Buchstaben. Übe sie zuerst separat, damit du den Schwung ins Gefühl bekommst. Das Zauberwort hier ist „Muskelgedächtnis" – die Striche sollen so in deines übergehen, dass du sie im Schlaf schreiben kannst. Wichtig bei diesen Grundstrichen ist, dass es sich dabei um Aufstriche handelt. Du führst sie also von unten nach oben – und ohne dabei Druck auf die Feder auszuüben. Das ist ganz logisch, denn diese Striche verbinden die Buchstaben miteinander und beim Weiterschreiben endet ein Buchstabe auch immer mit einem Strich nach oben. An diesen Strich wird dann der nächste Buchstabe gesetzt.

TIPP: Versuche hier auch mal, nicht nur dein Handgelenk zu bewegen, sondern die Bewegung aus deinem Arm heraus zu nehmen. Setze deinen Ellbogen auf den Tisch und halte das Handgelenk still, dann versuche so die Feder zu führen.

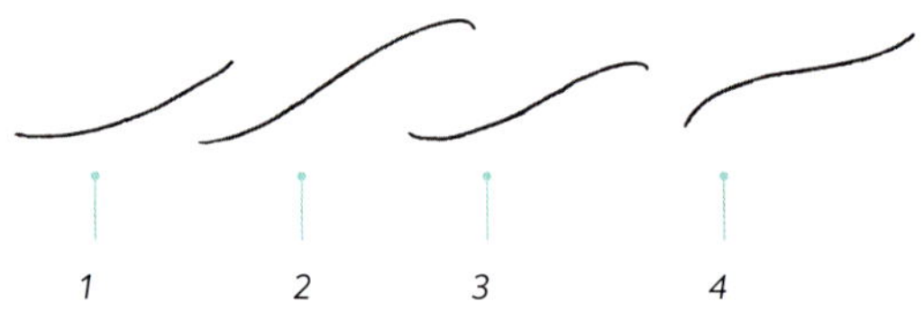

Strich 1

Für diesen Bogen setzt du an der Grundlinie an und führst die Feder in einem sanften Bogen nach oben zur Mittellinie. Achtung: Dieser Strich ist nicht so steil wie die schräge Hilfslinie. Führe diesen Strich auch mal ganz zur k-Linie, um dich auf die Großbuchstaben vorzubereiten, die so beginnen.

Strich 2

Dieser Strich ist eine zarte S-Kurve bzw. die eine Seite einer schräg liegenden 8.

Strich 3

Für diesen Strich beginnst du wieder auf der Grundlinie und führst die Feder in einer zarten S-Kurve bis zur Mittellinie. Hier könntest du eine schräg liegende 8 daraus machen.

Strich 4

Strich 4 ist die umgedrehte Variante von Strich 3 – hier beginnst du mit einer Wölbung nach oben und erst anschließend wölbt sich der Strich nach unten.

HINWEIS

Achte auf die Blatt- und Federhaltung, wie sie im Kapitel zur Handhabung der Spitzfeder beschrieben wird (S. 14)!

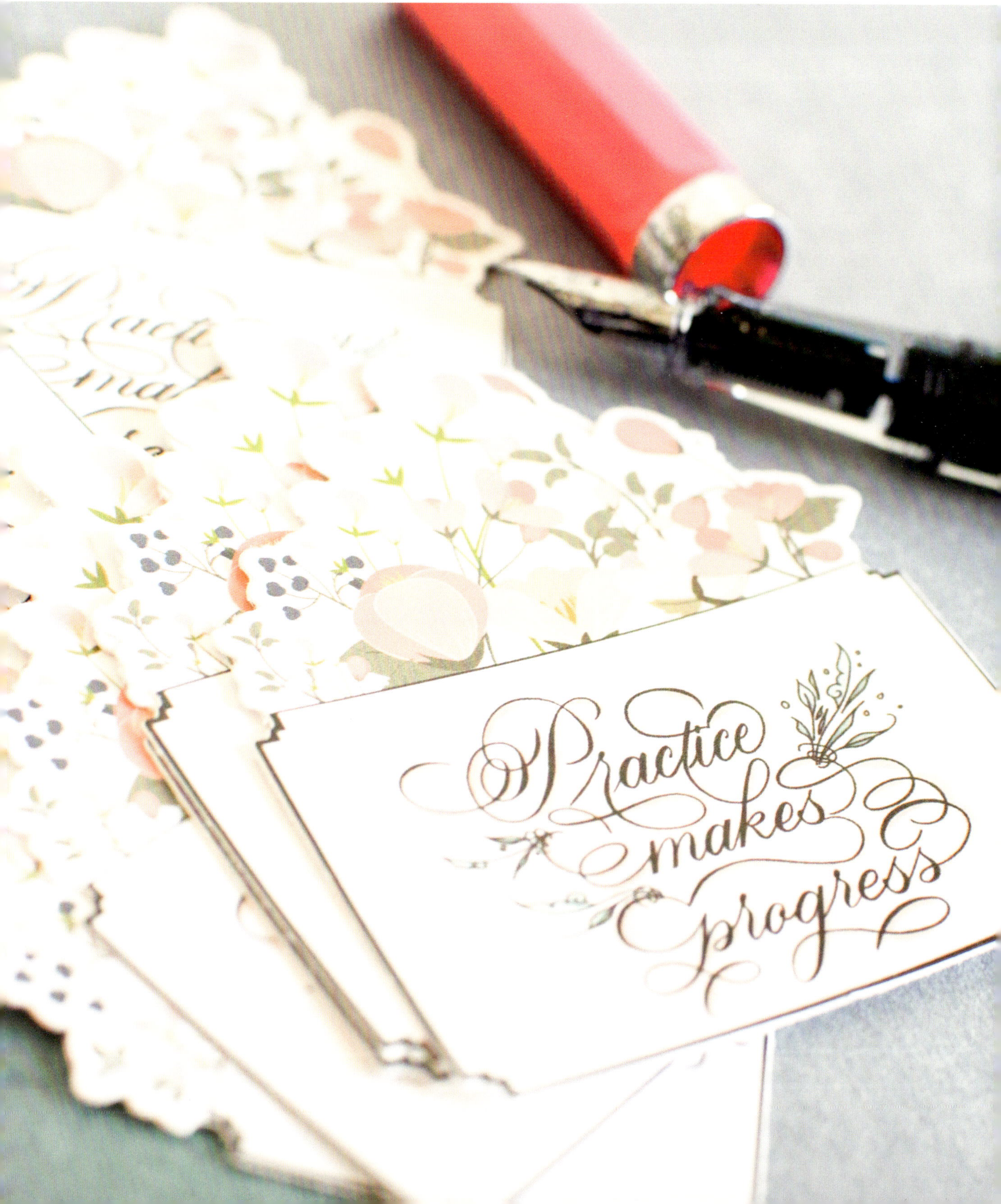
Practice makes progress

i

Fließende Moderne

Das i beginnt an der Grundlinie. Führe einen Strich nach oben bis zur Mittellinie und führe die Feder gleich anschließend mit Druck, der schrägen Hilfslinie folgend, wieder zur Grundlinie. Lass den Buchstaben in einer langen geschwungenen Haarlinie enden.

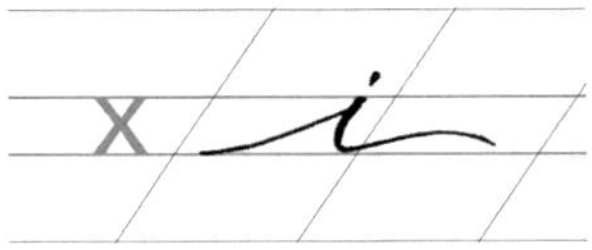

Kantige Moderne

Bei der kantigen Modernen ist der Winkel zwischen dem Auf- und dem Abstrich deutlich geringer als bei der fließenden Modernen. Zusätzlich sind, wie der Name schon sagt, die Ecken viel kantiger. Dieses Phänomen zieht sich bei allen Buchstaben dieser Schrift durch.

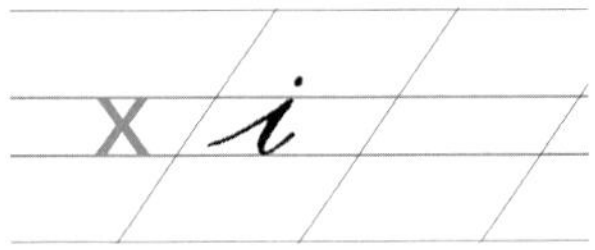

Hüpfende Moderne

Das i der hüpfenden Modernen kannst du an der Grundlinie auslaufen lassen. Du setzt den nächsten Buchstaben dann daneben an, anstatt ihn zu verbinden. Das ergibt einen schönen Effekt.

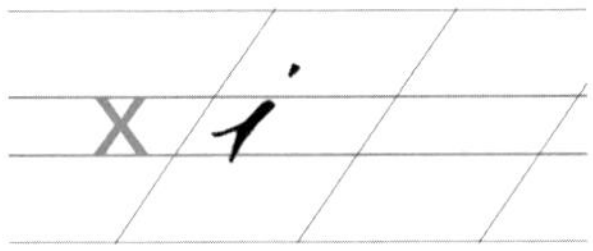

n

Fließende Moderne

Beginne hier mit der S-Kurve, die an der Mittellinie in einem großzügigen Bogen und einem anschließenden Abstrich in der Schräge der Hilfslinie endet. Führe die Feder, ohne abzusetzen, wieder nach oben, jedoch nicht ganz bis zur Mittellinie, und schreibe einen Bogen, der flach auf der Grundlinie ausläuft. Wie hoch du ihn führst, hängt davon ab, welchen Buchstaben du danach schreiben möchtest. Übe hier verschiedene Varianten.

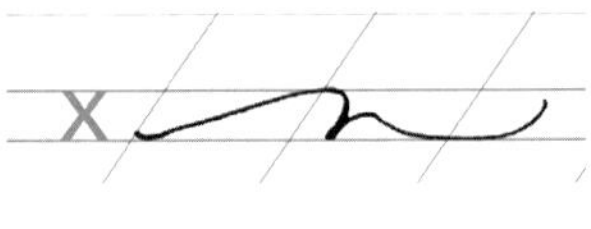

Kantige Moderne

Achte darauf, dass die Rundungen hier deutlich in spitze Winkel umgewandelt werden.

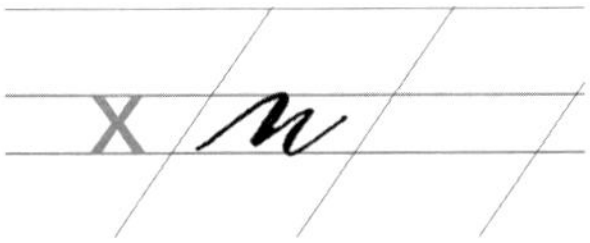

Hüpfende Moderne

Der erste Aufstrich endet hier anstatt in einer Rundung in einer Spitze. Die Bögen sind deutlich unterschiedlich hoch.

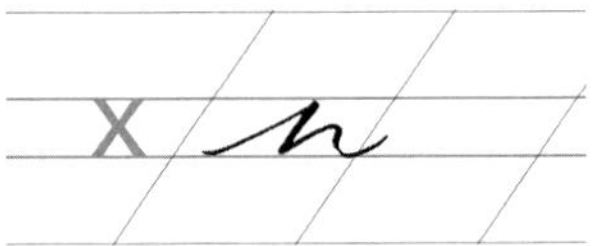

m

Fließende Moderne

Schreibe ein n, aber gleich nach dem ersten Bogen kommt ein zweiter, dessen Abstrich nicht in der Schräge der Hilfslinie sein muss. Wenn du dich dafür entscheidest, ihn (wie im Beispiel) nach unten zu führen, muss er auch nicht schattiert, also breiter sein.

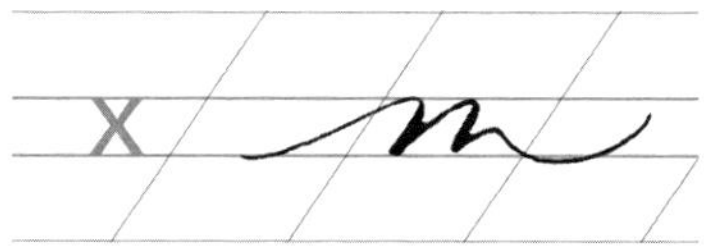

Kantige Moderne

Siehe n, nur dass hier ein weiterer Bogen hinzukommt.

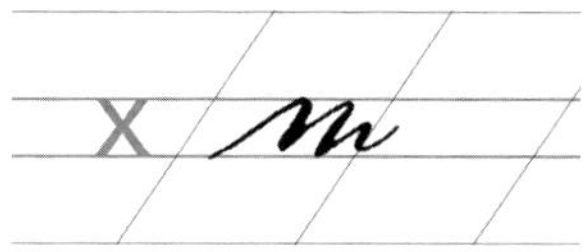

Hüpfende Moderne

Siehe n. Versuche auch einmal, einen der anderen Bögen höher zu machen.

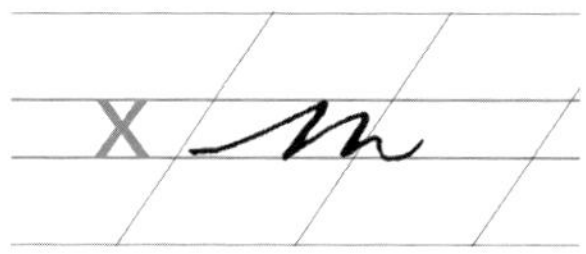

u

Fließende Moderne

Der erste Strich ist wieder eine S-Kurve, die in eine Welle übergeht – der Abstrich ist hier auch wieder so schräg wie die Hilfslinie. Der Aufstrich endet unterhalb der Mittellinie – übe sofort wieder Druck auf die Feder aus und ende mit einem kleinen Bogen.

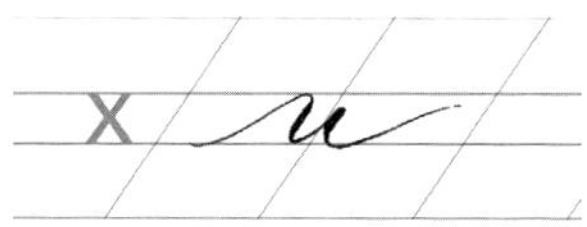

Kantige Moderne

Achte darauf, den ersten Bogen am größten zu schreiben, damit der Buchstabe noch erkennbar bleibt.

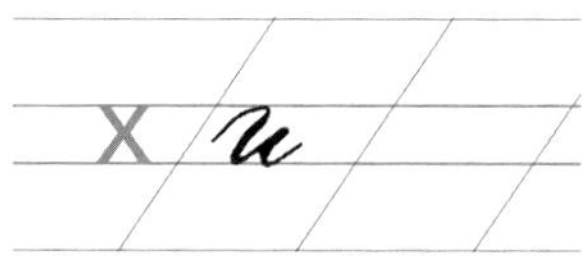

Hüpfende Moderne

Durch die hüpfenden Linien sieht das u hier fast aus wie eine Zickzack-Linie.

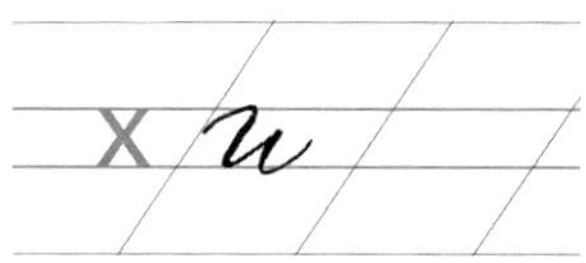

v

Fließende Moderne

Beim v beginnst du wie beim u, nur etwas steiler. Führe den zweiten Aufstrich des Bogens bis knapp unter die Mittellinie und gehe in ein kleines Oval in der Schräge der Hilfslinie über. Führe dann die Feder schwungvoll nach rechts.

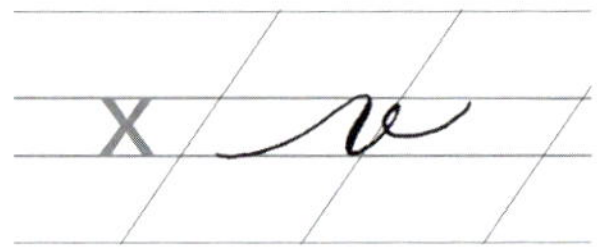

Kantige Moderne

Beginne wie beim u und lass den Aufstrich in ein sehr enges Oval übergehen. Achte darauf, dass du nicht zu eng wirst und die Tinte verläuft.

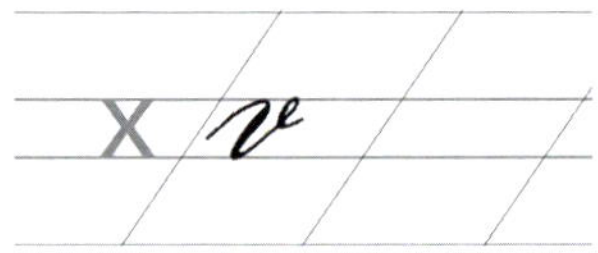

Hüpfende Moderne

Hier gibt es wieder eine Gelegenheit, den Buchstaben hüpfen zu lassen. Im Gegensatz zur fließenden Modernen gehst du beim Aufstrich nicht in ein Oval über, sondern setzt einen Bogen auf die dünne Linie – diesen Bogen kannst du in Höhe und Größe variieren, um den Buchstaben tanzen zu lassen.

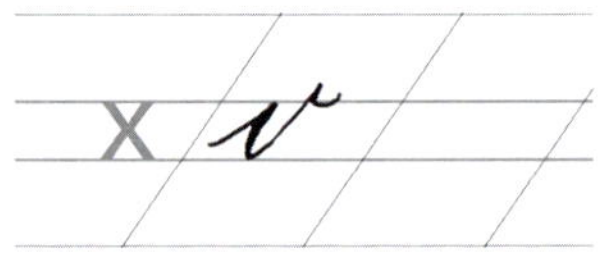

w

Fließende Moderne

Schreibe ein u, nur statt nach dem zweiten Abstrich den Buchstaben zu beenden, führe ihn bis zur Mittellinie und schreibe dasselbe Oval wie beim v.

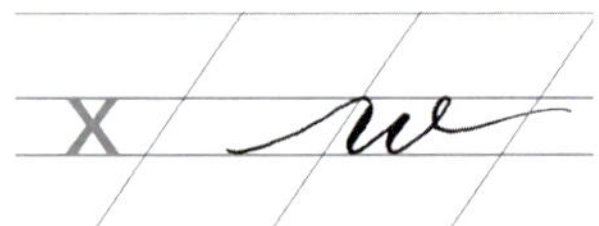

Kantige Moderne

Siehe v, mit einem zusätzlichen Bogen.

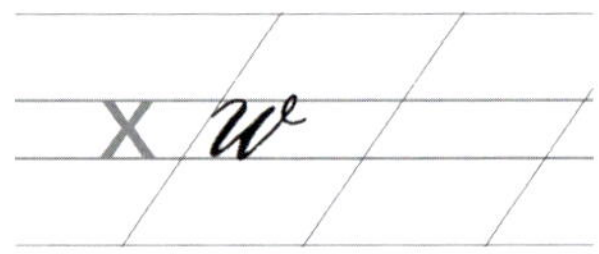

Hüpfende Moderne

Siehe v, mit einem zusätzlichen Bogen.

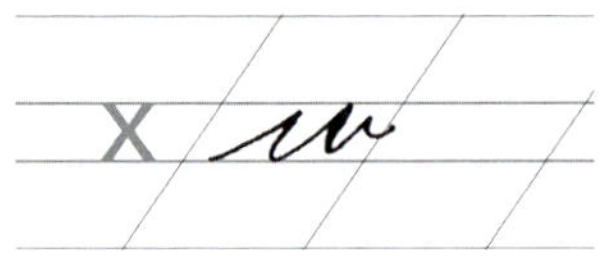

HINWEIS

Vergiss nicht, immer wieder die Blatt- und Handhaltung zu überprüfen. Wenn die Feder kratzt, ist das ein Indiz dafür, dass hier etwas nicht stimmt.

t

Fließende Moderne

Beginne mit einem flachen Aufstrich nach rechts. Dieser Aufstrich folgt nicht der schrägen Hilfslinie. Setze dann ab und beginne mit dem Abstrich knapp über der Mittellinie. Wenn du an der Grundlinie angekommen bist, führe den Bogen schwungvoll nach rechts.

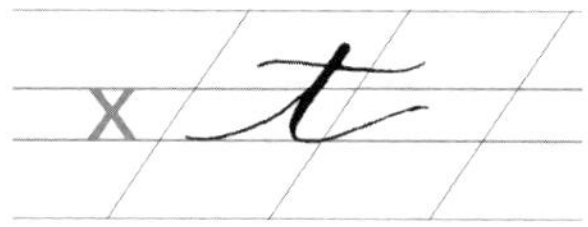

Kantige Moderne

Der Aufstrich ist hier steiler als bei der fließenden Modernen. Beende ihn kurz unter der Mittellinie. Den Querstrich kannst du leicht biegen, beginne dazu unter der Mittellinie und führe ihn nach rechts.

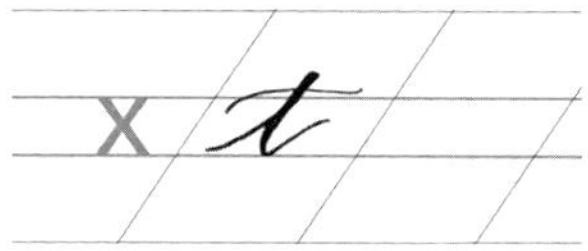

Hüpfende Moderne

Lass den Aufstrich höher beginnen als bei den anderen Varianten. Experimentiere auch mit der Höhe des letzten Aufstriches oder lass diesen ganz weg.

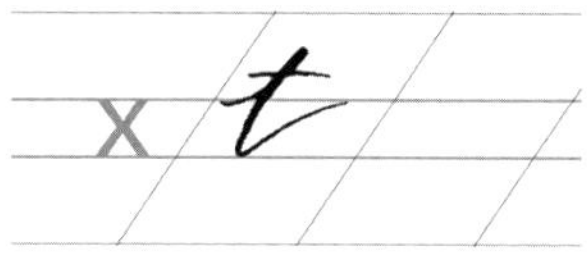

o

Fließende Moderne

Starte mit einem Aufstrich. Beginne bei der ovalen Form nicht mit einem Strich nach links, sondern mit einem Strich nach oben; das hilft dir, die Breite des Buchstaben vorzugeben. Schreibe ein Oval, beim Aufstrich führst du die Feder leicht an die Innenseite des Buchstaben. Drücke kurz auf die Feder, um einen Punkt zu erstellen, von dem aus du einen geschwungenen Aufstrich nach außen führst.

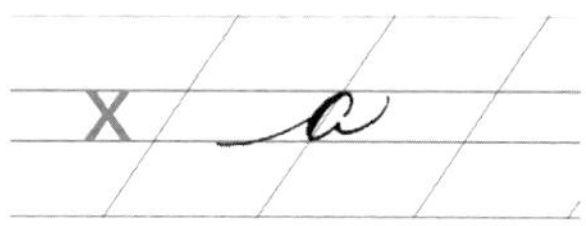

Kantige Moderne

Hier ist das Oval schmaler als bei der fließenden Modernen. Anstelle eines Bogens findet sich hier ein kleines Oval, das knapp über die Mittellinie geht.

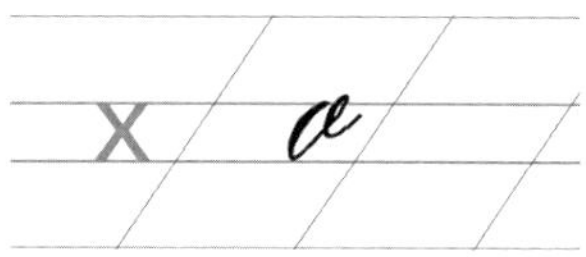

Hüpfende Moderne

Das kleine Oval, das den Buchstaben mit dem darauffolgenden Buchstaben verbindet, geht in einen auslaufenden Bogen über. Dieser ist so hoch, dass er zum nächsten Buchstaben passt.

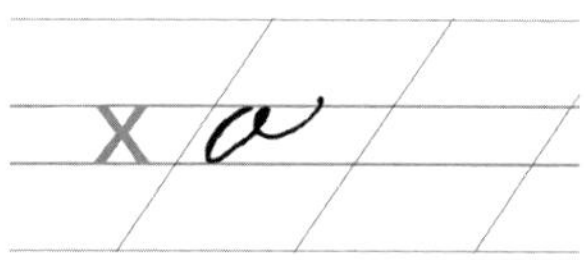

a

Fließende Moderne

Das a beginnt wie das o, den Aufstrich des Ovals führst du jedoch nach außen. Stoppe unter der Mittellinie und beende den Buchstaben mit einem Abstrich, der in einen Aufstrich übergeht.

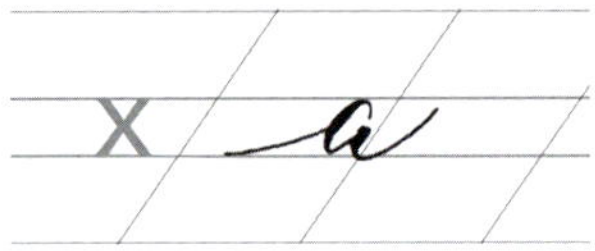

Kantige Moderne

Wie beim o ist das Oval hier schmal, und die Rundungen sind eher kantig. Auch der zweite Strich, der Bogen, ist kantig und schmal.

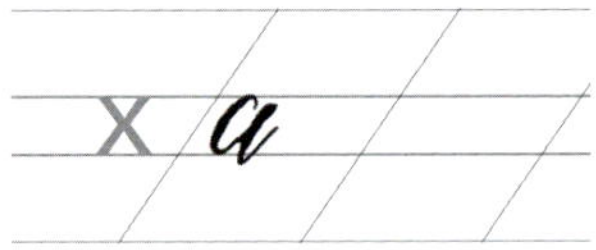

Hüpfende Moderne

Das Oval ist hier kleiner als die x-Höhe. Dieses kleine Detail verleiht dem Schriftbild noch mehr Dynamik.

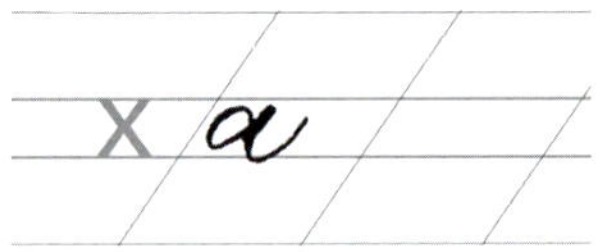

d

Fließende Moderne

Nachdem du den Aufstrich geschrieben hast, schreibe ein Oval. Schließe es nicht, sondern führe einen dünnen und leicht gebogenen Aufstrich bis zu etwa drei Viertel der Oberlänge. Bilde eine Schlaufe und führe den Strich schattiert nach unten, wobei du den rechten Rand des Ovals berührst.

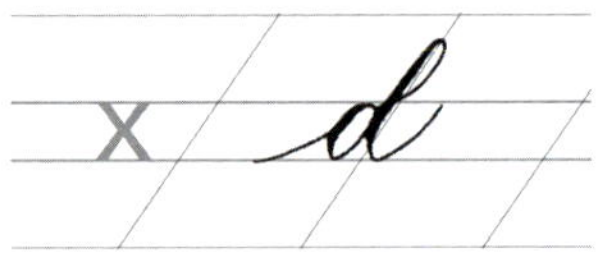

Kantige Moderne

Das d unterscheidet sich nicht wesentlich von der Variante in der fließenden Modernen – es ist nur etwas schmaler und kantiger.

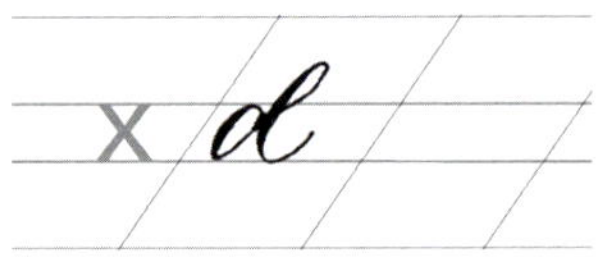

Hüpfende Moderne

Beginne hier beim Oval an der Mittellinie. Bevor du es schließen würdest, schreibe ein kleines Oval und ziehe den Abstrich weit nach unten.

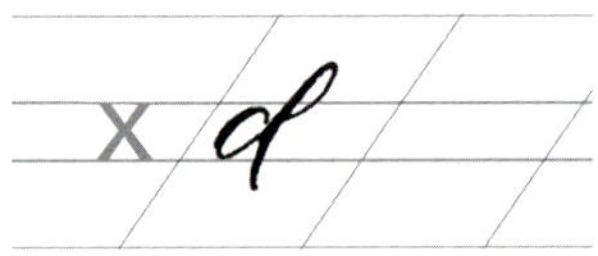

c

Fließende Moderne

Beginne wie beim o. Anstatt das Oval dann fast zu schließen, führe den Aufstrich weiter nach rechts.

Kantige Moderne

Das c ist wie bei der fließenden Modernen, nur schmaler und kantiger.

Hüpfende Moderne

Siehe fließende Moderne.

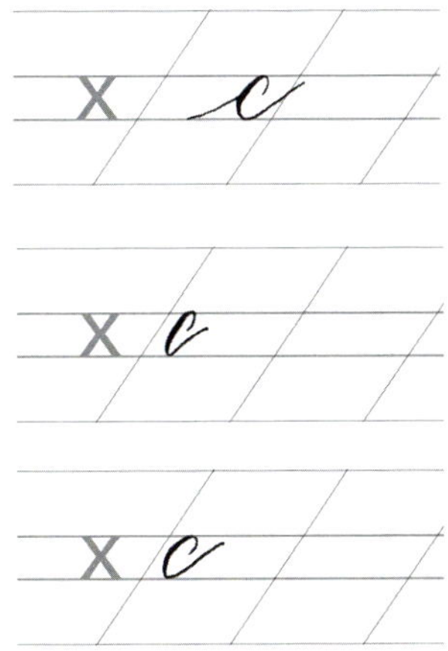

BUCHSTABEN MIT UNTERLÄNGEN: J · G · Y · Q · P

Die folgenden Buchstaben haben gemeinsam, dass sie mit Ausnahme des p die gesamte Unterlänge mit einer Schlaufe ausfüllen.

j

Fließende Moderne

Beginne wie beim i. Wenn du mit dem Aufstrich bei der Mittellinie angekommen bist, führst du den Abstrich die ganze Unterläge herunter, dann führst du den Strich nach links und wieder nach rechts oben. Wenn du diesen Aufstrich an der Grundlinie mit dem Abstrich kreuzt, entsteht eine Schlaufe.

Kantige Moderne

Wie beim i ist der Aufstrich hier steiler als bei der fließenden Modernen. Auch die Schlaufe ist enger.

Hüpfende Moderne

Beim j kreuzt der Aufstrich der Schlaufe den Abstrich bereits vor der Grundlinie.

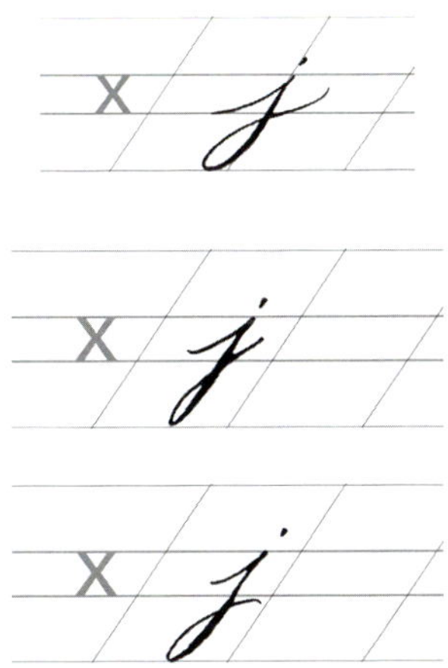

g

Fließende Moderne

Das g beginnt wie das a, aber anstatt hier nach dem Oval einen kurzen Abstrich zu setzen, führst du den Abstrich noch, bevor du das Oval schließt, die ganze Unterläge herunter, wo du anschließend eine Schlaufe setzt.

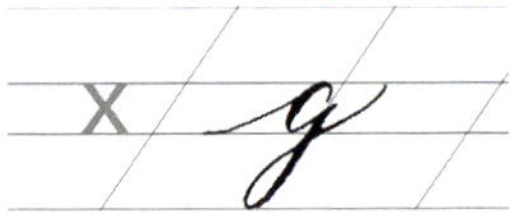

Kantige Moderne

Wie bei der fließenden Modernen, nur komprimierter.

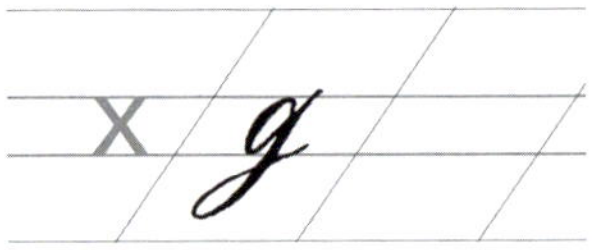

Hüpfende Moderne

Hier ist das Oval wieder kleiner als bei den anderen beiden Alphabeten, analog zum a und d. Bei der Schlaufe kannst du diesmal ein wenig weiter nach links ausholen.

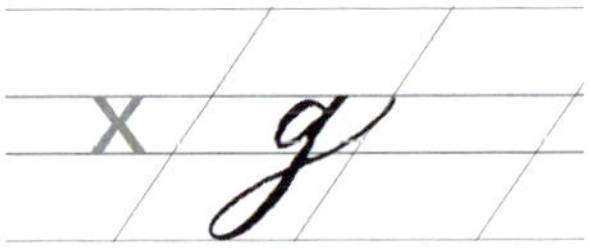

y

Fließende Moderne

Starte mit der Welle wie beim Grundstrich. Kurz bevor du an der Mittellinie angelangt bist, lass deinen Strich in einen Abstrich übergehen. Im Prinzip fügst du hier an ein u ein j an.

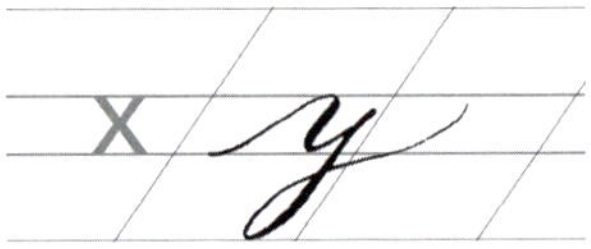

Kantige Moderne

Schreibe die kantige Zickzack-Form, die du vom u kennst. Dann führe einen geraden Strich der schrägen Hilfslinie entlang bis zur untersten Linie. Dort stoppst du kurz und führst deinen Aufstrich in einem Bogen nach rechts wieder zur Grundlinie, wo du mit dem Abstrich kreuzt.

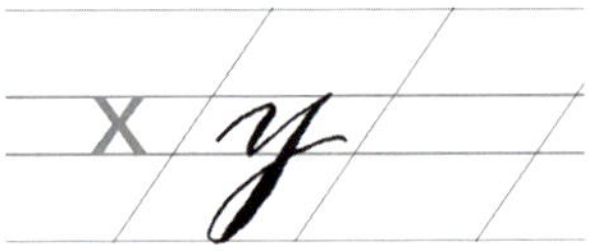

Hüpfende Moderne

Versuche diesmal, die Schlaufe etwas kleiner zu machen als bei den anderen Buchstaben, um das hüpfende Erscheinungsbild zu verstärken.

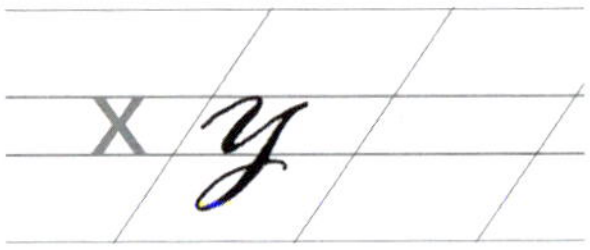

q

Fließende Moderne

Das q beginnt wie das g. Anstatt jedoch eine Schlaufe nach links zu führen, holst du nach rechts aus und schließt die Schlaufe an der Grundlinie.

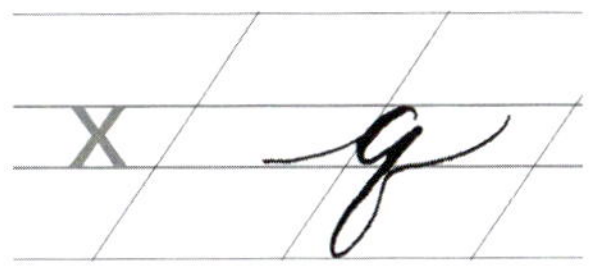

Kantige Moderne

Anstatt die Schlaufe zu schließen, endest du beim Abstrich mit einem leicht gebogenen Strich nach links.

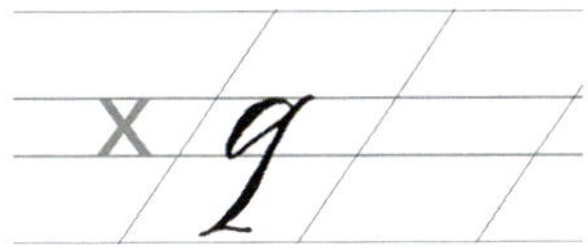

Hüpfende Moderne

Wie bei der fließenden Modernen, nur dass das Oval wieder kleiner ist als sonst.

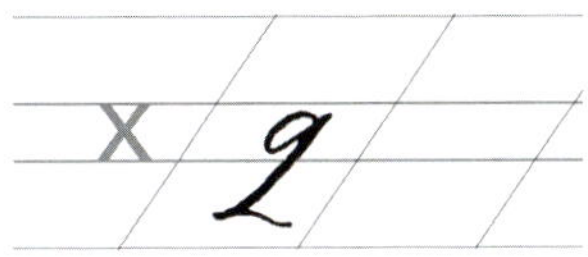

p

Fließende Moderne

Das p ist der einzige Buchstabe dieser Gruppe, der nicht bis zur p-Linie (der untersten Linie) geht. Absurd, dass diese Linie trotzdem so heißt! Für diesen Buchstaben geht der erste Aufstrich mit einer Spitze in den Abstrich über. Setze danach noch einmal an der Grundlinie an und schreibe ein umgekehrtes Oval.

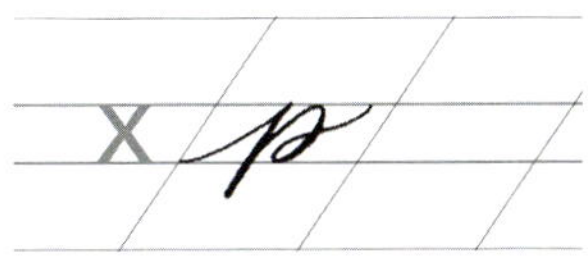

Kantige Moderne

Um diesem eher runden Buchstaben mehr Kanten zu verpassen, fügst du hier an den Abstrich kein verkehrtes Oval an, sondern eine Welle. Diese Form ist angelehnt an eine sehr traditionelle p-Variante, hier ergibt sie aber Sinn.

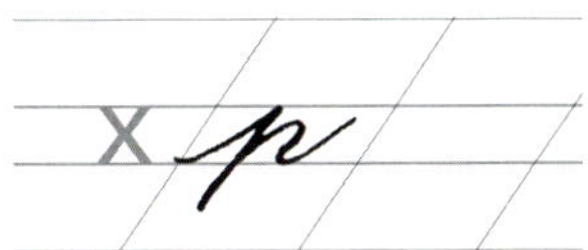

Hüpfende Moderne

Dieses p ist etwas anspruchsvoller. Nach dem Abstrich gehst du gleich in einen Aufstrich in Form eines verkehrten Ovals über und kreuzt dann horizontal den dicken Abstrich. Danach führst du den Strich in einem liegenden Oval wieder zurück nach rechts, wo du noch einmal beide vorhandenen Striche kreuzt.

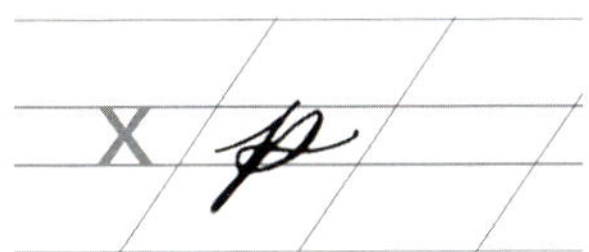

l

Fließende Moderne

Beginne mit einer S-Kurve (Aufstrich Nr. 4), die an der Mittellinie endet. Führe anschließend die Feder nach rechts und oben, ohne die Linie zu sehr zu biegen. Der höchste Punkt liegt über dem Punkt, an dem der Aufstrich die Mittellinie berührt. Folge dann mit dem Abstrich der schrägen Hilfslinie und ende in einem schönen Bogen.

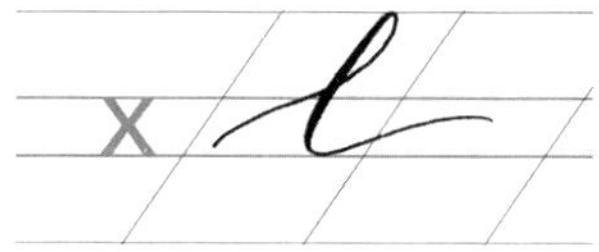

Kantige Moderne

Der erste Aufstrich ist konvex, an der Mittellinie wird er konkav. Achte darauf, dass der höchste Punkt hier nicht zu rund wird. Das kantige Erscheinungsbild soll bei dieser Schrift beibehalten werden.

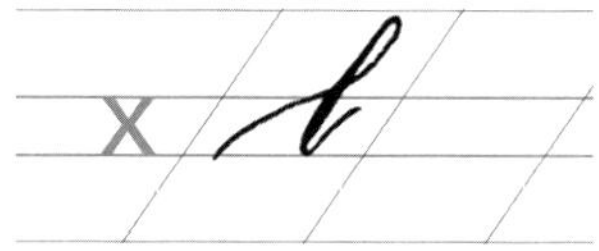

Hüpfende Moderne

Beginne mit dem Aufstrich knapp über der Mittellinie und gehe in einen konvexen Bogen über. Führe den Abstrich entlang der schrägen Hilfslinie nach unten.

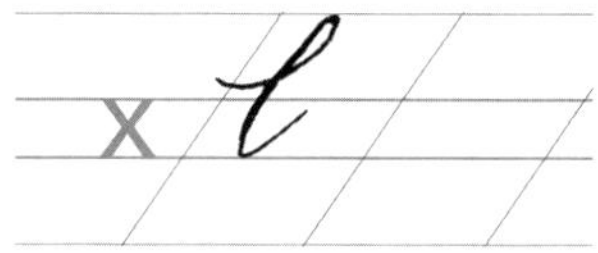

b

Fließende Moderne

Starte wie beim l, beende jedoch den Abstrich knapp über der Grundlinie. Führe den Strich dann sofort wieder nach oben und in einem verkehrten Oval nach unten. An der Grundlinie fährst du mit der Feder nach links und erstellst eine kleine Schlaufe, aus der eine Haarlinie als Verbindungsstrich nach rechts führt.

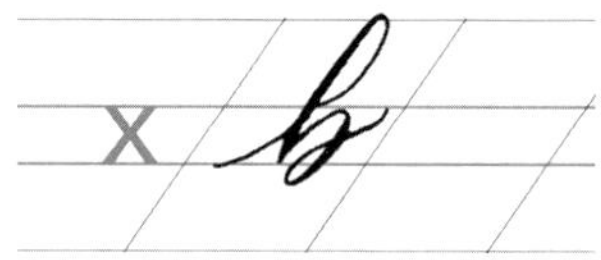

Kantige Moderne

Starte wie bei der fließenden Modernen, aber schreibe alle Schlaufen enger.

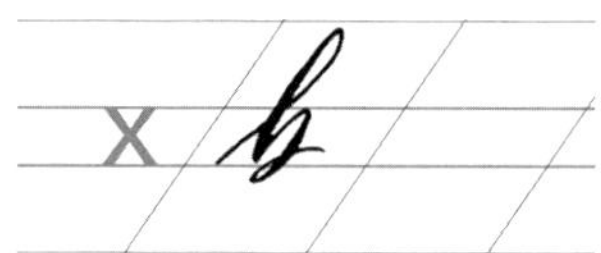

Hüpfende Moderne

Beginne wie bei den anderen Variationen, führe dann aber ein liegendes Oval durch die Abstriche – dieses ist dem p sehr ähnlich!

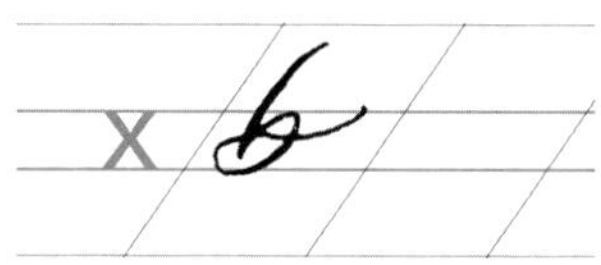

h

Fließende Moderne

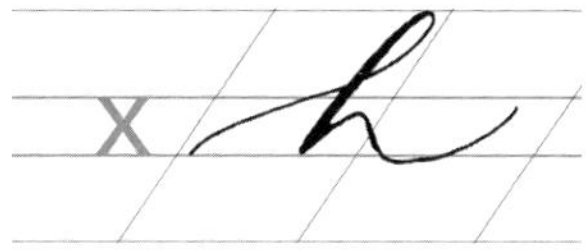

Beim h beginnst du wie bei den vorigen beiden Buchstaben. Wenn du an der Grundlinie angelangt bist, führe die Feder wie bei einem n in einem Aufwärtsbogen nach rechts.

Kantige Moderne

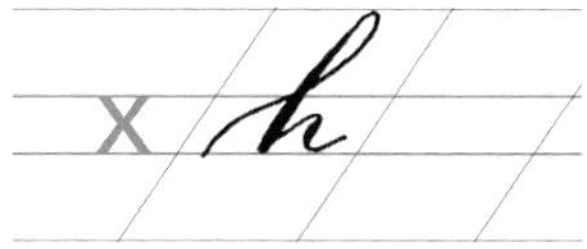

Starte wie beim l und füge dann eine spitze Welle an – denke hier zurück an das n!

Hüpfende Moderne

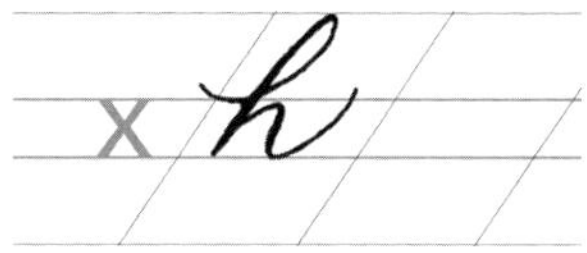

Siehe fließende Moderne. Hier hast du bei der n-Form wieder die Möglichkeit, die Höhe der Bögen zu variieren.

k

Fließende Moderne

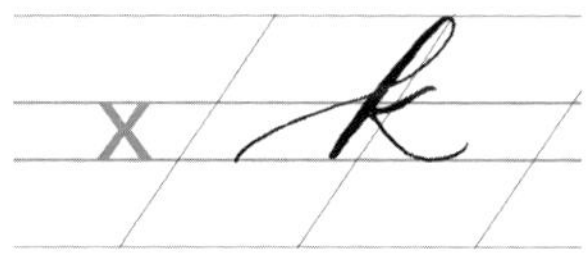

Starte wie beim l, beende jedoch den Abstrich auf der Grundlinie. Setze dann auf der Mittellinie an und ziehe einen wenig schattierten Strich schräg zum vorherigen Abstrich. Dort, wo dieser den Abstrich trifft, setzt du den zweiten Schenkel des k an.

Kantige Moderne

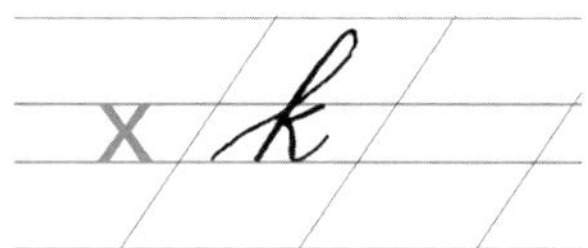

Siehe fließende Moderne, nur der Winkel zwischen den beiden Schenkeln ist spitzer.

Hüpfende Moderne

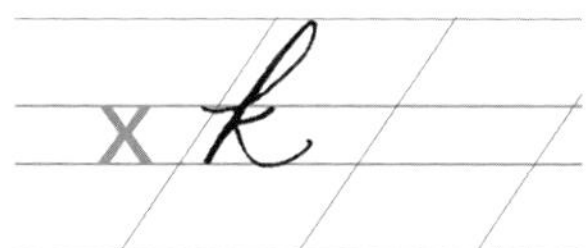

Beginne wie bei den anderen Alphabeten. Der untere Schenkel darf hier jedoch weiter nach rechts laufen und auch gerne unter die Grundlinie gehen.

f

Fließende Moderne

Du beginnst wie bei den anderen Buchstaben dieser Gruppe. Den Abstrich führst du dann aber nicht nur bis zur Grundlinie, sondern so weit, dass er auch die gesamte Unterlänge ausfüllt. Anschließend folgt ein Bogen nach rechts (wie beim q), der auf der Grundlinie endet. Dann führst du noch eine Schlaufe durch die Mitte der x-Höhe.

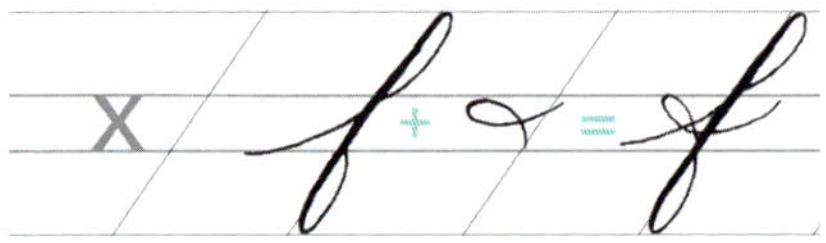

Kantige Moderne

Starte gleich wie bei der fließenden Modernen. Anstatt den letzten Strich gerade durch den Buchstaben zu führen (1), kannst du auch zwei Striche setzen, die in einem spitzen Winkel verbunden sind (2).

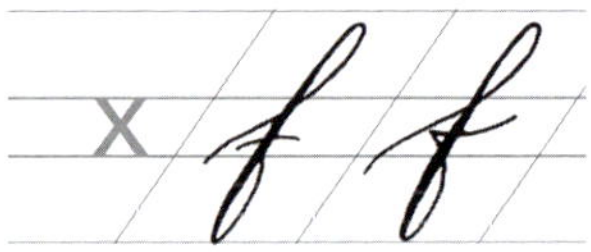

1 2

Hüpfende Moderne

Hier geht der Abstrich in ein liegendes Oval über. Der Querstrich endet mit einem flachen, vertikalen Oval in der Schräge der Hilfslinie.

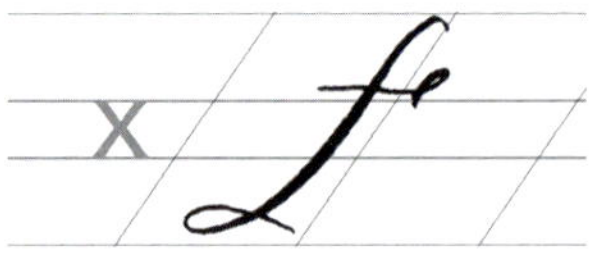

s

Fließende Moderne

Starte an der Grundlinie und führe einen Aufstrich knapp über die Mittellinie. Setze dort ein kleines Oval und daran einen kleinen „Bauch" nach rechts. Beginne erst auf die Feder Druck auszuüben, wenn du das erste Oval fertiggeschrieben hast. Schreibe an der Grundlinie ein weiteres Oval, diesmal etwas größer und nach oben. Ende mit einem zarten Aufstrich.

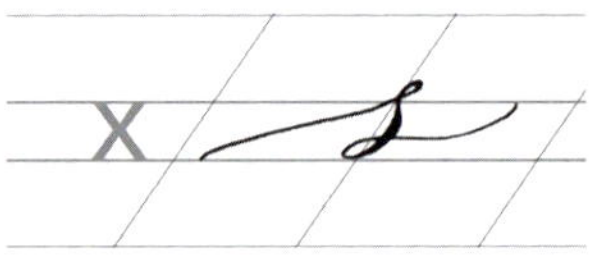

Kantige Moderne

Gehe vor wie bei der Variante der fließenden Modernen, aber mache das untere Oval größer und die Rundungen kantiger.

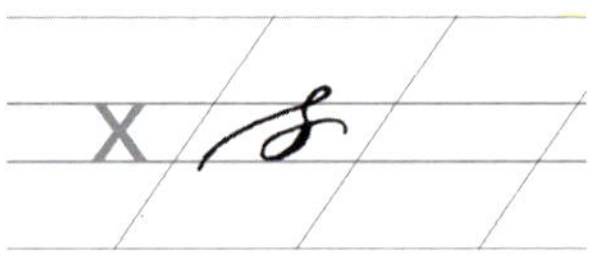

Hüpfende Moderne

Siehe fließende Moderne – nur hier kann die untere Schlaufe gerne unter die Grundlinie hüpfen.

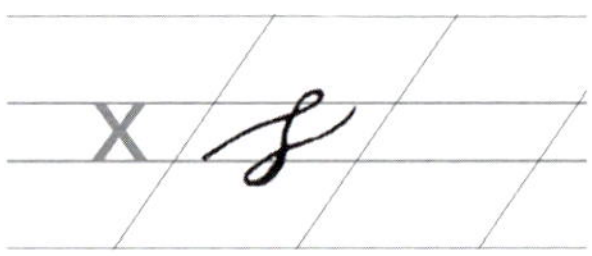

r

Fließende Moderne

Wie beim s beginnst du mit einem Aufstrich, der über die x-Höhe hinausgeht. Im Gegensatz zum s wird beim Abstrich gleich Druck ausgeübt, sodass der Teil des Buchstabens, der in die Oberlänge hineinragt, schattiert ist. Sobald du wieder in der x-Höhe bist, lässt du den Druck nach, führst den Strich ein wenig nach rechts und abwärts und dann wieder schattiert zur Grundlinie. Das Wichtigste hierbei ist, dass du den Strich nicht wieder nach oben schiebst: Der Abstrich ist eine kontinuierliche Abwärtsbewegung.

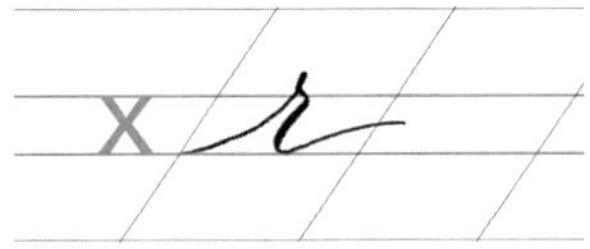

Kantige Moderne

Nach dem Aufstrich setzt du ein winziges Oval über die Mittellinie. Danach führst du die Feder mit Druck nach unten und kommst eng wieder hoch.

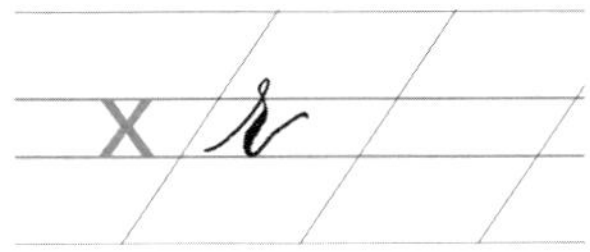

Hüpfende Moderne

Wie die kantige Moderne, aber führe den Abstrich bis knapp unter die Grundlinie. Versuche dann, den nächsten Buchstaben nicht damit zu verbinden, sondern daneben zu setzen. Das schafft Dynamik!

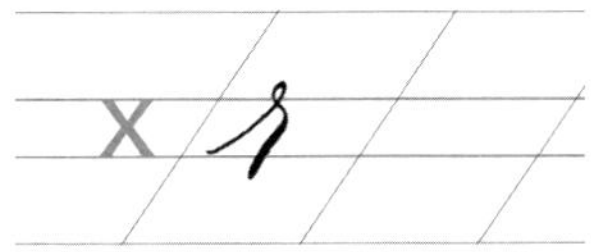

z

Fließende Moderne

Zuerst schreibst du eine horizontale, leicht gewellte Linie nach rechts, um sie dann in ein kleines Oval übergehen zu lassen und schräg nach unten links zu führen. Wenn du die Grundlinie erreicht hast, setze noch ein Oval und führe den Strich ausladend unter die Grundlinie und nach rechts.

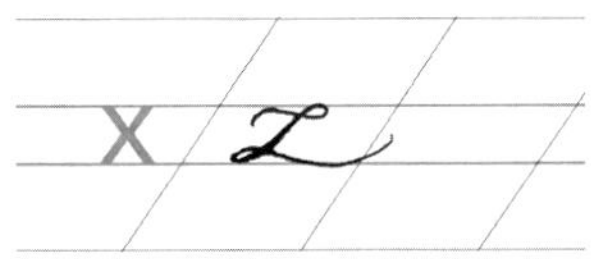

Kantige Moderne

Lass hier die Ovale der fließenden Modernen weg und verbinde nur mit Ecken.

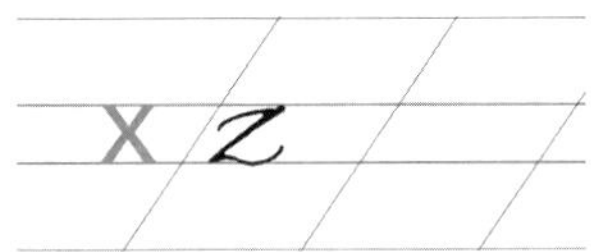

Hüpfende Moderne

Experimentiere hier mit der Größe des Buchstabens und der Ovale.

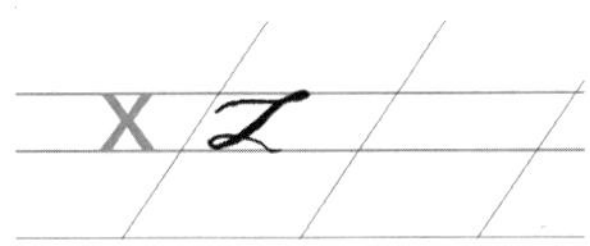

e

Fließende Moderne

Das e ist nichts anderes als eine kleine, aufrecht stehende Schlaufe.

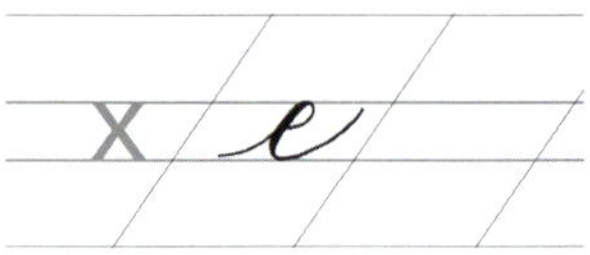

Kantige Moderne

Um hier einen kantigeren Effekt zu erzielen, beginne mit einem konvexen Aufstrich, erst beim Auge des e geht der Strich konkav nach oben. Schließe das Oval dann sehr eng.

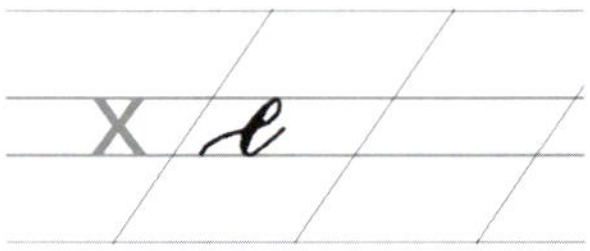

Hüpfende Moderne

Das kleine e kannst du auch wieder unter der Grundlinie enden lassen und es nicht mit dem nächsten Buchstaben verbinden (siehe r).

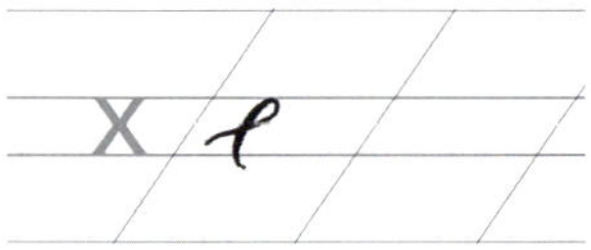

x

Fließende Moderne

Das kleine x schreibst du, indem du mit einer Welle beginnst, die du anschließend mit einem Aufstrich kreuzt.

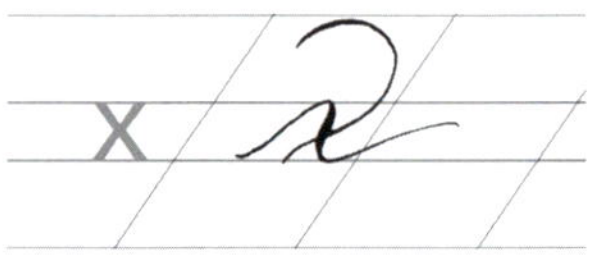

Kantige Moderne

Hier sind die Rundungen der Welle deutlich eckiger, um die kantige Wirkung zu verstärken.

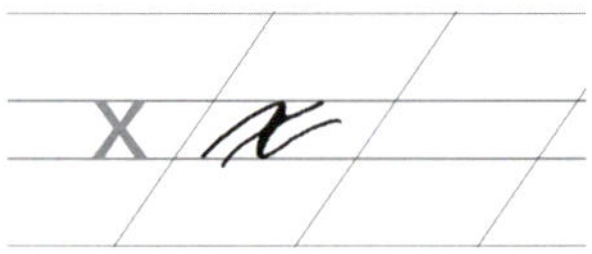

Hüpfende Moderne

Versuche, die Bögen unterschiedlich hoch zu schreiben und auch mit der Länge des Aufstriches zu experimentieren.

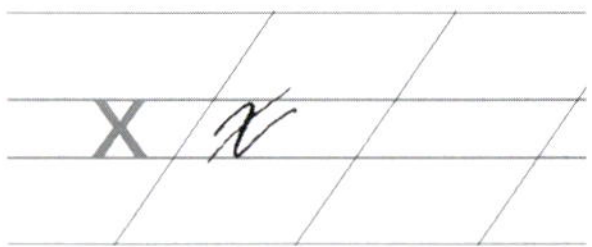

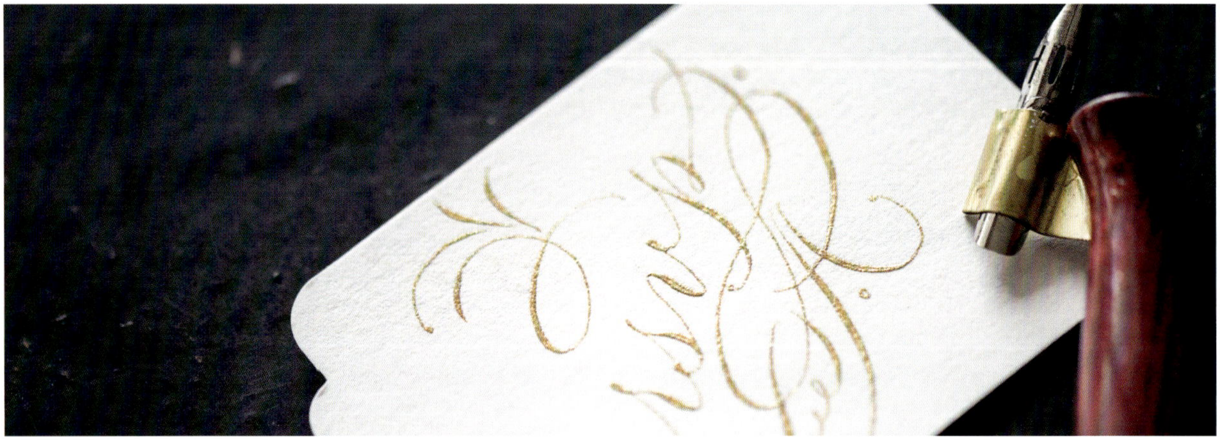

BUCHSTABEN VERBINDEN

Beim Verbinden von Buchstaben ist die wichtigste Regel: Der letzte Strich des einen Buchstabens wird zum ersten Strich des nächsten Buchstabens. Das heißt, du solltest wissen, was du schreiben willst und welcher Buchstabe auf den folgt, den du gerade schreibst.

Ich zeige dir, was ich meine:

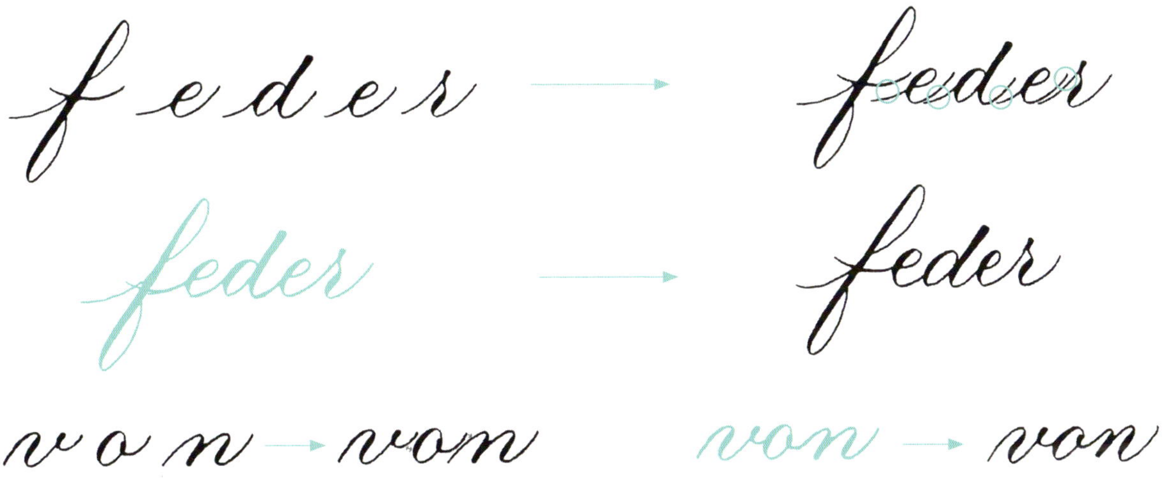

UM DIE VERBINDUNGEN ZU TRAINIEREN, GIBT ES EINIGE GUTE ÜBUNGEN:

Buchstabenkette
Verbinde einen Buchstaben mit jedem anderen Buchstaben des Alphabets. Dazu schreibst du abwechselnd den Buchstaben, den du gerade übst, und alle anderen Buchstaben – und das zusammenhängend.

Wenn du beispielsweise das f üben möchtest, schreibst du folgende Buchstabenkette:

Wenn du das a üben möchtest, schreibst du:

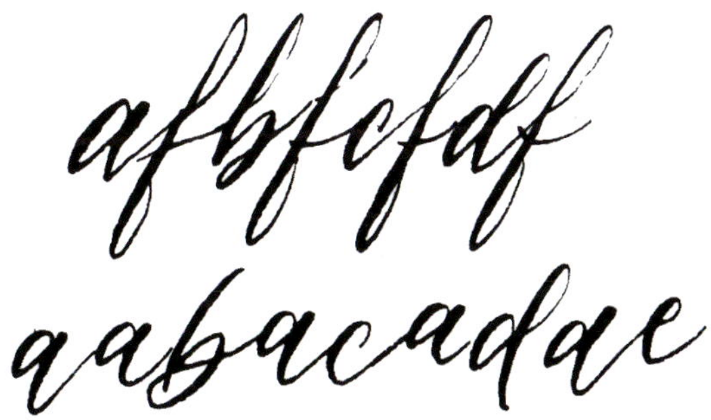

Pangramme

Pangramme sind Sätze, in denen jeder Buchstabe des Alphabets vorkommt. Meistens sind sie ein bisschen dämlich und ergeben nicht besonders viel Sinn, dafür macht es aber Spaß, sie zu schreiben. Hier ein paar Beispiele:

Prall vom Whisky flog Quax den Jet zu Bruch.
(35 Buchstaben)

Sigfrid boxt mittwochs Jacques Zyklopen.
(35 Buchstaben)

„Oh, welch Zynismus!", quiekte Xavers jadegrüne Bratpfanne.
(47 Buchstaben)

Jeder wackere Bayer vertilgt bequem zwo Pfund Kalbshaxen.
(49 Buchstaben)

Stanleys Expeditionszug quer durch Afrika wird von jedermann bewundert.
(62 Buchstaben)

FLIESSENDE MODERNE

Die Verbindungsstriche sind das, was diesen Stil ausmacht. Du hast sie zu Beginn separat geübt, jetzt gilt es, sie mit den Buchstaben zu verbinden. Dazu musst du den ganzen Arm bewegen, denn nur mit dem Handgelenk wird es schwierig, so lange Striche zu ziehen und anschließend wieder Buchstaben zu schreiben. Lege dazu deinen Ellenbogen auf den Tisch und benutze ihn als Scharnier für deinen Unterarm, der mit der Feder in der Hand über das Papier gleitet.

KANTIGE MODERNE

Beim Verbinden der Buchstaben bei der kantigen Modernen ist der Abstand zwischen den Buchstaben aufgrund der Kanten geringer als bei den beiden anderen hier vorgestellten Alphabeten. Achte darauf, dass die Verbindungsstriche ähnlich aussehen und nicht zu weich und zu rund werden.

HÜPFENDE MODERNE

Bei der hüpfenden Modernen sind die Verbindungsstriche das, was die Schrift ausmacht. Sie sind nicht immer gleich lang und auf der gleichen Höhe, sondern hüpfen über oder unter die Grundlinie. Überall, wo ein Buchstabe ist, der mit einem Bogen nach oben aufhört, gibt es wieder die Gelegenheit, die Position des darauffolgenden Buchstaben zu ändern. So ist auch innerhalb der Buchstaben ein Hüpfen und variieren der Höhe möglich.
Versuche auch, nicht alle Buchstaben miteinander zu verbinden. Das lässt dir den Freiraum, mit dem nächsten (nicht verbundenen) Buchstaben auf einer beliebigen Höhe anzusetzen.
Konsultiere hier noch einmal das Kapitel zu den Grundstrichen, dort werden die Aufstriche/Verbindungsstriche genau erklärt (ab S. 28).

T

Fließende Moderne

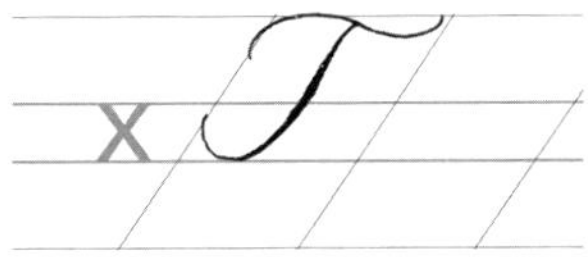

Zuerst schreibst du einen Abstrich und führst ihn an der Grundlinie wieder nach oben. Danach setzt du den Querbalken.

Kantige Moderne

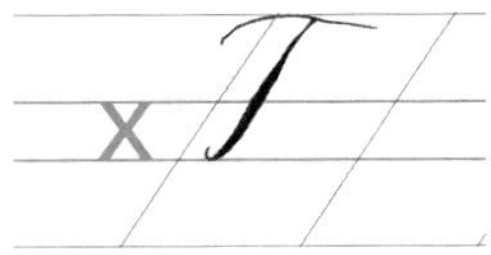

Lass den Aufstrich nach dem langen Abstrich weg. Der Querbalken ist weniger geschwungen als bei der fließenden Modernen.

Hüpfende Moderne

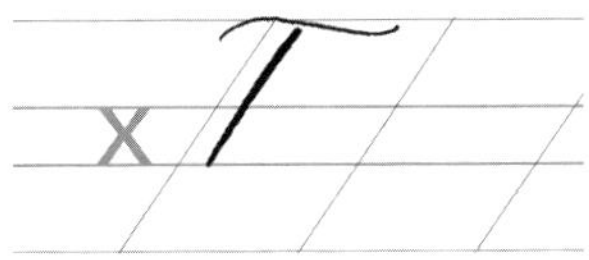

Die einfachste Variante der drei Alphabete besteht aus einem Abstrich in der Schräge der Hilfslinie und einem leicht geschwungenen Dach.

F

Fließende Moderne

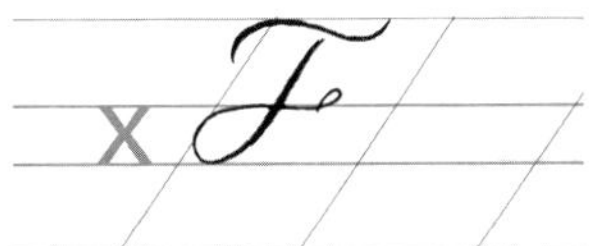

Beginne mit einem Abstrich. Ziehe dann den Aufstrich nach links weiter und durch die schattierte Linie hindurch – das ist dein Querstrich.

Kantige Moderne

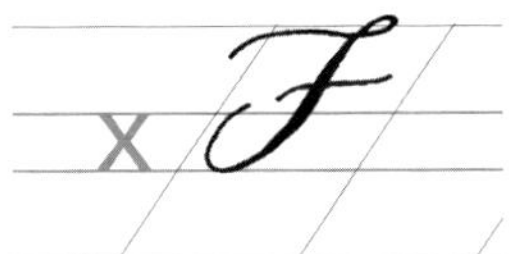

Beginne an der k-Linie mit einem zart gebogenen Querstrich, der in ein Oval und dann in den Abstrich übergeht. Setze den Querbalken sehr flach.

Hüpfende Moderne

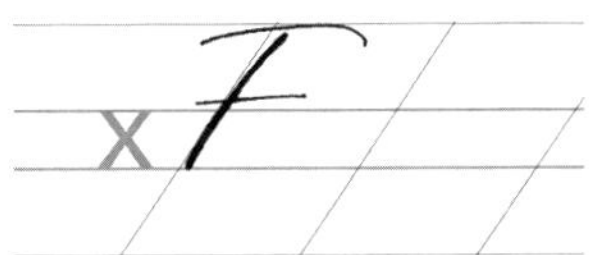

Siehe T, nur mit einem zusätzlichen Querstrich ein wenig oberhalb der Mittellinie.

P

Fließende Moderne

Beginne mit einem gebogenen Strich knapp über der Mittellinie. Führe ihn nach rechts oben zur k-Linie. Wenn du diese Linie mit der Feder berührst, gehe in ein kleines Oval über. Erst wenn das Oval vervollständigt ist, erhöhe den Druck auf die Feder. Statt den Abstrich auf der Grundlinie zu beenden, führe ihn noch einmal nach oben. Forme kurz vor der k-Linie ein Oval nach rechts und beende den Buchstaben knapp unter der Mittellinie.

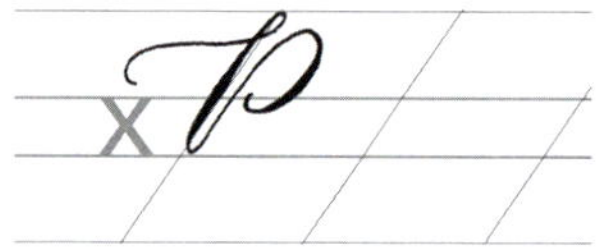

Kantige Moderne

Beginne an der k-Linie mit einem Abstrich, der ohne Druck beginnt. Lass die Schattierung nach unten hin zunehmen. Wenn du die Grundlinie erreicht hast, führe die Feder wieder hinauf, um an der Mittellinie abzuzweigen und ein Oval nach rechts zu formen.

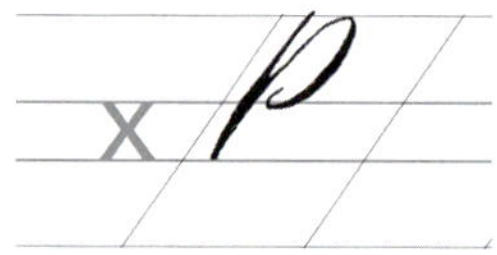

Hüpfende Moderne

In dieser simplen Variante führst du einen Abstrich von knapp unter der k-Linie bis zur Grundlinie. Dann fügst du ein nicht ganz geschlossenes Oval hinzu.

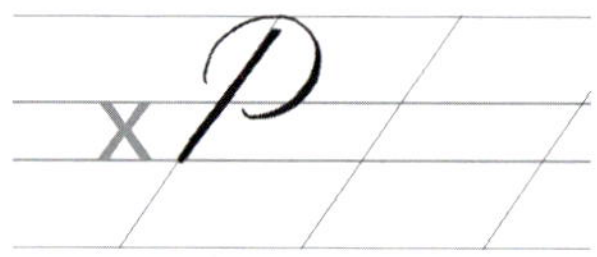

R

Fließende Moderne

Schreibe ein P. Dort, wo dieser Buchstabe aufhören würde, setzt du den letzten Strich an, der leicht gebogen nach rechts unten ausläuft.

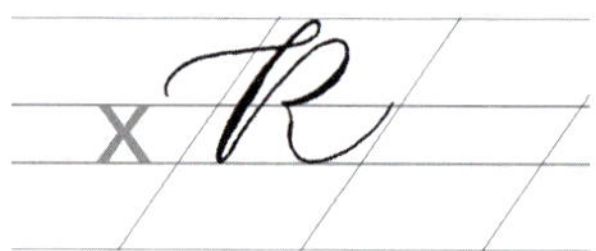

Kantige Moderne

Beginne wie beim P. Führe das Oval bis zum langen Abstrich und forme eine Spitze, aus der dann ein auslaufender Strich nach rechts hervorgeht.

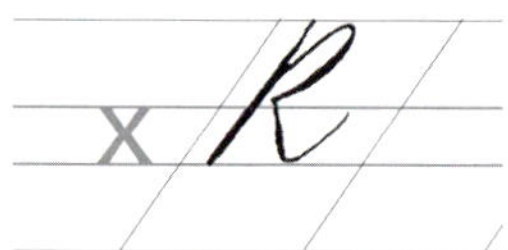

Hüpfende Moderne

Schreibe ein P, aber anstatt Abstand zwischen dem Oval und dem Abstrich zu lassen, führe die Feder durch den Abstrich, forme ein Oval und beende den Buchstaben mit einem auslaufenden Strich nach rechts.

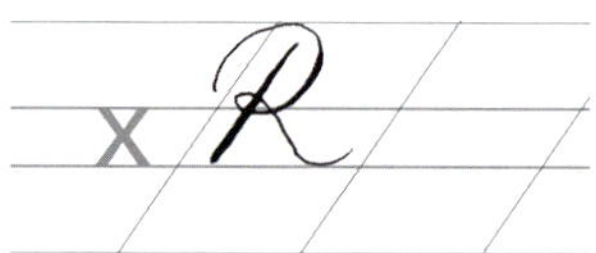

B

Fließende Moderne

Beginne wie beim P, forme das Oval jedoch schmaler. Außerdem hört es bereits über der Mittellinie auf. Füge dann ein weiteres Oval an, das du bis unter die Grundlinie führst. Dort fügst du ein liegendes Oval an, dessen Aufstrich die anderen Linien kreuzt.

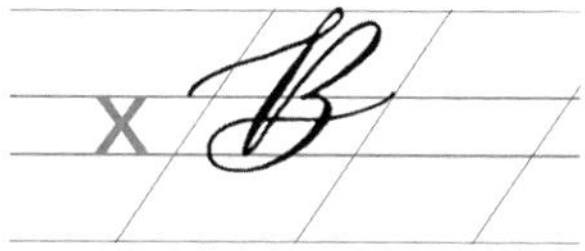

Kantige Moderne

Schreibe ein P, dessen Oval schmaler ist und über der Mittellinie endet. Füge ein weiteres Oval an, das mit einer Schlaufe endet.

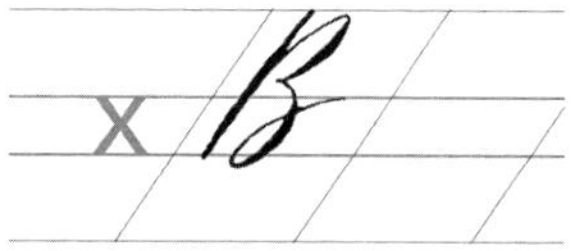

Hüpfende Moderne

Schreibe ein P. Das erste Oval geht in eine Schlaufe über, die den Grundstrich kreuzt und in das zweite leicht größere Oval übergeht.

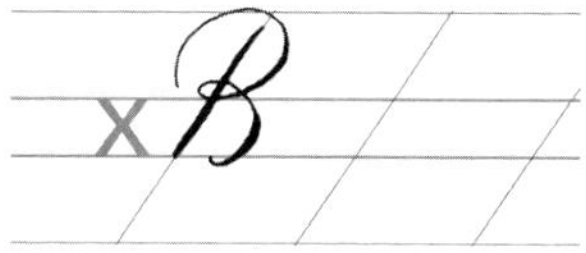

O

Fließende Moderne

Beginne an der k-Linie mit einem Oval, schließe es aber nicht, sondern füge parallel zur ersten Ovalform noch eines hinzu. Dann füge noch ein drittes Oval hinzu. Beende dieses nicht im Buchstaben, sondern führe den Strich nach außen, wo er in einem Schwung nach oben endet.

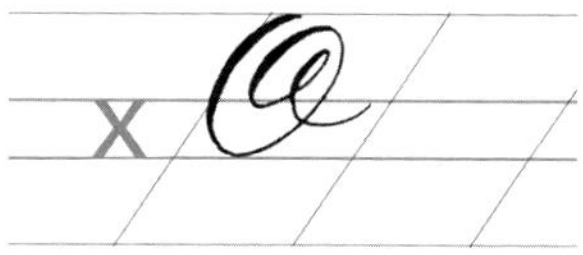

Kantige Moderne

Hier sind die Rundungen wieder deutlich kantiger. Nachdem du ein Oval geschrieben hast, beende den Buchstaben mit einem kleinen Oval, das aus dem oberen Teil des O entspringt.

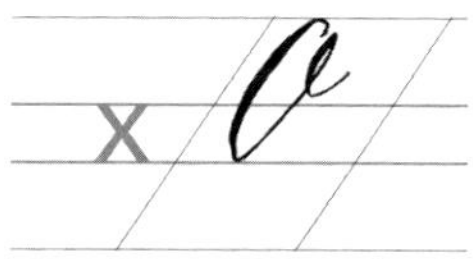

Hüpfende Moderne

Beginne an der k-Linie mit dem Oval. Schließe es nicht, sondern füge einen kleinen Bogen an den oberen Teil an.

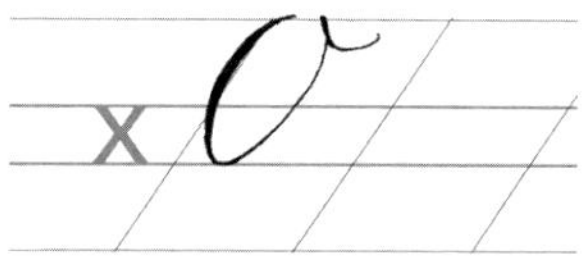

Q

Fließende Moderne

Der erste Teil ist gleich wie beim O. Anstatt jedoch ein drittes Oval im Buchstaben zu formen, führe den zweiten Abstrich weiter nach unten und lass ihn in einen Aufstrich und dann gleich in einen Querstrich übergehen.

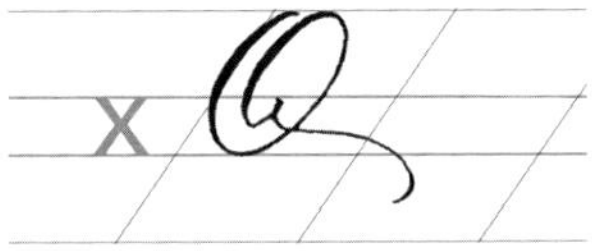

Kantige Moderne

Schreibe das O. In der Mitte der Buchstabenbreite setzt du den Querstrich.

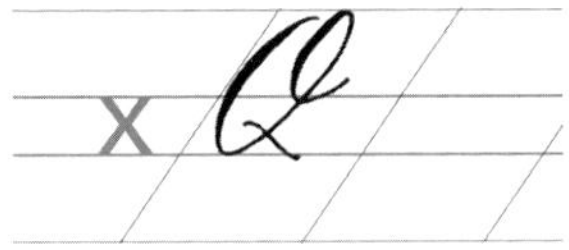

Hüpfende Moderne

Schreibe ein Oval. Schließe es nicht, sondern führe den Strich zum Ende noch einmal nach innen. Den Querstrich setzt du in der Mitte der Buchstabenbreite an und führst ihn unter die Grundlinie.

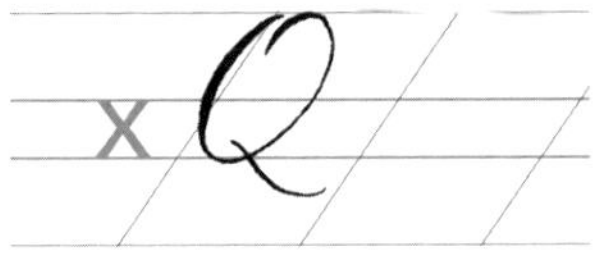

C

Fließende Moderne

Das C beginnt mit einem Aufstrich, der in ein Oval übergeht. Statt das Oval zu schließen, beende es unterhalb der Mittellinie mit einem ausladenden dünnen Strich nach rechts.

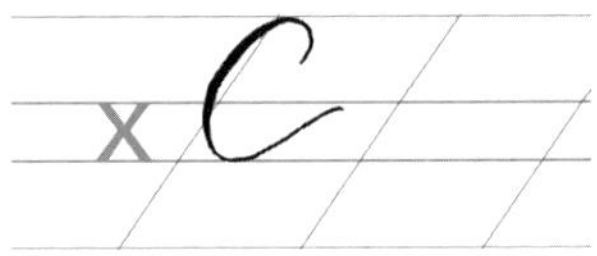

Kantige Moderne

Fange hier mit einem Oval an, das in ein großes Oval übergeht. Gehe dann wie bei der fließenden Modernen vor.

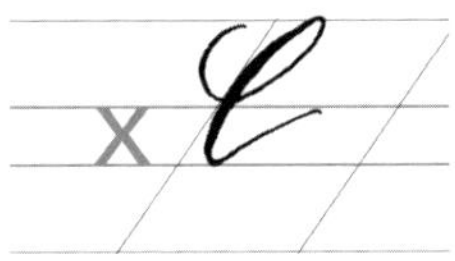

Hüpfende Moderne

Beginne mit einem Abstrich, den du in ein Oval übergehen lässt. Forme das C dann wie bei der fließenden Modernen.

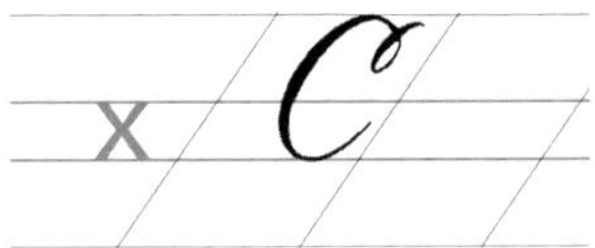

G

Fließende Moderne

Das G beginnt wie das C. Anstatt es mit dem Aufstrich auslaufen zu lassen, füge ein kleines, offenes j hinzu.

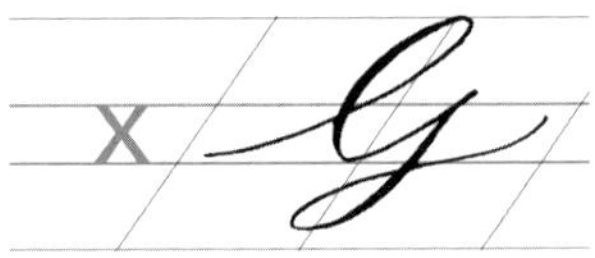

Kantige Moderne

Schreibe ein C und füge ein kleines j hinzu.

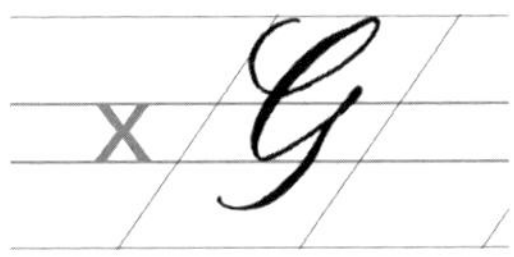

Hüpfende Moderne
Schreibe ein C und füge ein kleines, offenes j hinzu.

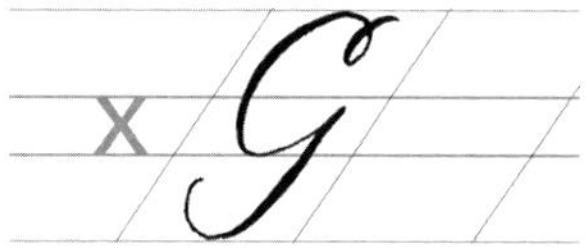

H

Fließende Moderne
Dieses H wird in einem Zug geschrieben. Vereinfacht gesagt, ist es eine Kombination aus einem kleinen j und einem kleinen l. Der erste Strich ist leicht gebogen und horizontal. Als Nächstes führst du einen Abstrich nach unten. Statt ihn enden zu lassen und neu anzusetzen, schreibst du ihn so, als wäre er eine Unterlänge – also als Schlaufe nach oben. Auf der Mittellinie kreuzt du den Stamm und lässt den Strich in eine Oberlänge übergehen.

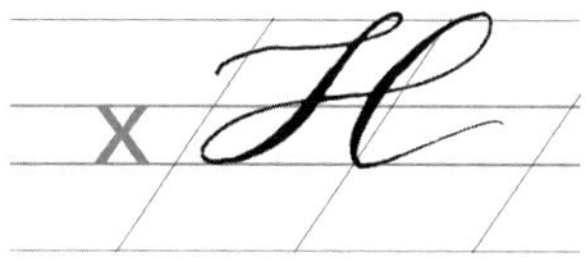

Kantige Moderne
Beginne mit einem Aufstrich, der mit einem kleinen Oval in den Abstrich übergeht. An der Grundlinie geht der Strich erneut in ein Oval über, das zum Aufstrich wird. Dann wiederholt sich der erste Strich noch einmal.

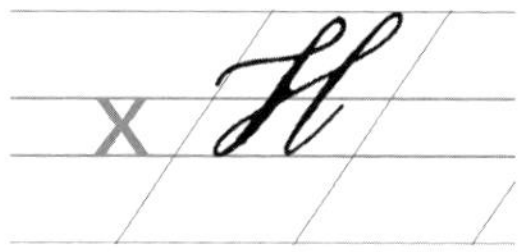

Hüpfende Moderne
Ähnlich dem Blockschrift-H schreibst du hier zwei Abstriche, die mit einem zart gebogenen Querstrich ergänzt werden.

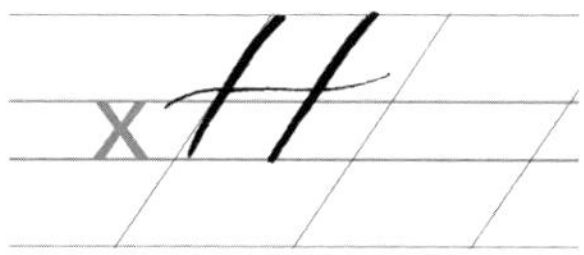

K

Fließende Moderne
Beginne mit demselben Strich der Gruppe P, R, B. An der Grundlinie führst du den Abstrich jedoch nach links. Beginne dann an der k-Linie mit dem ersten Schenkel des K. Dieser beschreibt eine leichte S-Kurve. Berühre knapp über der Mittellinie den Abstrich und setze den zweiten Schenkel nach rechts.

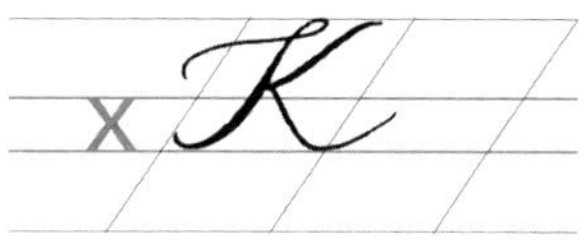

Kantige Moderne
Schreibe einen Abstrich. Setze dann an der k-Linie an und führe einen konkaven Bogen nach links. Kurz über der Mittellinie berührt dieser den Abstrich. Setze am Berührungspunkt dieser beiden Striche an und schreibe die letzte Linie, die nach rechts unten führt.

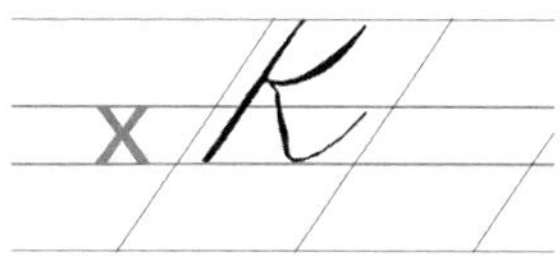

Hüpfende Moderne
Starte wie bei der kantigen Modernen. Auf der Mittellinie geht der erste Schenkel jedoch in ein Oval und schließlich in den unteren Schenkel des K über.

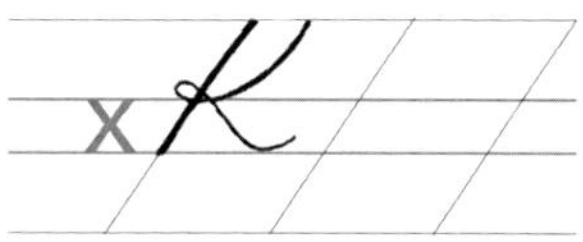

X

Fließende Moderne

Der erste Strich des X startet knapp über der Mittellinie als Oval, das in einen schrägen Abstrich nach rechts unten übergeht. Setze den Querstrich als Aufstrich, der den Abstrich knapp über der Mittellinie kreuzt.

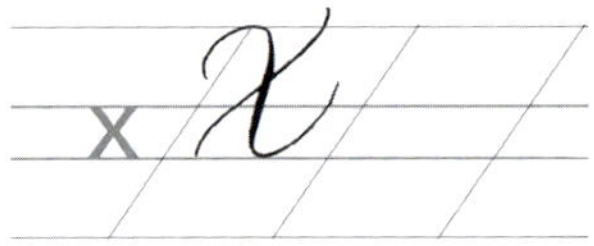

Kantige Moderne

Lass die Hilfslinien hier außer Acht. Der erste Strich ist ein Abstrich nach rechts unten. Der Querstrich ist ein Aufstrich, der knapp über der k-Linie endet.

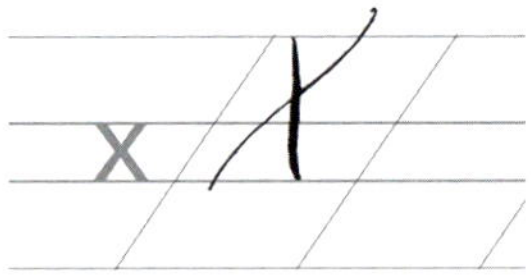

Hüpfende Moderne

Beginne knapp über der Mittellinie mit einem Oval nach rechts, das in einen Abstrich parallel zur schrägen Hilfslinie übergeht. Der Querstrich ist ein Aufstrich, der den Abstrich auf der Mittellinie kreuzt und oberhalb der k-Linie endet.

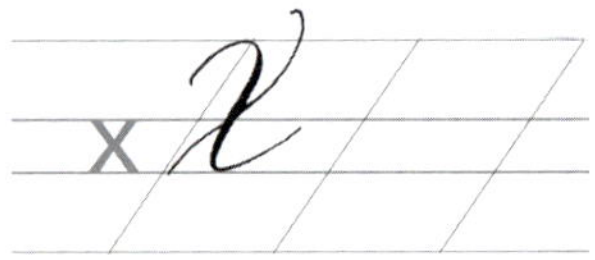

I

Fließende Moderne

Auf den horizontalen Anfangsstrich folgt der Abstrich entlang der schrägen Hilfslinie, der an der Mittellinie endet.

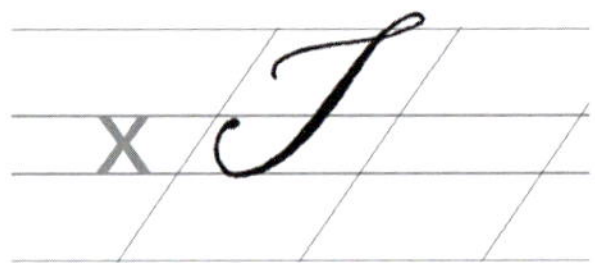

Kantige Moderne

Wie die fließende Moderne, nur kantiger.

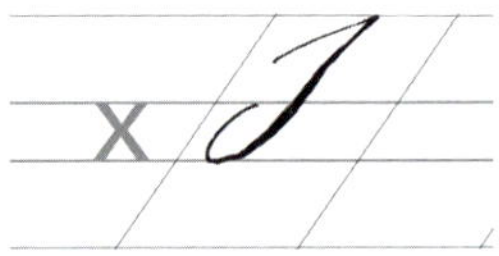

Hüpfende Moderne

Dieses sehr simple I besteht aus einem Abstrich und zwei zart gebogenen Serifen.

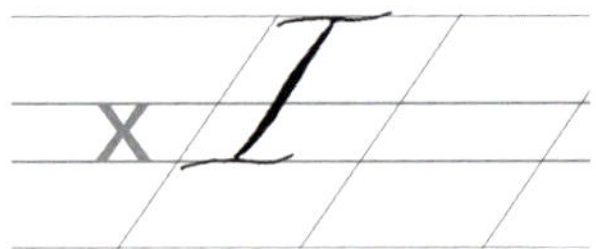

J

Fließende Moderne

Beginne wie beim I, aber lass den schrägen Abstrich bis über die Unterlänge gleiten.

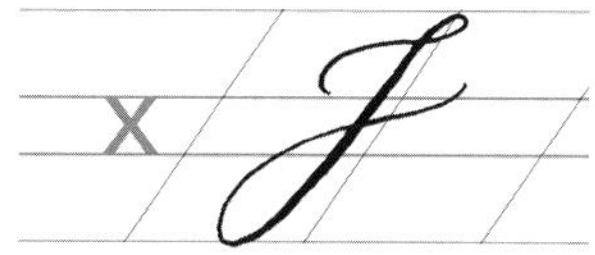

Kantige Moderne

Wie die fließende Moderne, nur kantiger.

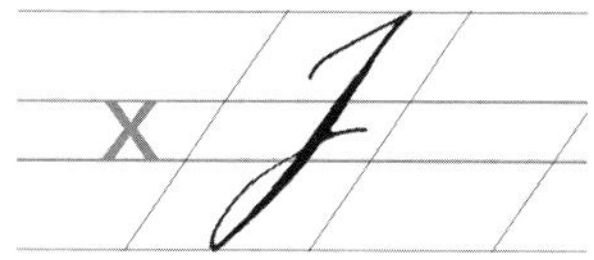

Hüpfende Moderne

Dieses J ähnelt den beiden anderen, jedoch ist der waagrechte erste Strich an das I angelehnt.

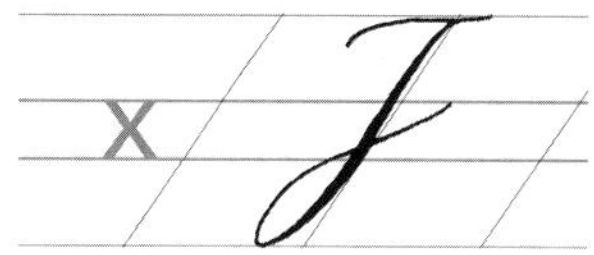

U

Fließende Moderne

Das halboffene Oval beginnt knapp über der Mittellinie und berührt die k-Linie; vor dem Abstrich fügst du ein kleines Oval an. Der Abstrich wird zu einem Aufstrich bis knapp über die Mittellinie.

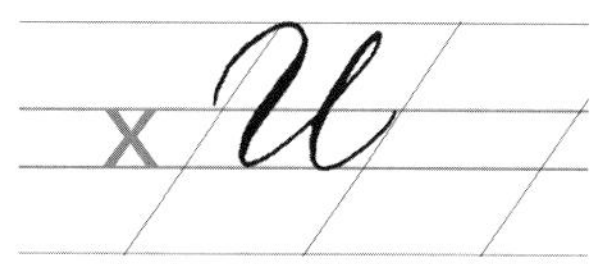

Kantige Moderne

Beginne statt mit einem Oval mit einem schrägen Aufstrich, der dünn den ersten Abstrich berührt. Verfahre sonst wie bei der fließenden Modernen, nur kantiger.

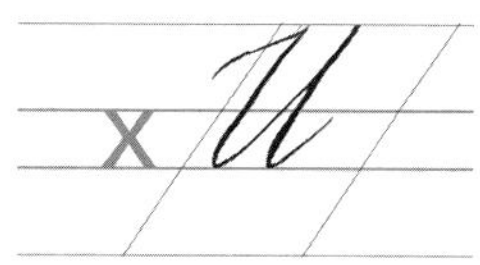

Hüpfende Moderne

Diese vereinfachte Variante des U ähnelt unseren Druckbuchstaben, beginnt aber mit einem konvexen Aufstrich, wie auch M und N. Dann kommt der Abstrich. Führe ihn nach einer Rundung wieder nach oben und setze den letzten Abstrich direkt daneben.

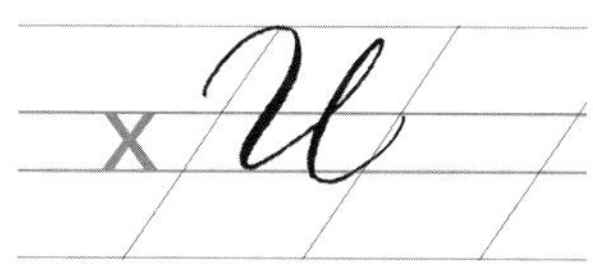

Y

Fließende Moderne

Das Y wird geformt wie das U, nur dass du den Abstrich dann als Unterlänge fortsetzt.

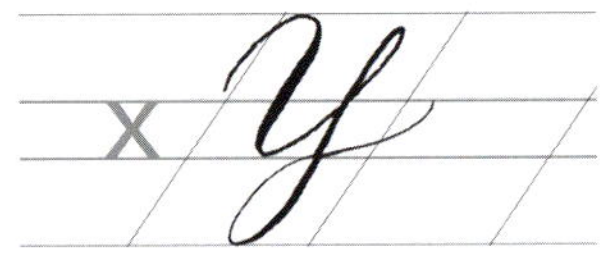

Kantige Moderne

Ersetze hier wieder das Anfangsoval durch den kleinen Aufstrich und verfahre sonst wie bei der fließenden Modernen, nur kantiger.

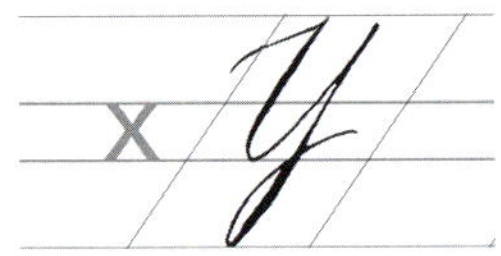

Hüpfende Moderne

Beginne wie beim U und setze noch eine Unterlänge an den Buchstaben.

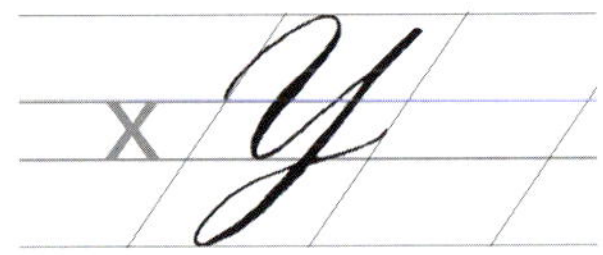

V

Fließende Moderne

Der erste Schwung des V ist ein Bogen, der in ein kleines Oval übergeht und dann nach unten führt. In einem Schwung führst du den Strich wieder nach oben.

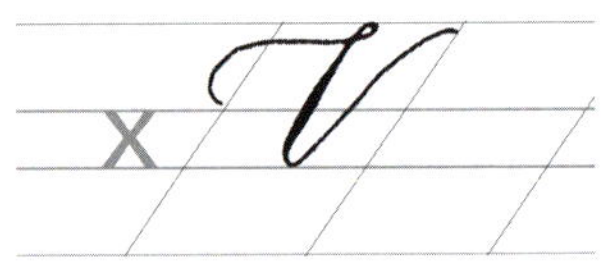

Kantige Moderne

Beginne mit einem Aufstrich schräg nach oben. An der k-Linie lässt du ihn in einen Abstrich übergehen, der parallel zur schrägen Hilfslinie verläuft und am Ende eine ganz leichte Kurve nach links beschreibt. Diese kleine Aussparung lässt dir genug Platz für den Aufstrich, der mit einem Schwung nach rechts endet.

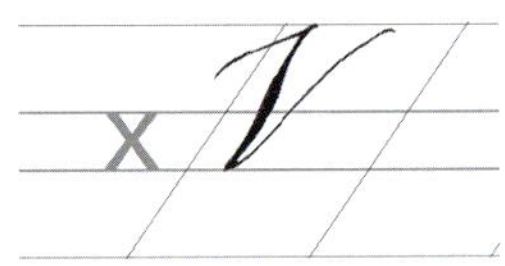

Hüpfende Moderne

Der Anfang des Buchstabens ist wie beim U. Der Punkt, an dem du die Feder wieder nach oben führst, ist jedoch weniger rund und schmaler als beim U. Lass diesen Aufstrich konkav auslaufen.

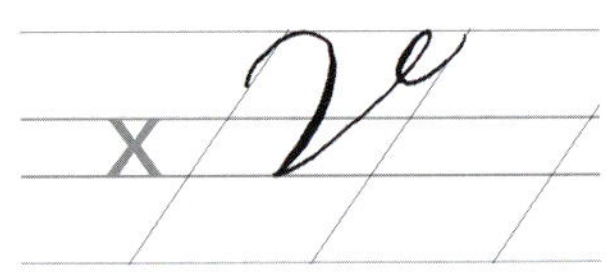

W

Fließende Moderne

Schreibe ein V, beende den Aufstrich jedoch schon vor der k-Linie. Von diesem Punkt an wiederholst du Ab- und Aufstrich des V noch einmal.

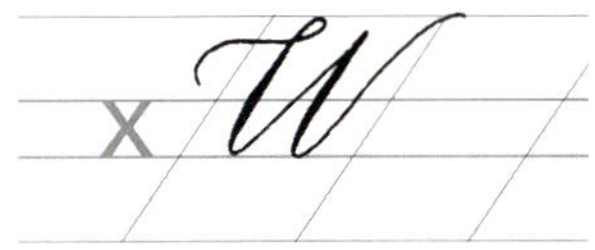

Kantige Moderne

Beginne wie beim V: horizontaler Bogen – Stamm – Aufstrich; doch statt den Aufstrich nach rechts auslaufen zu lassen, beendest du ihn an der k-Linie. Die Form ist ein kaum gebogener Strich. Anschließend wiederholst du den Abstrich, parallel zum ersten Abstrich. Am Ende läuft der Strich nach rechts oben aus, leicht über die k-Linie.

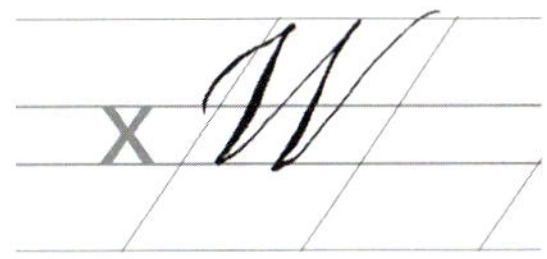

Hüpfende Moderne

Beginne mit der konvexen Horizontalen und dem Abstrich. Anstatt nach dem darauffolgenden Aufstrich den Abstrich direkt anzusetzen, verbinde die beiden Striche mit einer Schlaufe. Der Rest wird wie üblich geformt.

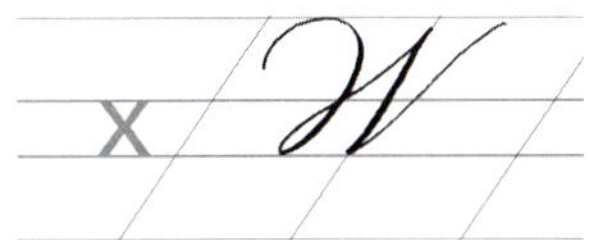

M

Fließende Moderne

Du schreibst das M wie die Kleinbuchstaben-Form, du beginnst nur mit einem Oval, das dann in den ersten Strich übergeht.

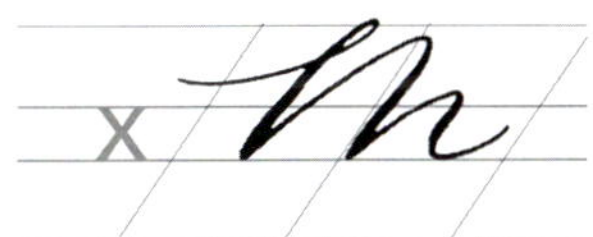

Kantige Moderne

Beginne mit einem Aufstrich. Wenn du an der k-Linie angekommen bist, folgt der erste Abstrich in der Schräge der Hilfslinie. Wiederhole diese Form noch einmal und ende mit einem Aufstrich.

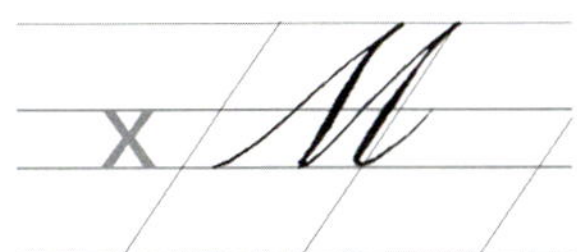

Hüpfende Moderne

Schreibe diesen Buchstaben wie das kleine m, nur mit einem Oval als beginnenden Aufstrich. Hier kannst du die verschiedenen Bögen wieder unterschiedlich hoch machen, um den hüpfenden Effekt zu verstärken.

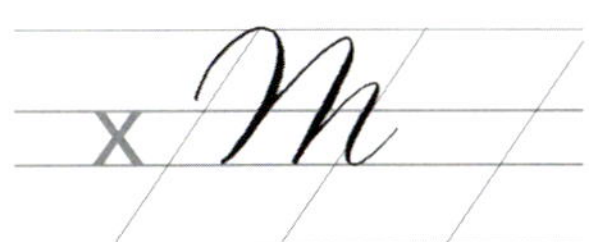

N

Fließende Moderne

Beginne wie beim M. Bei dieser Variante liegen die Linien gleich wie beim Minuskel-n.

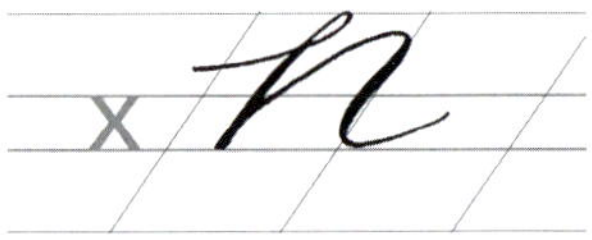

Kantige Moderne

Beginne mit einem Aufstrich mit der Schräge der Hilfslinie und führe dann einen Abstrich nach rechts unten. Den Schluss bildet ein Aufstrich, parallel zum ersten Aufstrich.

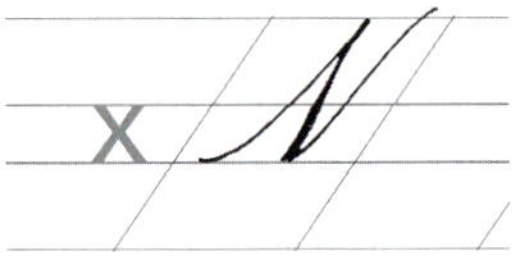

Hüpfende Moderne

Wie bei der fließenden Modernen, nur dass du hier die Bögen in ihrer Höhe variieren kannst.

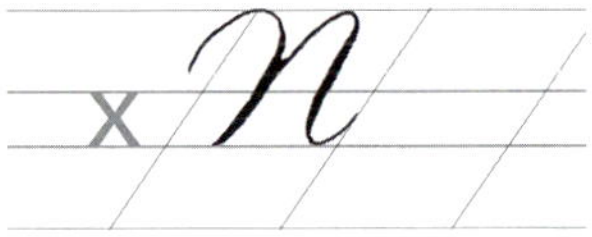

A

Fließende Moderne

Beginne mit einem Abstrich und gehe in einen Aufstrich über, dessen Winkel flacher ist als die schräge Hilfslinie. Der Abstrich weicht in die andere Richtung von der Schräge ab. Ein schwungvoller Querstrich rundet den Buchstaben ab.

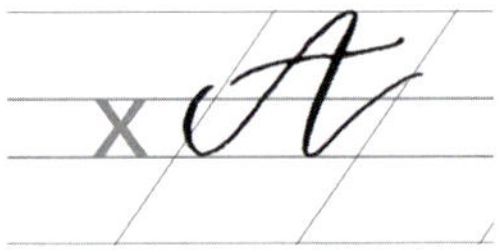

Kantige Moderne

Wie fließende Moderne, nur dass Auf- und Abstrich enger beieinander liegen.

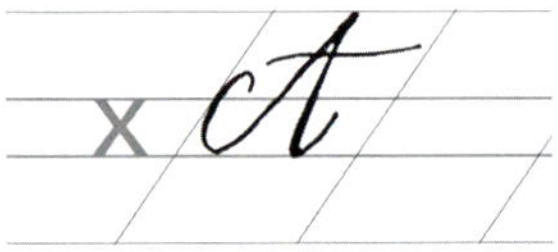

Hüpfende Moderne

Versuche hier, die Höhe des Aufstriches zu variieren. Beginne z.B. bereits unterhalb der Grundlinie mit einem konkaven Aufstrich entlang der schrägen Hilfslinie. Danach folgt der Abstrich, den du, nachdem du die Grundlinie erreicht hast, auf verschiedenen Höhen als Aufstrich wieder enden lassen kannst.

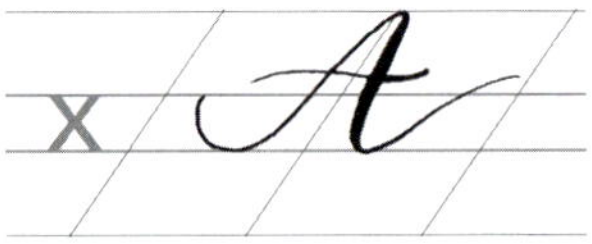

L

Fließende Moderne

Schreibe das L in einer Bewegung. Beginne knapp unter der k-Linie mit einem Aufstrich, der dann von der k-Linie aus in den Abstrich übergeht. Auf der Grundlinie bildet dieser ein kleines, flaches Oval. Der Buchstabe läuft elegant aus.

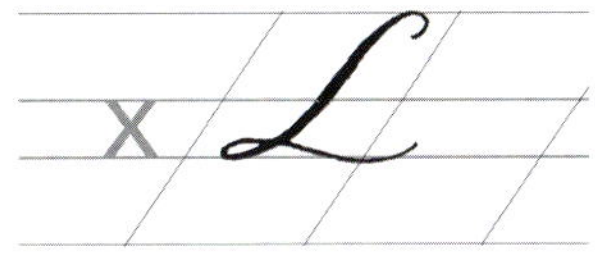

Kantige Moderne

Beginne mit einem konkaven Bogen nach rechts oben, der dann in eine etwas kantigere L-Form als bei der fließenden Modernen übergeht.

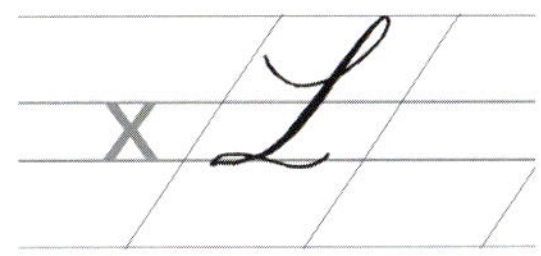

Hüpfende Moderne

Starte knapp unter der Mittellinie mit einem Aufstrich, den du entlang der schrägen Hilfslinie wieder nach unten führst. Auf der Grundlinie geht er in ein liegendes Oval über. Versuche auch hier verschieden hoch zu enden.

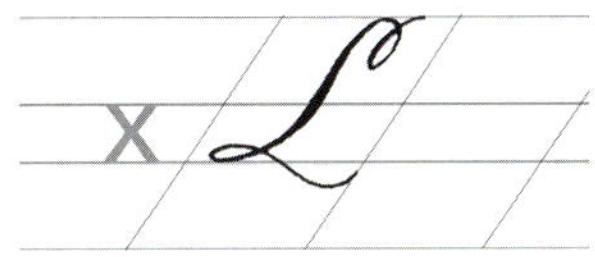

D

Fließende Moderne

Beginne mit demselben Schwung wie bei B, P und deren Verwandten: Horizontale – Schlaufe – Abstrich – paralleler Aufstrich. Forme dann ein Oval, dessen Abstrich bis unter die Grundlinie führt, wo du dann ein liegendes Oval durch den restlichen Buchstaben führst.

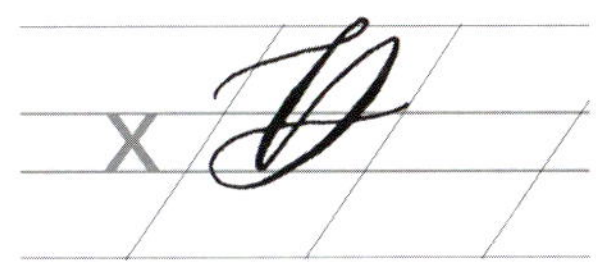

Kantige Moderne

Beginne mit dem Abstrich, den du von den Buchstaben B, P usw. kennst, und gehe dann in die Schlaufe des D der fließenden Modernen über.

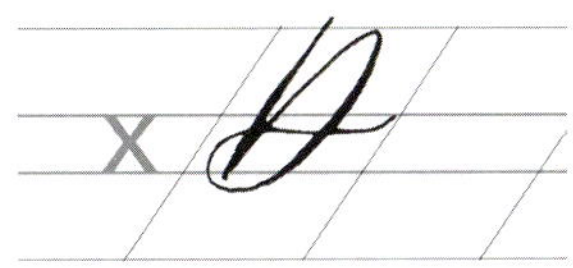

Hüpfende Moderne

Der erste Strich ist ein klassischer Abstrich. Setze dann wie beim Bogen der Buchstaben B, P, R an, führe diesen aber als Oval bis zur Grundlinie. Danach kommt die gleiche Schlaufe wie bei den anderen beiden Ds.

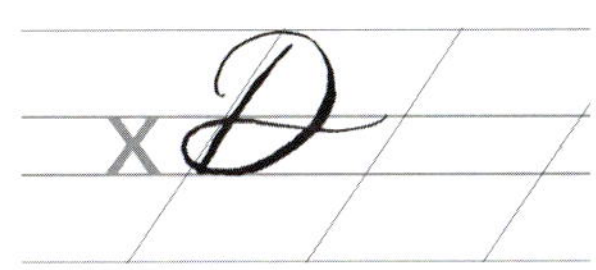

S

Fließende Moderne

Zuerst führst du die Feder in einem kurzen Aufstrich nach oben, um sie anschließend in einer S-Kurve nach unten zu führen. An der Grundlinie bewegst du die Feder wieder aufwärts und formst zwei Ovale – eines innerhalb des anderen. Kreuze an der Mittellinie den Abstrich.

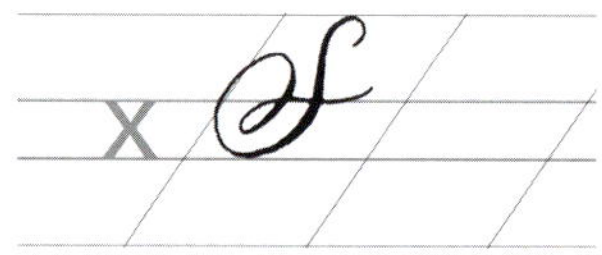

Kantige Moderne

Beginne mit einem ausholenden Aufstrich. Dieser steht nicht so steil zur Grundlinie wie die schräge Hilfslinie. Der Aufstrich geht in eine S-Kurve über und endet in einem großzügigen Oval.

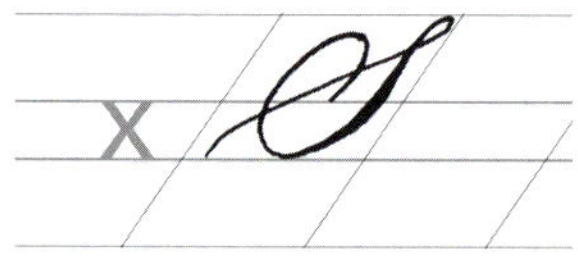

Hüpfende Moderne

Wie die fließende Moderne, nur dass du früher aufhörst.

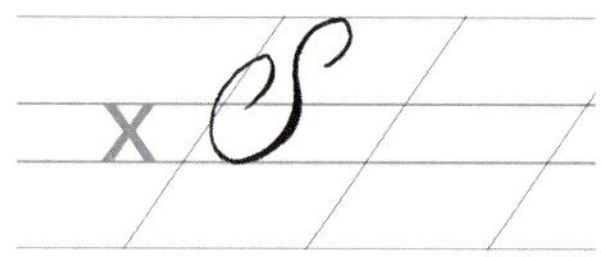

E

Fließende Moderne

Beginne wie beim S. Nachdem du das erste Oval angedeutet hast, führe den Strich wieder zurück nach links und forme noch ein Oval. Das untere ist größer als das obere Oval.

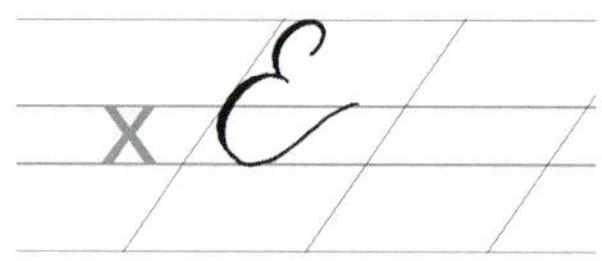

Kantige Moderne

Wie die fließende Moderne, nur dass du die beiden Ovale mit einer Schlaufe verbindest.

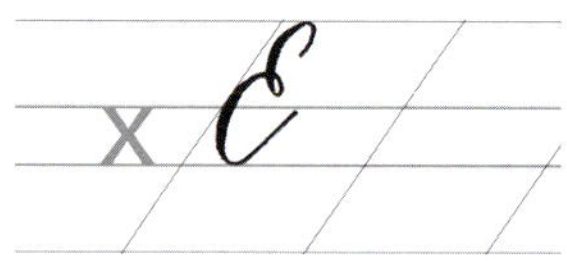

Hüpfende Moderne

Denke hier an das F, kurve die Querstriche aber noch etwas. Wie beim kleinen f kannst du den mittleren Querstrich mit einem Oval versehen.

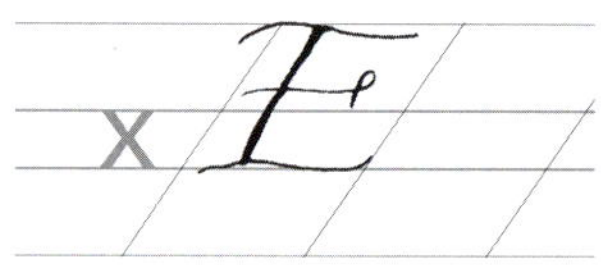

Z

Fließende Moderne

Beginne mit einem Aufstrich, der in ein Oval übergeht. Führe die Feder dann in einer U-Form wieder in Richtung k-Linie, wo du den Strich wieder in ein Oval übergehen lässt. Dann ziehst du den Abstrich schräg nach links unten, fügst ein weiteres Oval an und lässt den Buchstaben in einer schönen waagrechten S-Kurve auslaufen.

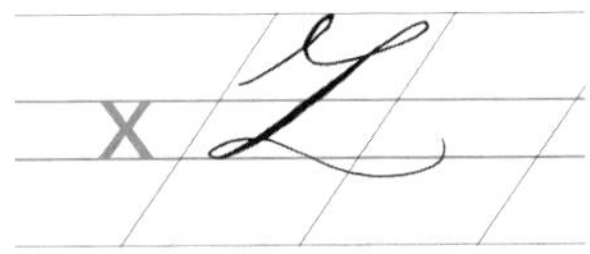

Kantige Moderne

Forme dieses Z ähnlich wie bei der fließenden Modernen, lass aber den Anfangsschnörkel weg und führe die Linien weniger gebogen.

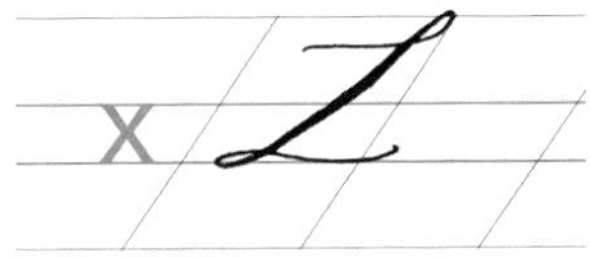

Hüpfende Moderne

Beginne mit einer leicht geschwungenen Waagrechten, die in einen schrägen Abstrich übergeht und schließlich wieder waagrecht und geschwungen endet.

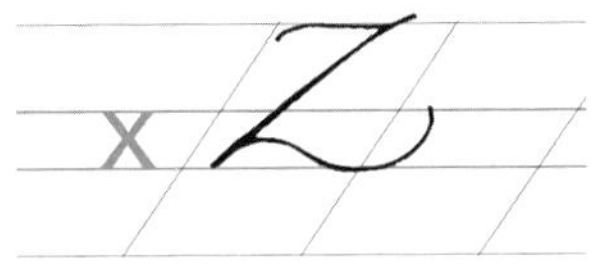

ZAHLEN UND SONDERZEICHEN

Fließende Moderne

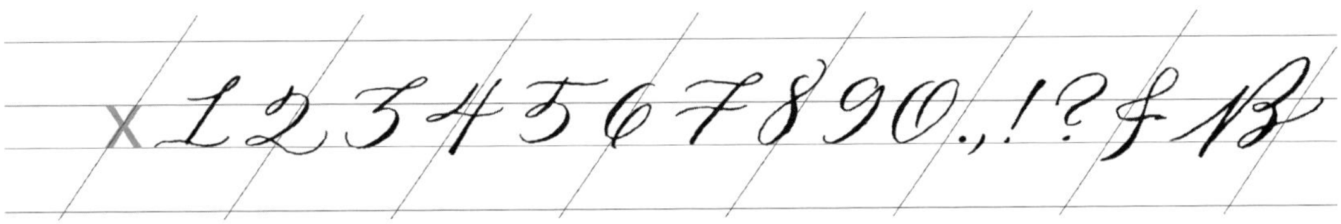

Kantige Moderne

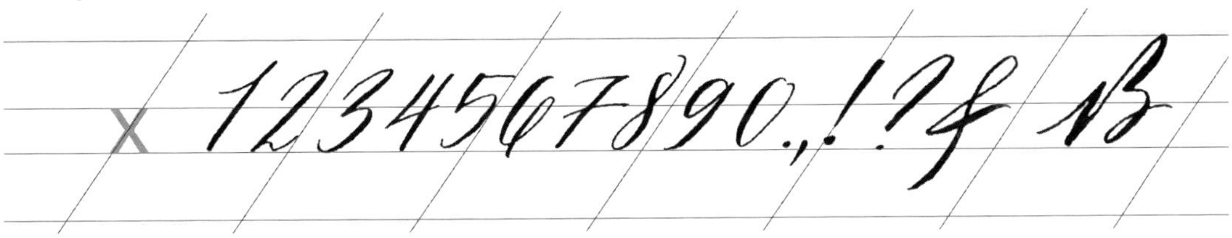

Hüpfende Moderne

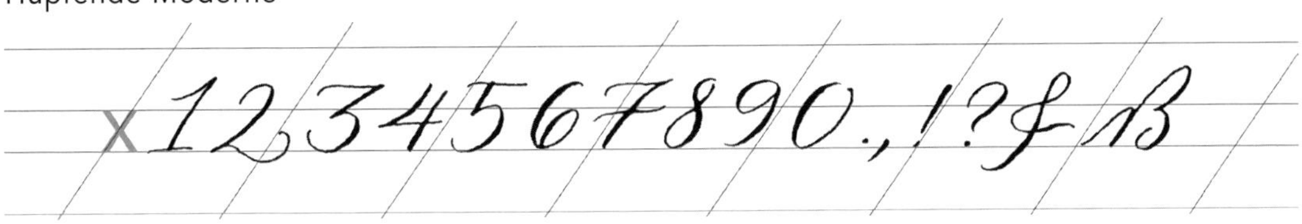

IN DIESEM KAPITEL:

BANDZUGFEDER

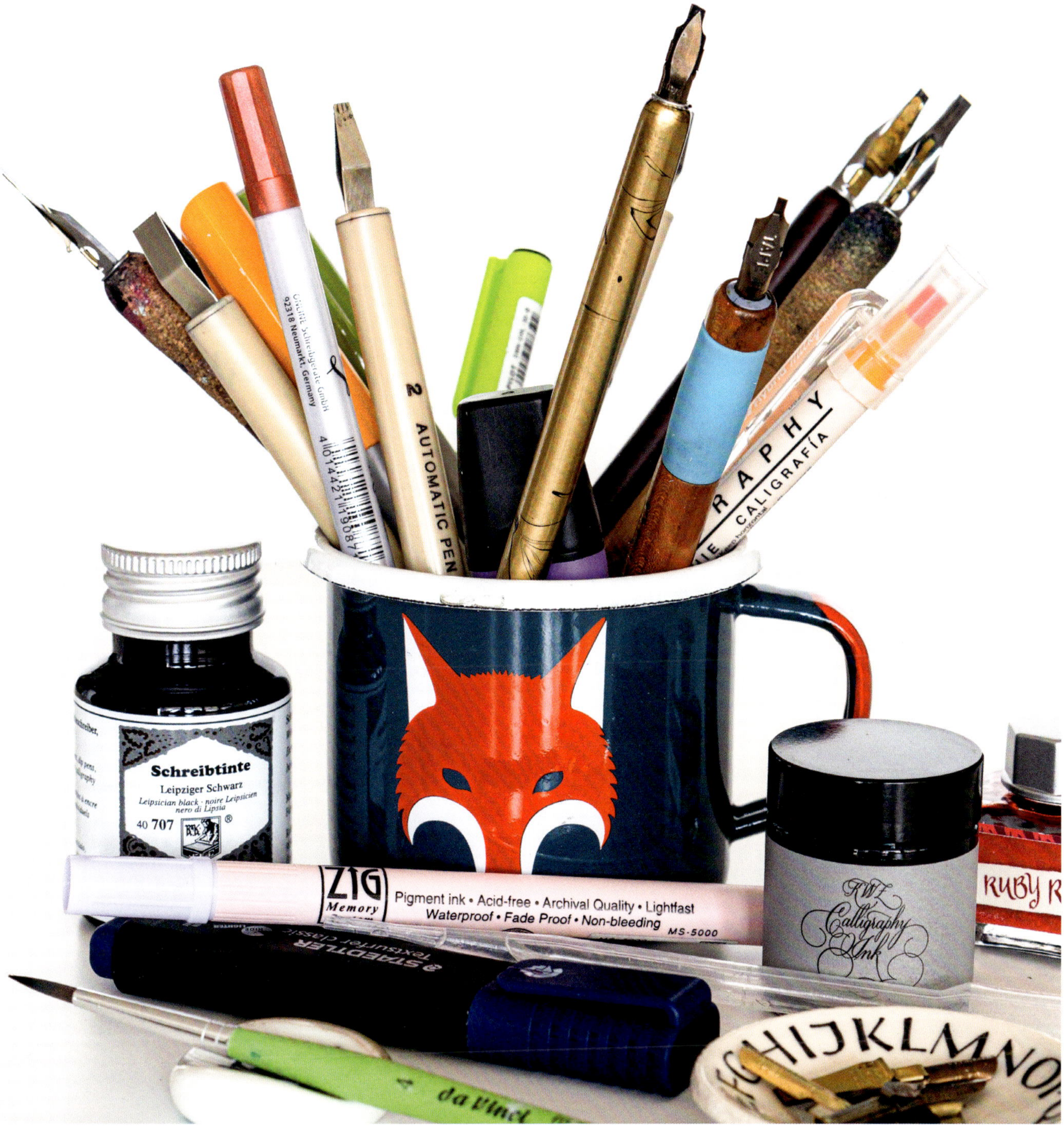

ÜBER DIE BANDZUGFEDER

Bandzugfedern sind die Weiterentwicklung der klassischen Federkiele. Sie werden auch Breitfeder und manchmal auch Wechselzugfeder genannt. Durch den breiten Abschluss der Feder ergibt sich ein Strich, der die Anmutung eines Bandes hat.

Anders als bei Spitzfeder oder Pinsel entstehen die Variationen in der Strichstärke durch die Richtung, in der die Feder auf dem Papier geführt wird. Auch der Winkel, in dem die Feder auf dem Papier steht, verändert das Schriftbild. Der Druck spielt hier keine Rolle.

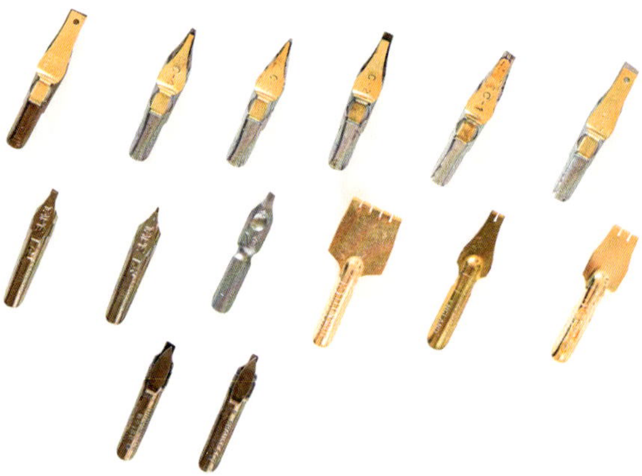

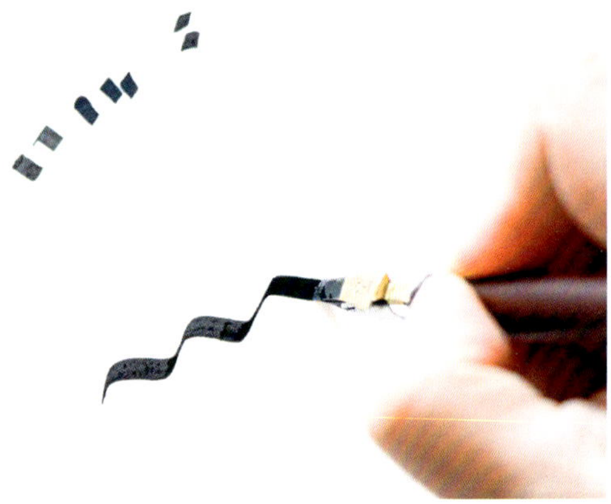

Bandzugfedern gibt es mit geradem und abgeschrägtem Abschluss, dadurch erzeugen sie unterschiedliche Schriften. Auch für Linkshänder gibt es Federn, die in die andere Richtung abgeschrägt sind. Diese sind meistens speziell gekennzeichnet.

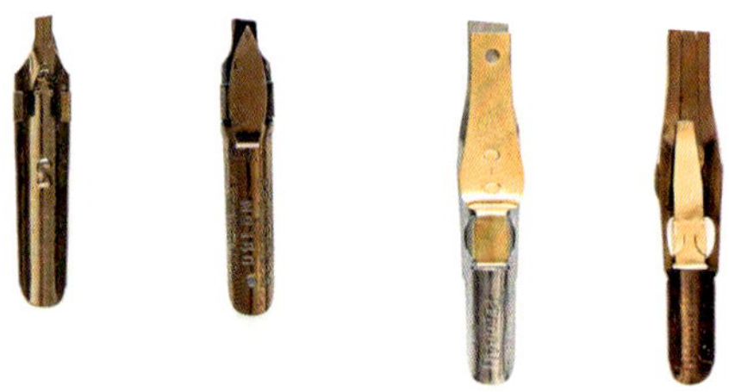

PLAKATFEDER

Die Plakatfeder ist die große Schwester der Bandzugfeder. Mit ihr können dieselben Schriften geschrieben werden, allerdings in einem viel größeren Format.

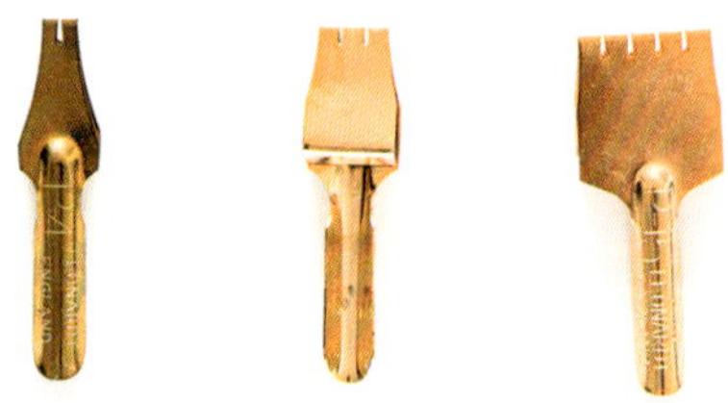

MATERIAL

Für die Alphabete in diesem Kapitel brauchst du:

Federn

Im deutschsprachigen Raum sind Bandzugfedern der Marke Brause leicht erhältlich. Diese gibt es in verschiedenen Millimeter-Maßen. Ich empfehle für den Anfang der Fraktur eine 3-mm-Feder, da sich damit perfekt auf Standard-Karopapier üben lässt. Die Buchstabenhöhe stimmt hiermit wunderbar überein.

Alternativen zu Federn:

Kalligrafie-Füller

Für die Kalligrafie rate ich von Füllern mit Patronen tendenziell eher ab, obwohl ich bei Weitem nicht alle auf dem Markt erhältlichen getestet habe. Der Tintenfluss lässt bei einer höheren Schreibgeschwindigkeit meist zu wünschen übrig. Die Ausnahme ist der Pilot Parallel Pen, insbesondere die Strichstärken 3,8 mm und 6 mm eignen sich sehr gut. Für den Neuland-Schriftstil empfehle ich den 6 mm Parallel Pen. Mehr dazu findest du im nächsten Kapitel.

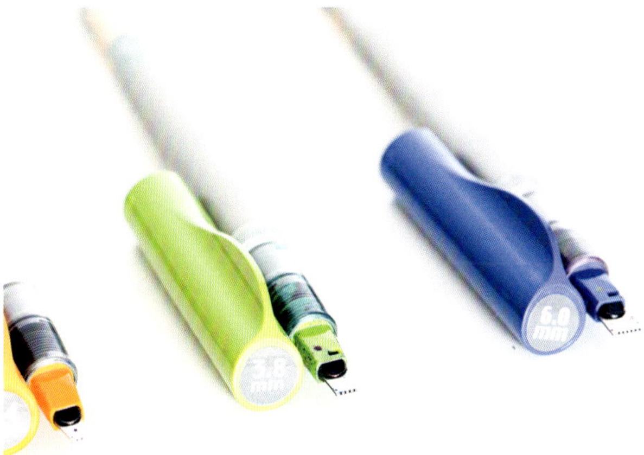

Automatic Pen

Dieser Stift besteht aus zwei Platten, die vorne schräg zusammenkommen. Ihn befüllst du mit einem Pinsel. Der Fluss ist hervorragend, und besonders für große Schriften ist er eine tolle Ergänzung zur Bandzugfeder. Mehr dazu findest du im nächsten Kapitel.

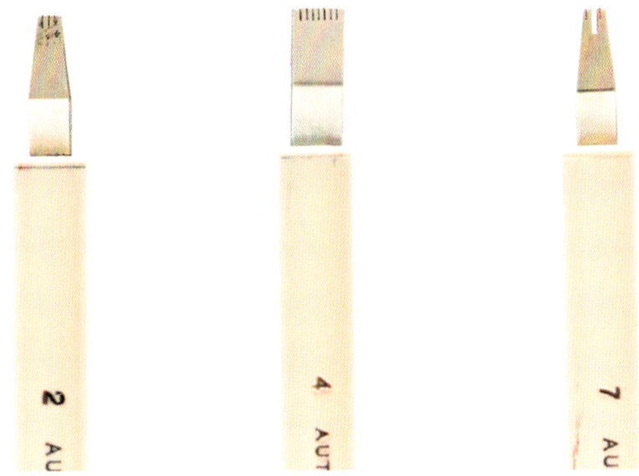

Kalligrafie-Marker

Kalligrafie-Marker sind bei verschiedenen Firmen erhältlich. Ich bevorzuge die der Marken Kuretake (Zig) oder Pilot, weil sie eine sehr harte und stabile Spitze haben.

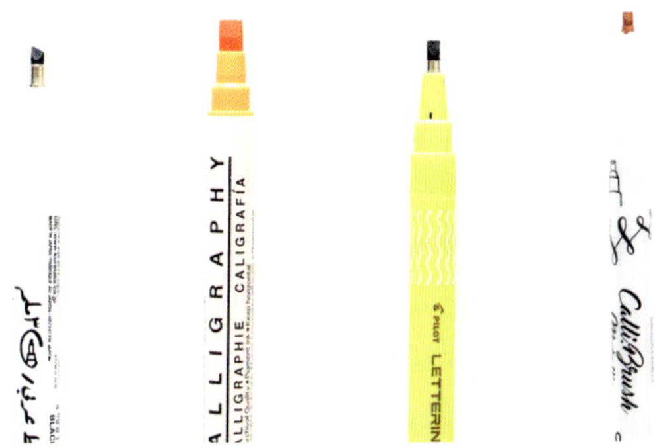

Textmarker

Eine spaßige Alternative kann es sein, mit Textmarkern zu schreiben. Ich bevorzuge die Marken Stabilo und Staedtler. Die Ecken gehen jedoch beim Kalligrafieren schneller kaputt als bei regulärem Gebrauch.

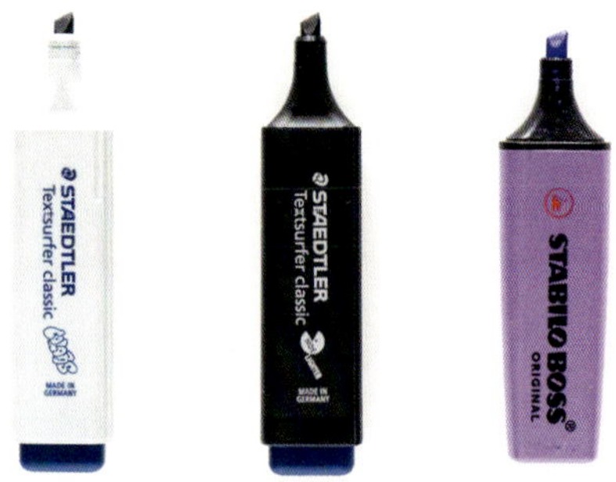

Pinsel oder Pipette

Um die Feder mit Tinte zu befüllen, kannst du sie direkt in die Tinte tauchen und anschließend überschüssige Flüssigkeit an einem Tuch abtupfen, bevor du zu schreiben beginnst. Oft ist mit dieser Technik, trotz abtupfen, zu viel Tinte in der Feder, daher kannst du die Federn auch mithilfe eines Pinsels oder einer Pipette befüllen.

Papier

Papiere von Clairefontaine/Exacompta (z. B. Blöcke, Hefte oder auch die Rhodia-Reihe) eignen sich sehr gut. Aber auch manche Kopierpapiere, wie z. B. HP Color Laserjet oder Clairefontaine DCP sind stark genug, um dem hohen Tintenfluss der Bandzugfeder standzuhalten. Satiniertes Aquarellpapier ist hochwertiger und kann auch viel Tintenauftrag aufnehmen.

Tinte

Für die Bandzugfeder eignen sich die meisten Füllfeder- und Kalligrafietinten. Wenn es schwarz sein soll, empfehle ich Pelikan-Tinte oder Rohrer & Klingner „Leipziger Schwarz". Für bunte Tinten kannst du sowohl zu Füllfeder- als auch zu Zeichentinten greifen, hier ist die Auswahl fast endlos. Rohrer & Klingner Schreibtinten gibt es auch in allen möglichen Farben.

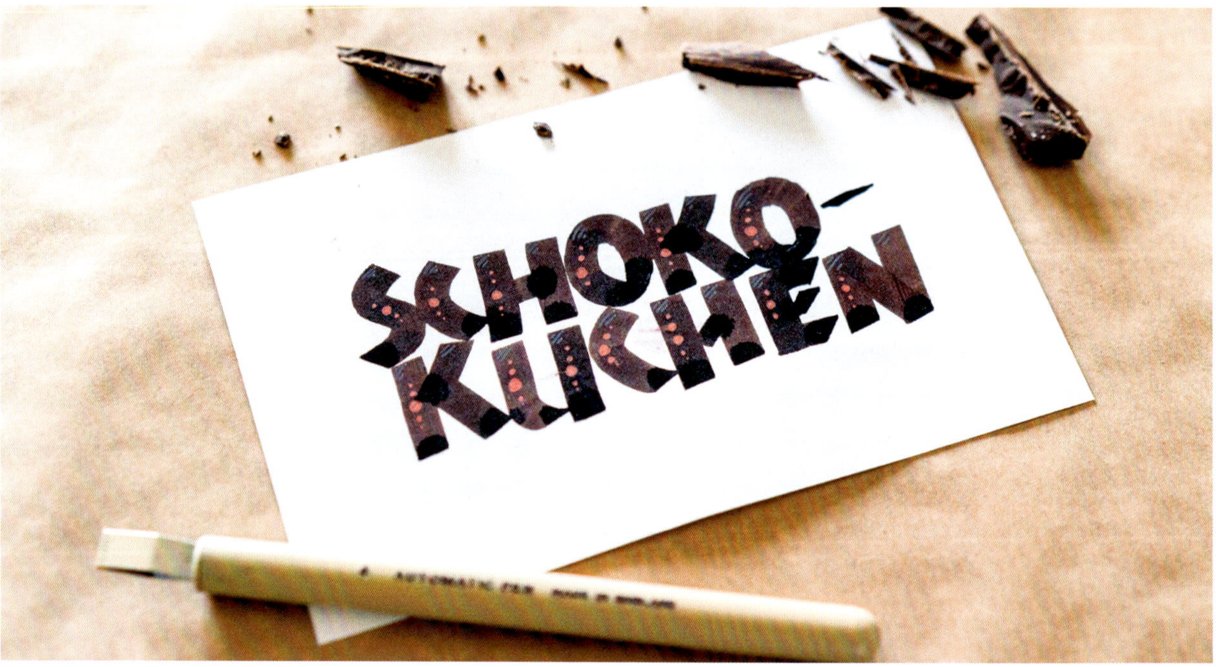

HANDHABUNG DER BANDZUGFEDER

Die Bandzugfeder wird in einen geraden Federhalter gesteckt. Achtung: Die Feder wird in den Zwischenraum von Metallhalterung und Federhalter gesteckt, nicht zwischen die Metallplättchen.

1

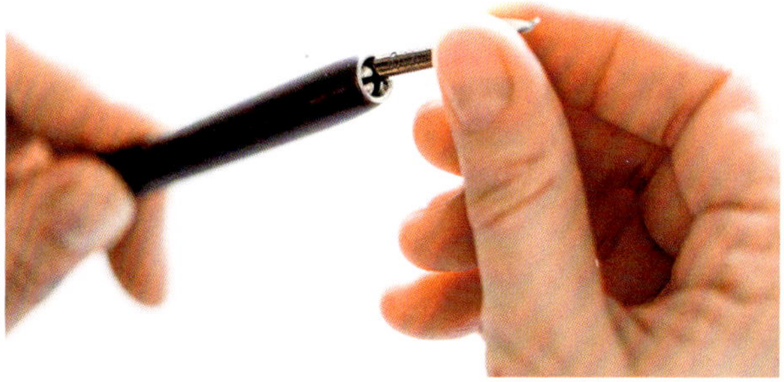

2

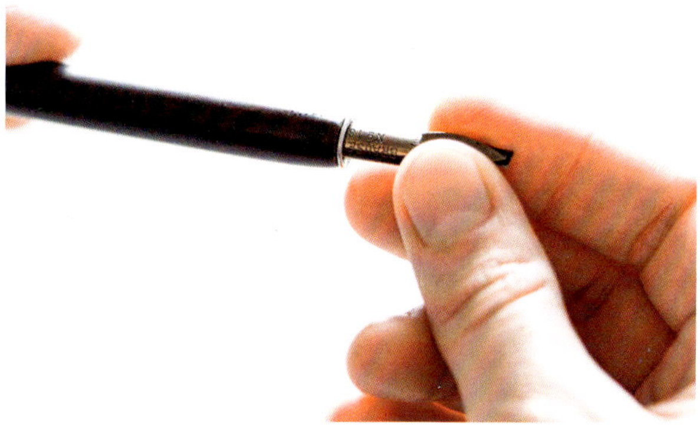

BANDZUGFEDER VORBEREITEN

Alle Federn, die aus der Produktion kommen, sind mit einem dünnen Fettfilm versehen, damit sie längere Lagerung und Transporte überstehen, ohne zu rosten. Diesen musst du erst beseitigen, da sonst die wasserbasierte Tinte vom Fett abgestoßen wird und nicht an der Feder haftet. Am besten säuberst du die Feder sanft mit einer Zahnbürste und etwas fettlösendem Spülmittel, oder du hältst sie kurz über eine Flamme.

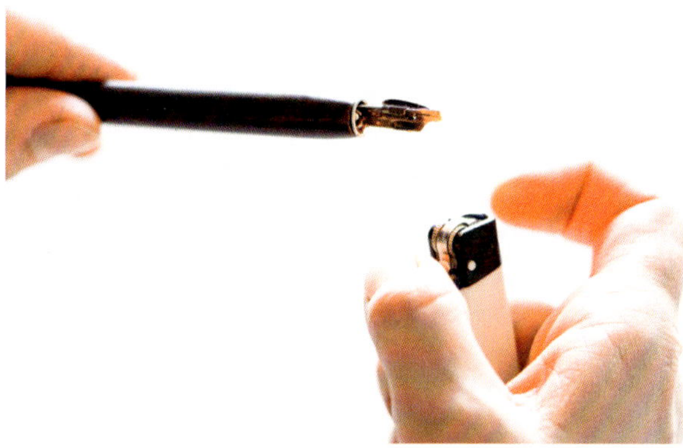

TINTE FASSEN

Die Bandzugfeder besitzt ein Tintenreservoir: Zwischen dem oberen Plättchen (der Oberfeder) und der Schreibfeder wird die Tinte gehalten. Es gibt mehrere Möglichkeiten, die Feder zu füllen:

1

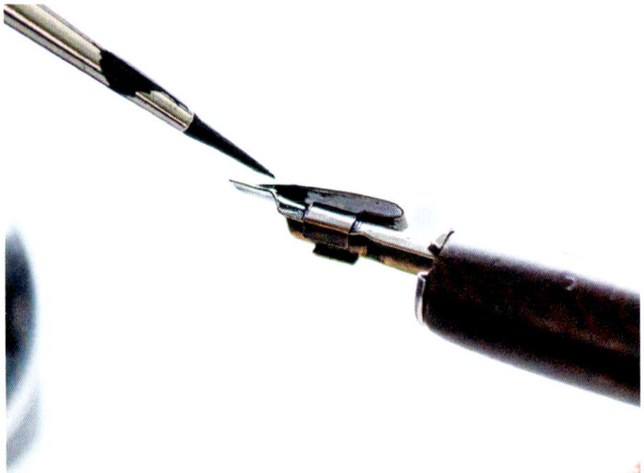

1

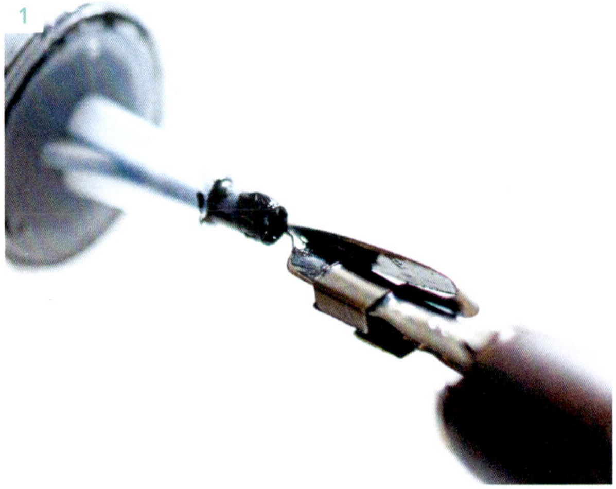

1. Streiche mit einem Pinsel oder einer Pipette einen Tropfen Tinte unter das Plättchen. Diese Methode ermöglicht eine sehr genaue Dosierung.

2

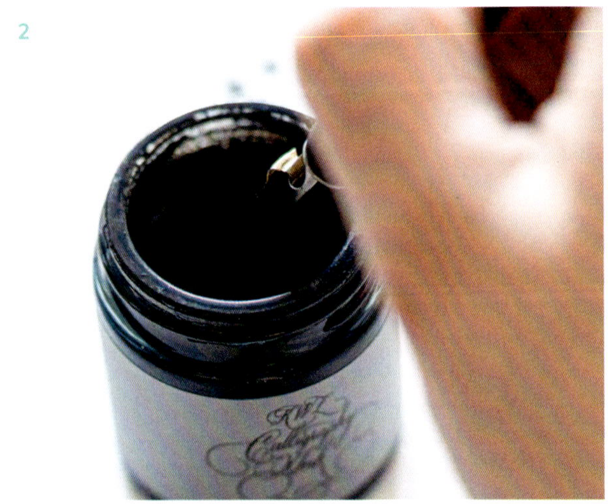

2. Tauche die Feder so weit in die Tinte ein, dass der Zwischenraum zwischen Oberfeder und Feder die Tinte hält. Streife dann die Feder am Rand des Tintengefäßes ab.

3

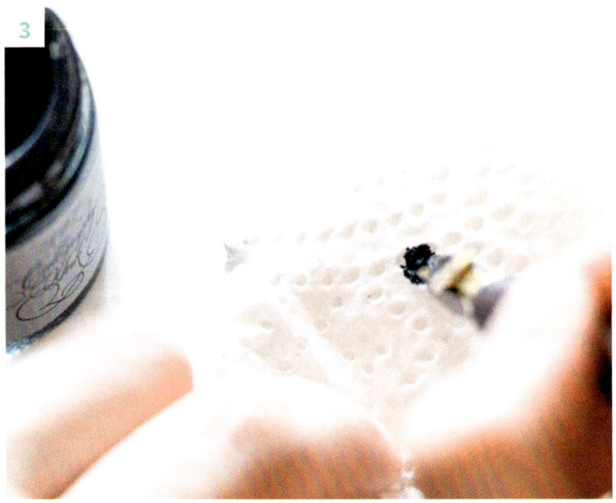

3. Falls immer noch zu viel Tinte von der Feder fließt, leg dir ein Tuch bereit und tupfe die Feder kurz daran ab, bevor du zu schreiben beginnst.

SCHREIBEN MIT DER BANDZUGFEDER

Wichtig bei der Bandzugfeder ist, dass die gesamte Kante der Feder auf dem Papier aufliegt, damit ein gleichmäßiger Strich entstehen kann. Es ist oft leichter, einen geraden Strich zu erzielen, wenn du das Papier leicht gegen den Uhrzeigersinn drehst.

Der linke Strich hat schöne Kanten, das heißt, die Feder lag gut am Papier auf. Beim rechten Strich sind die Kanten eingerissen, das heißt, die Feder hatte nicht an allen Stellen Kontakt zum Papier.

INFO

Als Linkshänder drehst du dein Blatt im Uhrzeigersinn. Es kann sein, dass du es um ganze 90 Grad drehen musst, um die Zugbewegungen zu schaffen. Es ist um ein Vielfaches einfacher, wenn du dein Handgelenk gerade hältst und nicht eindrehst. Wenn du eingedreht schreibst, ändert sich die Handhabung der Feder komplett. Halte außerdem den Federhalter etwas weiter hinten, als du einen Bleistift halten würdest. Für weitere Hilfestellungen empfehle ich das Internet nach „For Lefthanders. From Learn Calligraphy by Margaret Shepherd" zu durchsuchen.

Im Gegensatz zur Spitzfeder entsteht der Kontrast zwischen dicken und dünnen Linien bei der Bandzugfeder nicht durch Druck, sondern durch den Winkel, in dem die Feder zum Papier gehalten wird.

Verschiedene Schriften erfordern verschiedene Aufsatzwinkel der Feder. Bei klassischen Schriften wird der Federwinkel während des Schreibens nicht geändert, sondern bleibt immer gleich. Das heißt, egal in welche Richtung du deine Feder bewegst: Der Winkel der Feder ändert sich nicht. Die Hand bleibt ruhig und gleich.

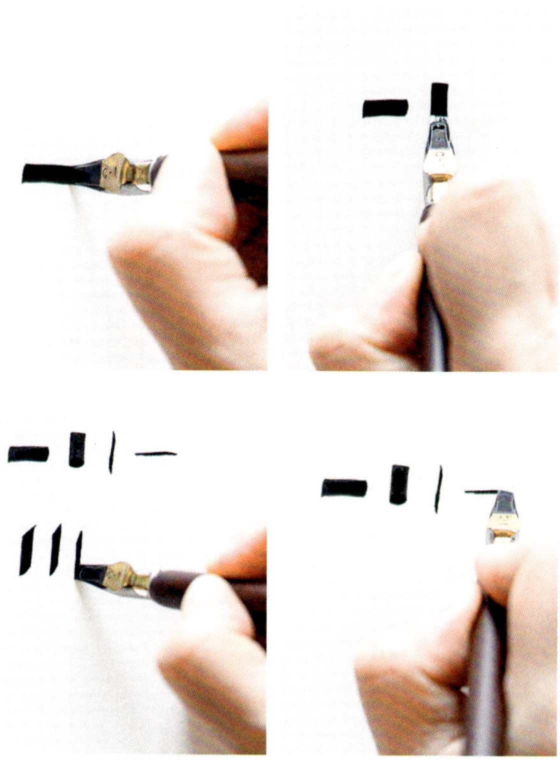

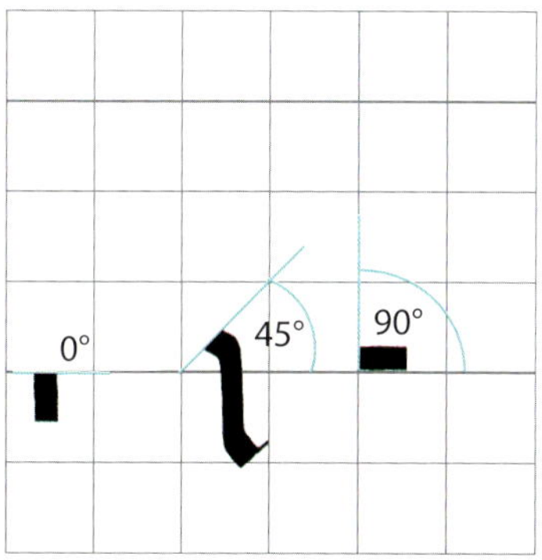

Die **Höhe** der Buchstaben bei der Bandzugfeder wird meist in Federbreiten angegeben, z.B. ist ein Fraktur-Kleinbuchstabe 5 Federbreiten hoch. Das bedeutet, dass die Höhe deiner Buchstaben immer abhängig von der Feder ist, die du benutzt. Wenn du z.B. eine 3-mm-Feder benutzt und deine Buchstabenhöhe 5 Federbreiten ist, ergibt das eine Buchstabenhöhe von 3mm Federbreite x 5 = 15mm. Oft wird diese Höhe durch eine Leiter angezeigt. So eine Leiter ist praktisch, um später die Höhe nachvollziehen zu können, ohne zu messen und zu grübeln, welche Feder man verwendet hat. Das ist nämlich meist egal, so lange die Proportionen passen!

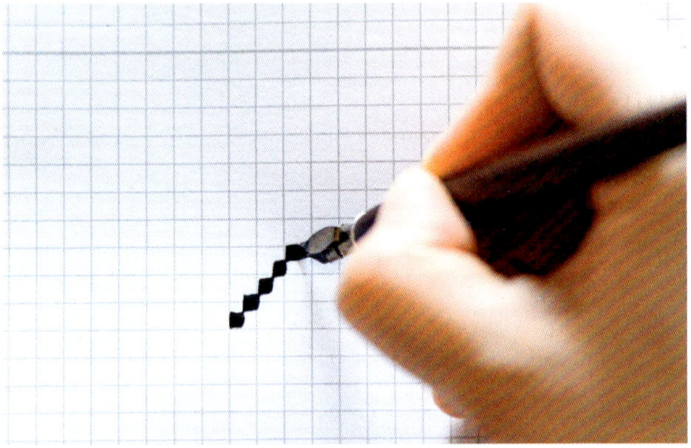

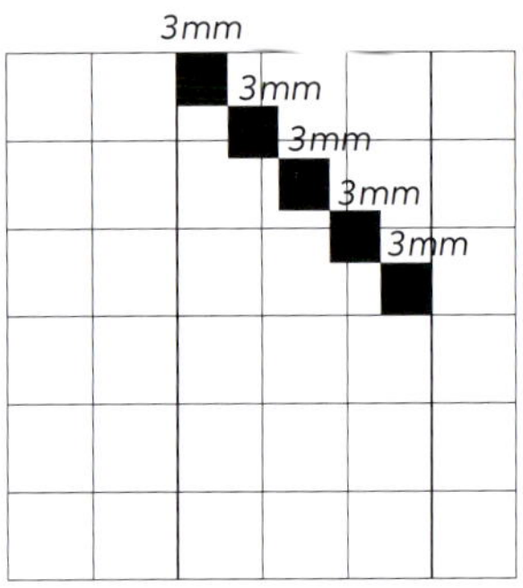

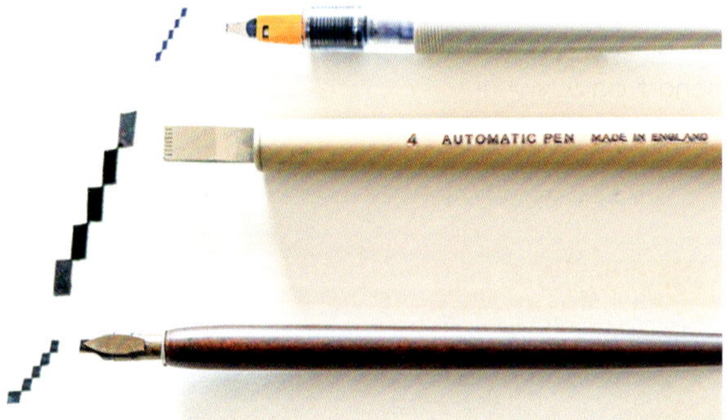

REINIGUNG

Wenn du deine Bandzugfeder regelmäßig reinigst, bleibt sie dir lange erhalten. Nimm dazu am besten eine ausgediente Zahnbürste und reinige die Feder sorgfältig. Achte dabei darauf, dass der Zwischenraum von Ober- und Schreibfeder gut sauber wird. Du kannst dazu auch die Oberfeder abnehmen, sollte eine vorhanden sein.

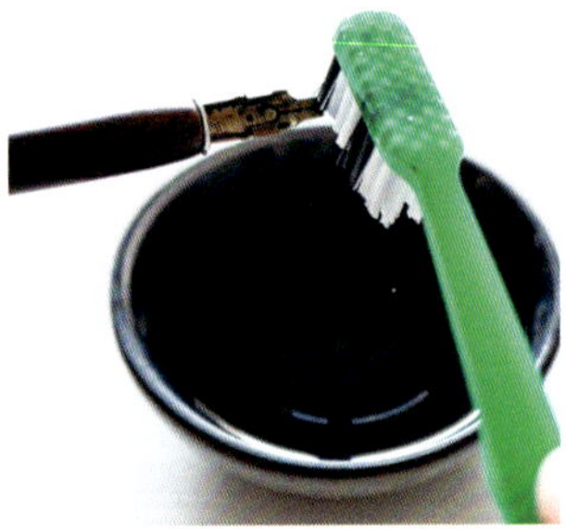

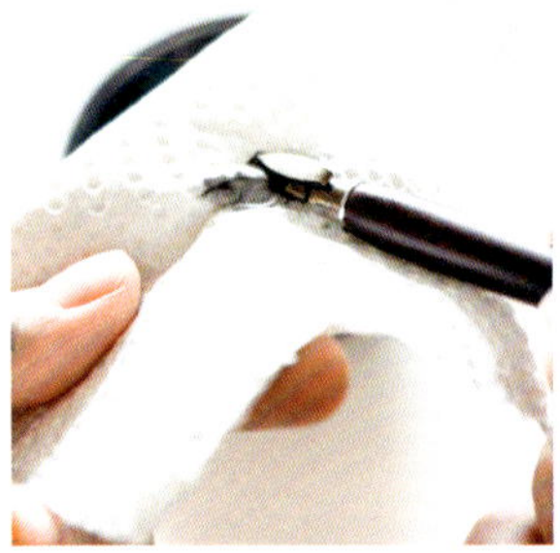

AUTOMATIC PEN

Der Automatic Pen ist ein Breitfeder-Werkzeug, das aus zwei zusammenstehenden Metallplättchen besteht. Zwischen diesen Plättchen ist viel Abstand, sodass sie viel Tinte halten können. Für große Arbeiten ist der Pen deshalb hervorragend geeignet.

Außerdem gibt es Automatic Pens in verschiedenen Zuschnitten, z. B. auch mit Lücken. So kann ein noch spannenderes Schriftbild entstehen.

Den Automatic Pen kannst du direkt in die Tinte tauchen oder mit einer Pipette oder einem Pinsel befüllen. Wenn du ihn direkt eintauchst, ist der erste Strich allerdings oft nicht scharf, da zu viel Tinte herausfließt. Lege dir daher am besten ein Blatt bereit, auf dem du den ersten Strich machst, um überschüssige Tinte loszuwerden.

HINWEIS

Die Seite mit den Schlitzen ist immer oben.

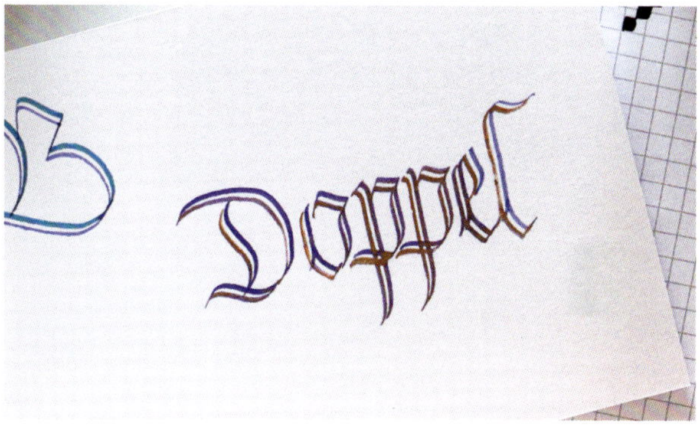

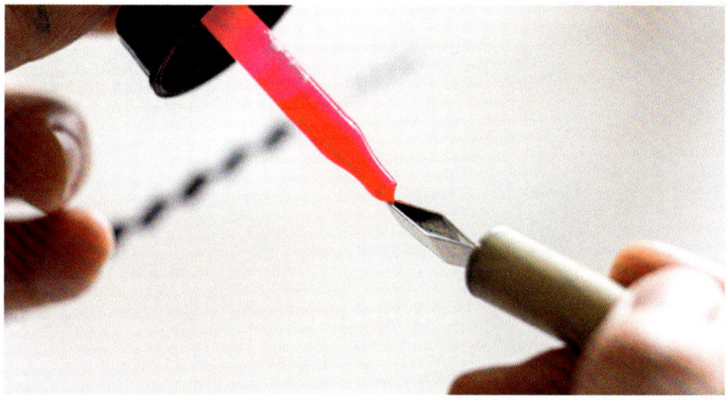

Befüllen mit der Pipette

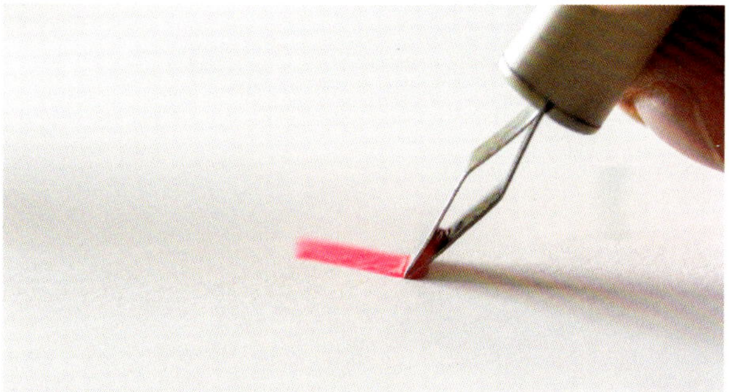

Liegt das Metallplättchen gut auf, wird der Strich gleichmäßig.

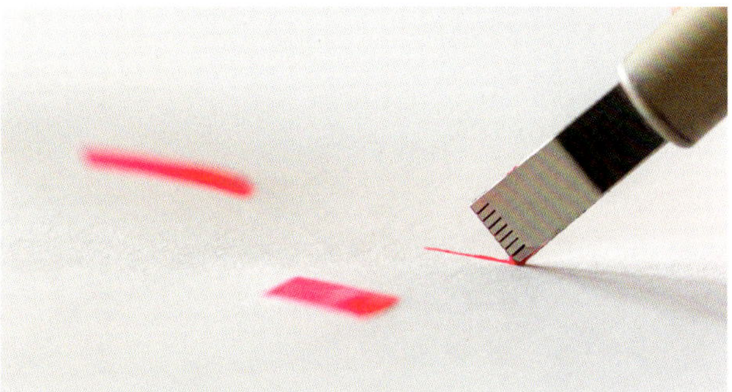

Auch mit der Ecke lässt es sich schreiben, hervorragend um zu korrigieren oder Verzierungen hinzuzufügen.

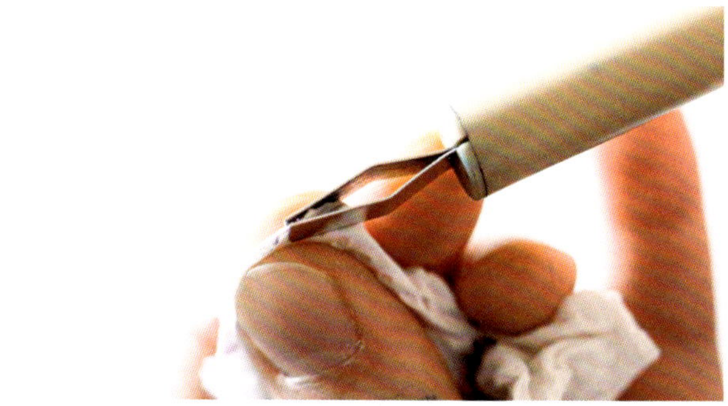

Achte bei der Reinigung darauf, dass du den Stift auch zwischen den Plättchen gut saubermachst.

PARALLEL PEN

Der Parallel Pen ist ein Kalligrafie-Füller, der sich sowohl für Anfänger als auch für Profis eignet. Er unterscheidet sich im Aufbau sehr von anderen Kalligrafie-Füllern. Die Feder besteht aus zwei Metallplättchen, zwischen denen die Tinte hindurchfließt. Dadurch ist auch bei breiteren Federstärken ein optimaler Tintenfluss gewährleistet. Schreibt man auf der Kante, sind sehr feine Linien möglich, was auch sehr praktisch ist, um Buchstaben auszubessern. Das einzige Manko meiner Meinung nach ist, dass es ihn nicht in den entsprechenden Größen der Bandzugfeder gibt.

TIPP: Es gibt zwar Patronen zum Nachkaufen, du kannst aber auch mit einer Spritze die leeren Patronen mit deiner Lieblingstinte wieder auffüllen und in den Parallel Pen stecken. Verwende hierzu nur wasserbasierte Tinte oder flüssige Aquarellfarbe, keine Tusche, Acrylfarbe o. Ä.

Befüllen eines Parallel Pen

1

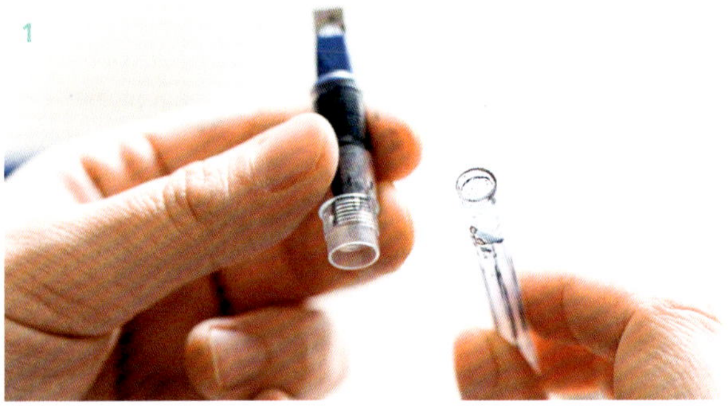

2

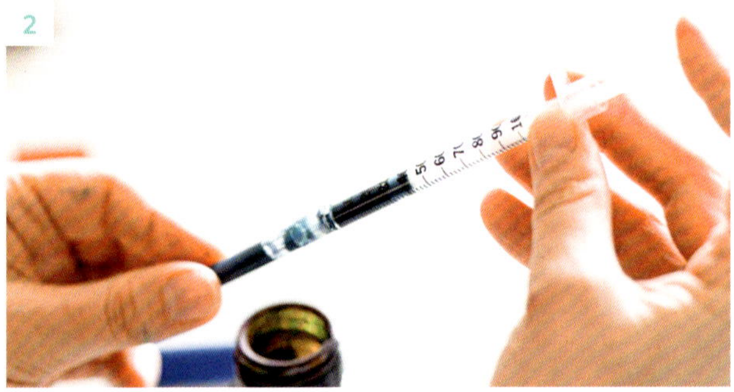

3

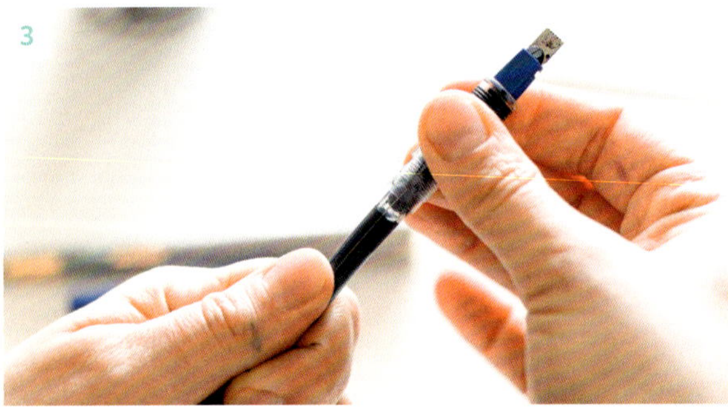

4

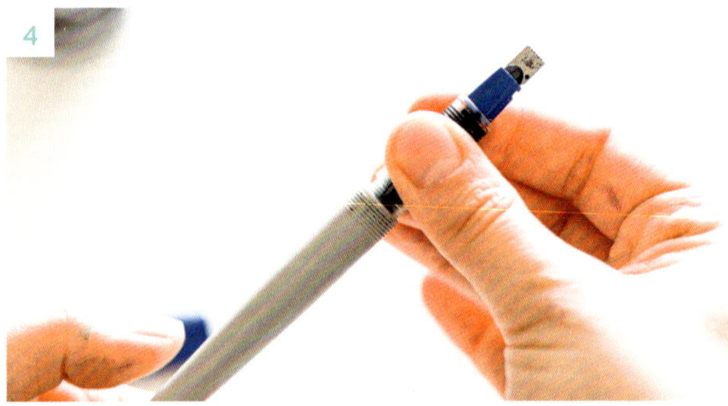

TEXTMARKER

Textmarker eignen sich hervorragend für z. B. die Neuland-Schrift. Sie sind oft schön bunt und gleiten gut über das Papier. Je nachdem, ob die Textmarker gerade oder abgeschrägte Spitzen haben, kannst du sie besser für Fraktur (schräg) oder Neuland (gerade) verwenden.

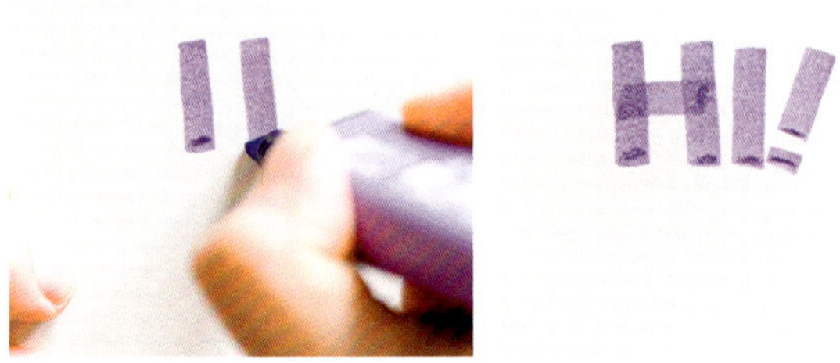

ÜBUNGEN

Beim Schreiben mit der Bandzugfeder ist ein gewisses Grundverständnis des Werkzeuges nötig. Diese Übungen helfen dir dabei, dich mit dem Werkzeug vertraut zu machen und zu verstehen, wann welche Formen entstehen. Das Ziel ist, dass du weißt, wann du die Feder wie bewegen musst, um gewisse Effekte zu erzielen. Achte darauf, dass die Kante der Feder ganz auf dem Papier aufliegt.

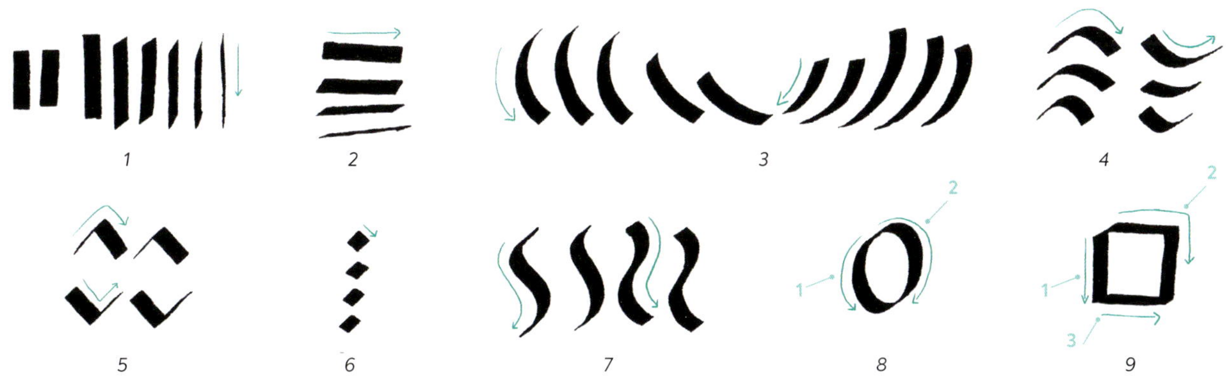

Übung 1
Versuche erst einmal, kurze vertikale Striche zu schreiben. Ziehe die Feder dazu zu deinem Körper. Beginne mit kurzen Strichen, wenn du diese gerade hinbekommst, verlängere sie. Teste hier verschiedene Federwinkel von 0 bis 90 Grad zur Grundlinie aus und beobachte, wie sich die Striche entsprechend verändern.

Übung 2
Jetzt probiere das Ganze mit waagrechten Strichen. Drehe auch hier die Feder, um die Strichstärke zu verändern.

Übung 3
Wenn du die geraden Striche gemeistert hast, versuche dich an Bögen in verschiedenen Winkeln. Wenn du die Feder in einem Winkel von 45 Grad hältst und Bögen nach rechts schreibst, werden die Striche nach unten hin dicker. Im gleichen Federwinkel, aber von oben rechts nach unten links schreibend, werden die Striche dünner.

Übung 4
Forme diesmal Bögen nach oben und unten.

Übung 5
Drehe die Feder auf 45 Grad und schiebe sie nach oben und dann wieder nach unten. Diese Übung verdeutlicht, wie die Feder die Tinte auf das Papier aufträgt.

Übung 6
Versuche, die kleinen Diamanten mit einer kurzen Federbewegung nach rechts unten zu erstellen.

Übung 7
Bei dieser Übung erkennst du deutlich, warum man die Feder „Bandzugfeder" nennt – bei der Federführung entsteht ein Band, das mit der Bewegung dick und dünn wird.

Übung 8
Diese Form schreibst du in zwei Schritten, die beiden Hälften berühren sich jeweils an ihrer dünnsten Stelle.

Übung 9
Wie bei Übung 8 setzt du das Quadrat hier aus mehreren Formen zusammen, die miteinander verbunden werden. Besonders beim unteren linken Eck siehst du, wie die Federausrichtung die Striche sehr gut vereint. Das linke obere Eck ist ein gutes Beispiel dafür, wie zwei dünne Striche sich zu einer flachen Kante vereinen.

ALPHABETE MIT DER BANDZUGFEDER

SIMPLE FRAKTUR

Die Fraktur (engl. Blackletter) ist eine Schrift, die ursprünglich für den Buchdruck entwickelt wurde und besonders im deutschsprachigen Raum eine lange Geschichte hat. Während sich in Italien und den umliegenden Ländern auf die Antiqua als Druckschrift geeinigt wurde, verwendete der deutschsprachige Raum noch bis ins 20. Jahrhundert die Fraktur. Der Name kommt daher, dass die Bögen der Schrift in mehreren Schritten geschrieben werden, die unterbrochen werden – sie ist eine sogenannte gebrochene Schrift.

Es gibt nicht „die“ Fraktur. Da sie sich an mehreren Orten parallel entwickelt hat, gibt es zahlreiche Varianten davon. Auch zeitgenössische Kalligrafen erfinden immer noch neue Varianten.

HINWEIS

Zur Erinnerung: Die genaue Erklärung zur Federbreite und ihrer Bedeutung für die Buchstabenhöhe findest du auf Seite 68.

TIPP: Um den korrekten Winkel beizubehalten, lege deine Feder immer wieder in die Diagonale eines Kästchens. Du wirst bald nicht mehr darüber nachdenken müssen.

Für diese vereinfachte Variante der Fraktur (auf Seite 88 zeige ich dir eine herausforderndere Version) empfehle ich dir, reguläres 5-mm-Karopapier und eine Bandzugfeder mit 3 mm Federbreite zu verwenden.
Der Grund dafür ist, dass die x-Höhe bei dieser Version (historisch schwankt sie zwischen 4 und 6 Federbreiten) 5 Federbreiten beträgt. 3 mm x 5 Federbreiten = 15 mm x-Höhe. Und das sind genau drei Kästchen. Das macht das Üben gleich um einiges einfacher!

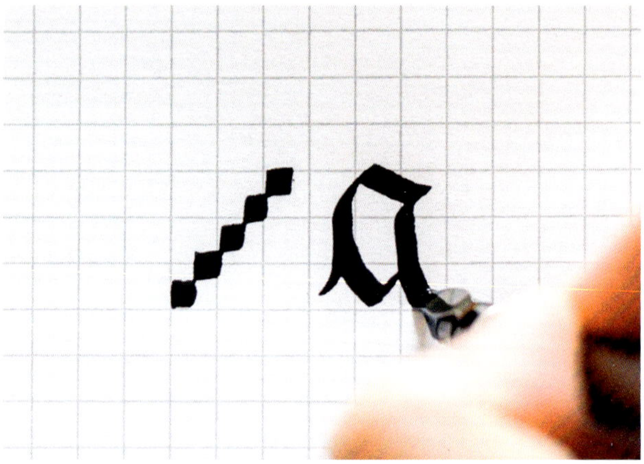

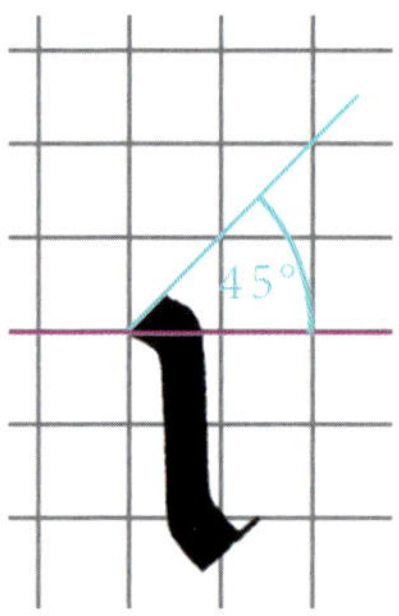

Die Haltung der Feder ist bei der Fraktur 45 Grad. Hier sind auch die Kästchen hilfreich, du kannst die Diagonale eines Kästchens als Anhaltspunkt nehmen.

KLEINBUCHSTABEN – GRUNDSTRICHE

Wie alle Alphabete setzt sich die Fraktur aus einigen sich immer wiederholenden Elementen zusammen. Ich empfehle, diese erst einmal separat zu üben, um mit dem Schwung vertraut zu werden.

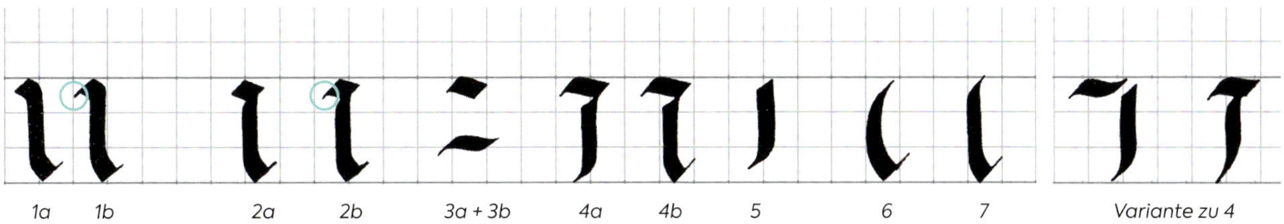

Grundstrich 1a

Setze deine Feder im Winkel von 45 Grad auf dein Papier auf. Dabei berührt die rechte Kante der Feder die oberste Linie der x-Höhe. Dann führst du die Feder etwa ein halbes Kästchen weit nach rechts unten. Ohne abzusetzen, geht dieser Strich in einen geraden vertikalen Strich über. Etwa ein halbes Kästchen über der Grundlinie biegst du wieder rechts ab und beendest den Strich, indem du die Feder schräg nach oben führst. Da du den Winkel, in dem du die Feder hältst, immer gleich lässt, entsteht ein dünner Strich.

Grundstrich 1b

Diese Übung unterscheidet sich wenig von 1a, nur beginnt die Form hier mit einem dünnen Strich. Dazu bewegst du die Feder erst nach rechts oben, bevor du mit dem Abstrich beginnst. Dieser Strich wird im kommenden Alphabet bevorzugt, wobei du ihn gerne durch 1a ersetzen kannst, wenn dieser dir leichter fällt!

Grundstrich 2a

kannst du auf zwei verschiedene Arten konstruieren. Du kannst zuerst die obere Diamant-Form zeichnen, absetzen und dann erst den Abstrich wie bei 1a schreiben. Du kannst diese Form aber auch in einem Zug machen. Dazu führst du die Feder nach rechts unten, dann zurück in den Diamanten und von dort aus nach unten.

Grundstrich 2b

unterscheidet sich nur durch den dünnen Strich am Anfang des Buchstaben von 2a.

Grundstrich 3

Diese beiden Striche finden sich in vielen Buchstaben wieder. Der obere ist kurz und leicht schräg, während der untere fast waagrecht ist. Die Welle entsteht, indem du zuerst mit der Kante nach oben fährst, dann mit der vollen Breite nach unten und wieder in einer Haarlinie endest.

Grundstrich 4

Hier kombinierst du Nr. 3 mit einem Abstrich. Gleite nach Strich Nr. 3, ohne abzusetzen, senkrecht nach unten oder baue den Strich aus zwei Elementen zusammen (s. Variante zu 4).

Grundstrich 5

Dieser Grundstrich ist ein simpler Abstrich. Hier sieht man besonders gut den Winkel.

Grundstrich 6

Diesen Bogen benötigst du für Buchstaben wie a oder d. Beginne so, dass die rechte Federkante gerade nicht die Mittellinie berührt. Statt die Feder gerade nach unten zu führen, beginne einen sanften Bogen zu ziehen.
Achtung: Hier soll kein Halbkreis entstehen. Der Bogen ist relativ flach.

Grundstrich 7

Für Buchstaben mit Oberlängen brauchst du dieses Element. Beginne wieder bei 45 Grad und ziehe die Linie wie bei den Übungen 1 und 2 zur Grundlinie.

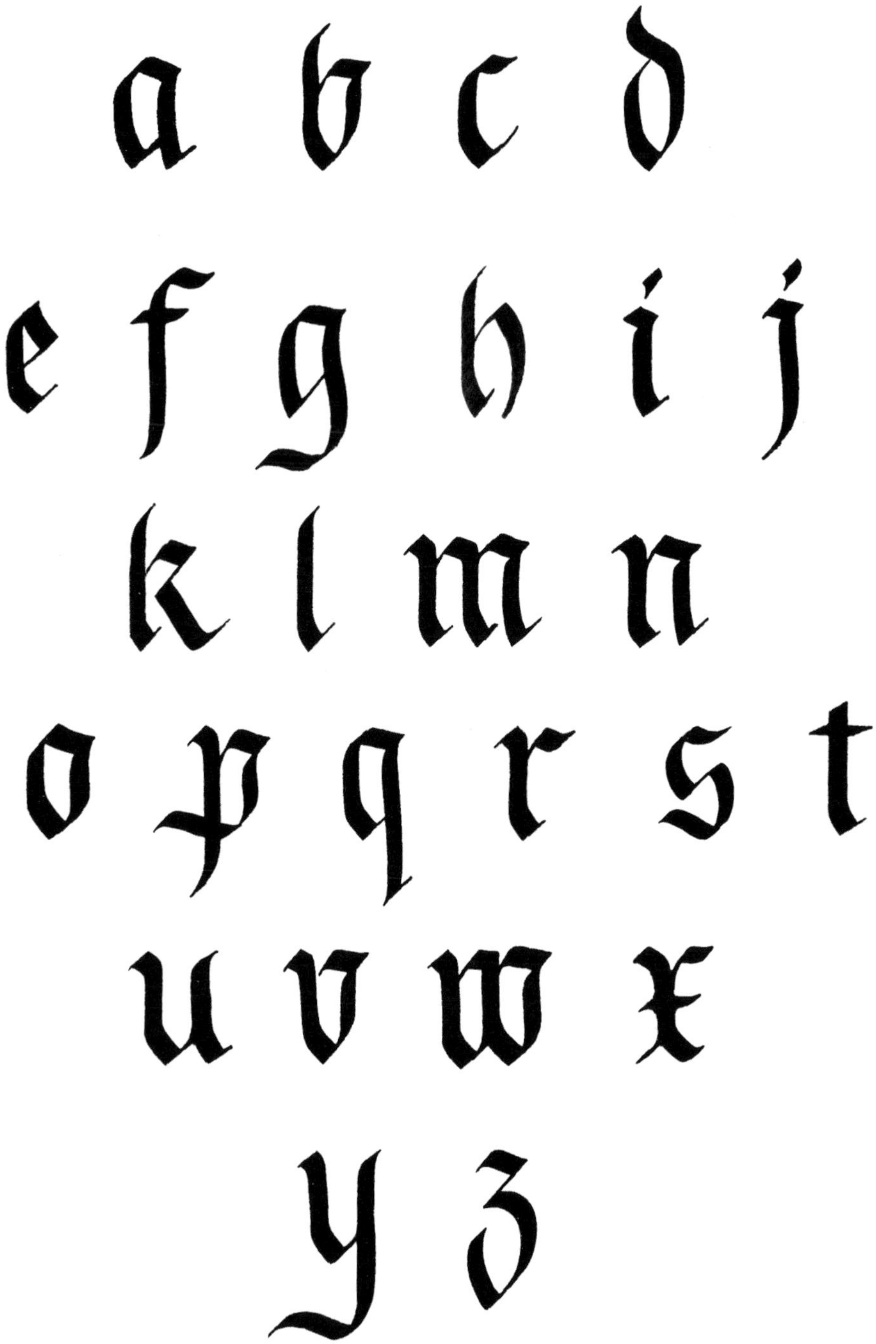
a b c d
e f g h i j
k l m n
o p q r s t
u v w x
y z

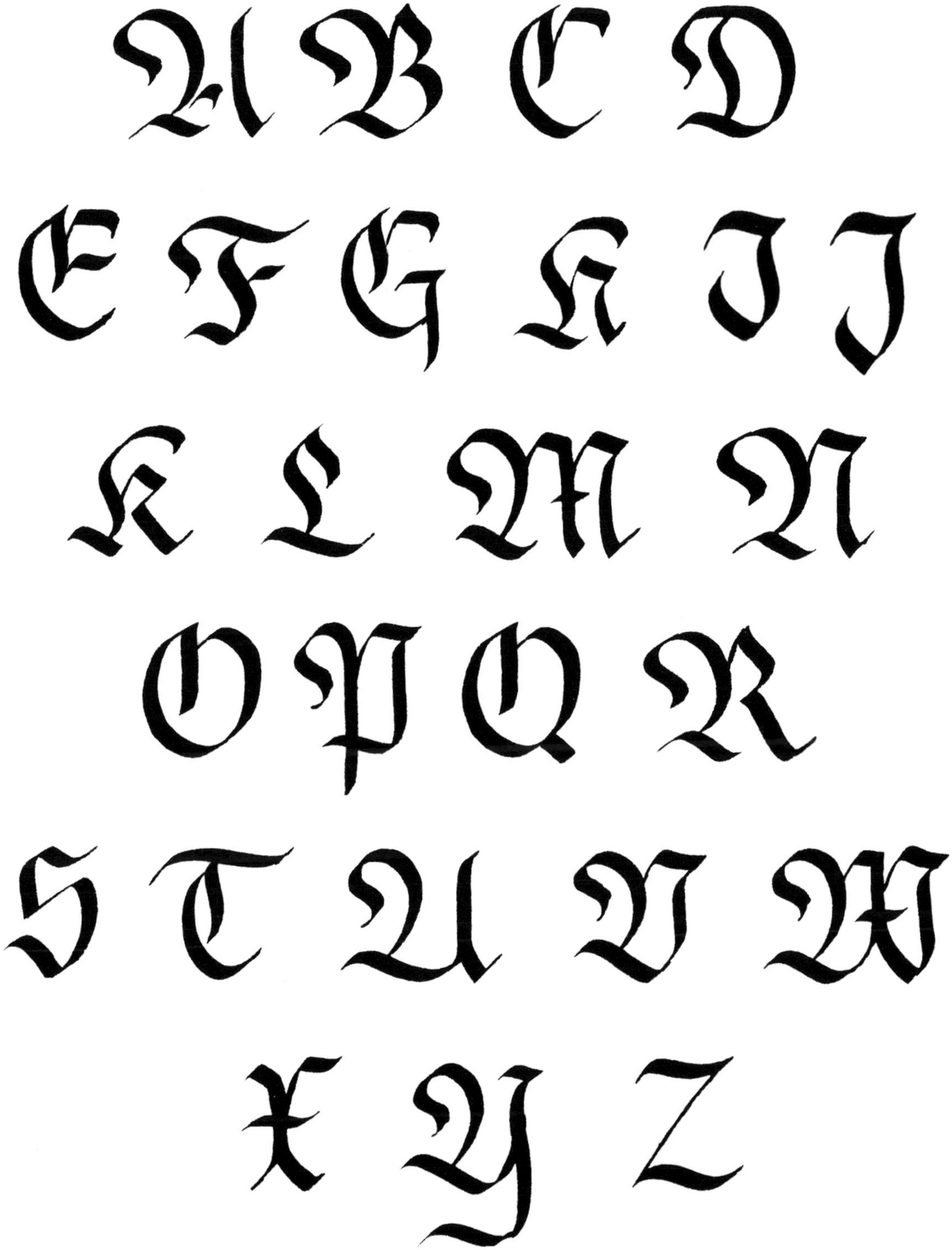
A B C D
E F G H I J
K L M N
O P Q R
S T U V W
X Y Z

KLEINBUCHSTABEN – SIMPLE FRAKTUR

i

Das i hast du bereits fast vollständig mit dem Grundstrich 2a geübt. Dazu kommt ein i-Punkt, den du auf verschiedene Arten formen kannst. Die erste Möglichkeit ist es, nur mit der Federkante kurz aufzusetzen. Für Variante 2 setzt du die Feder im Winkel von 45 Grad auf und ziehst sie ein kleines Stück nach rechts. Für Variante 3, die schon etwas fortgeschritten ist, setzt du die Feder bei 40 Grad an, bewegst sie nach unten und hebst sie gleichzeitig an.

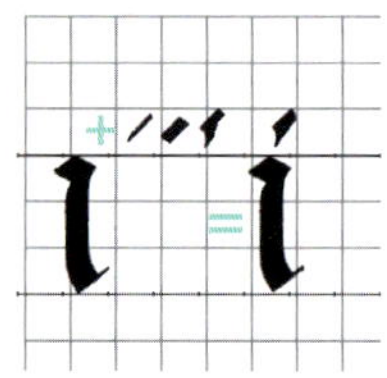

j

Beginne wie beim i, führe aber den Strich gerade bis zur Grundlinie. Dort fängst du an, die Feder nach links zu ziehen. Achte darauf, dass du den Winkel nicht veränderst und den Kontakt zum Papier beibehältst. Beende den Strich leicht unterhalb eines Kästchens unter der Grundlinie.

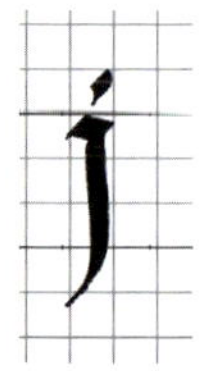

u

Beginne mit Strich 1a und setze den Strich ein wenig weiter nach rechts fort als beim i. Dann beginnst du auf der Mittellinie mit Strich 7. Wenn du den ersten Strich nicht ganz triffst, folge dem Abwärtsstrich (7) nach links, bis du den ersten Strich an der dünnsten Stelle berührst.

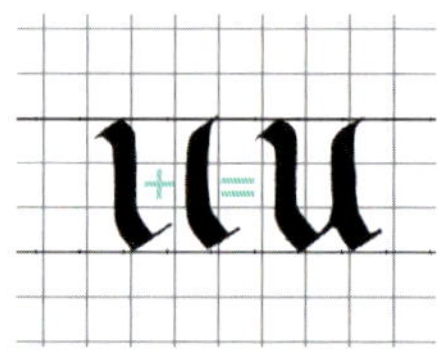

y

Beginne wie beim u. Statt an der Grundlinie zu enden, setzt du den zweiten Strich fort wie beim j. Im 2. Kästchen unter der Grundlinie befindet sich noch eine etwa 1 bis 2 Kästchen breite Welle (Grundstrich 3), die an ihrer dünnsten Stelle den Abstrich berührt. Schreibe diese Welle von links nach rechts.

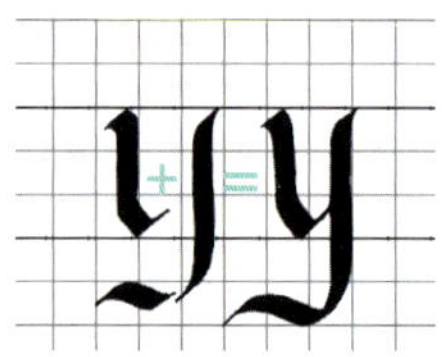

p

Beginne wie bei Grundstrich 1, führe den Strich jedoch gerade weiter bis zur Grundlinie. Sobald du diese erreicht hast, führst du die Feder nach links und endest in einem dünnen Strich etwa 1,5 Kästchen unter der Grundlinie. Danach beginnst du wie bei Grundstrich 4, nur dass du den Strich noch vor der Grundlinie zart nach links auslaufen lässt. Setze ab und füge eine Welle hinzu, die den ersten Abstrich kreuzt und deren rechte Kante sich mit dem zweiten Abstrich verbindet.

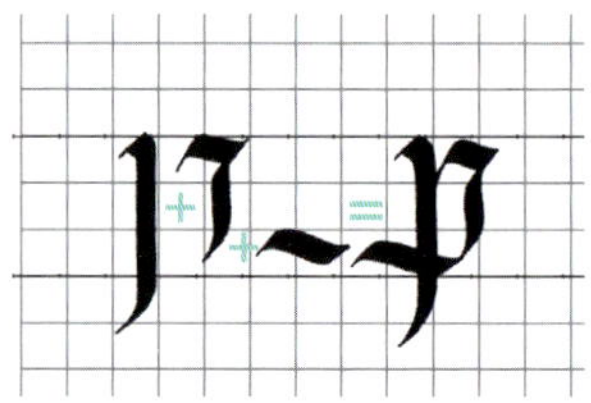

z

Führe die Feder in einer sanften Welle ein halbes Kästchen weit nach unten. Schiebe sie dann (immer noch im Winkel von 45 Grad!) nach links, bis die linke Federkante auf gleicher Höhe wie der Beginn des Buchstabens ist. Forme dann einen Bogen nach rechts, der nur wenig breiter ist als der Buchstabe bisher. Diesen Bogen führst du dann etwa 1,5 Kästchen weit unter die Grundlinie. Füge zum Schluss noch einen Abstrich an, der mit der rechten Federkante an der Grundlinie beginnt und am vorher geschriebenen Bogen endet.

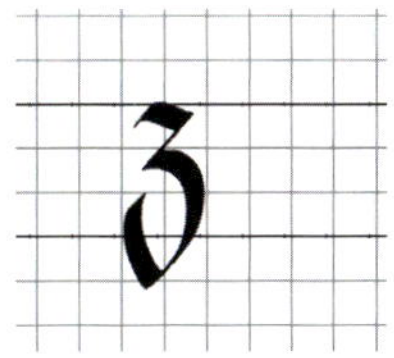

c

Das erste Element des c ist Grundstrich 6, beginne aber eine Federbreite unterhalb der Mittellinie. Setze danach an der dünnsten Stelle dieses Striches wieder an und ziehe die Feder gerade nach rechts.

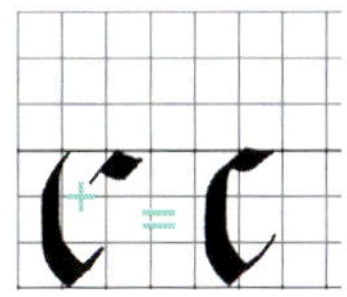

e

Beginne wie beim c. Anstatt als zweiten Strich gerade nach rechts zu gehen, führe die Feder nach rechts unten und dann dünn wieder zum ersten Strich.

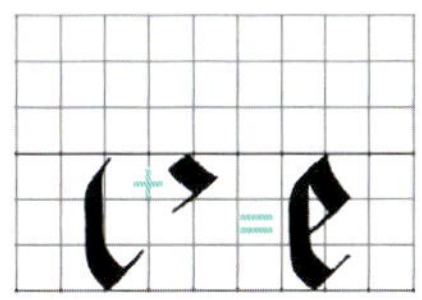

q

Beginne wie bei a und g. Führe dann den zweiten Strich (der wie Grundstrich 4 beginnt) bis 1,5 Kästchen unter die Grundlinie. Halte kurz inne und schiebe dann die Feder ein winziges Stück zurück nach rechts oben, um den kleinen Strich am Ende zu erzeugen.

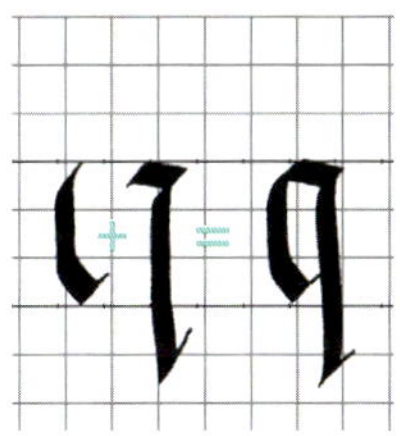

r

Schreibe Grundstrich 1. Setze dann auf der Höhe der Mittellinie wieder an und schreibe eine kleine waagrechte Welle.

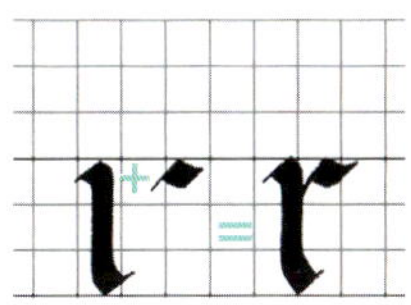

n

Beginne mit Grundstrich 1. Danach kommt Grundstrich 4b, den du entweder in einem Zug oder in zwei Schritten formen kannst (vgl. 2a).

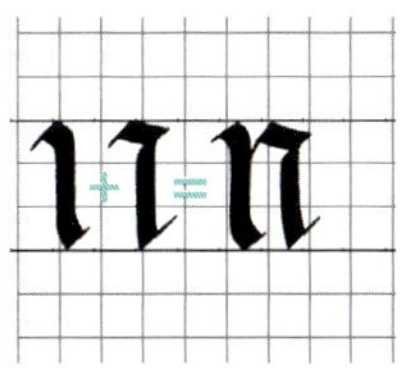

m

Beginne mit Grundstrich 1. Setze dann für den zweiten Strich ein Kästchen unter der Mittellinie an und wiederhole diesen Strich. Vollende den Buchstaben mit Grundstrich 4b.

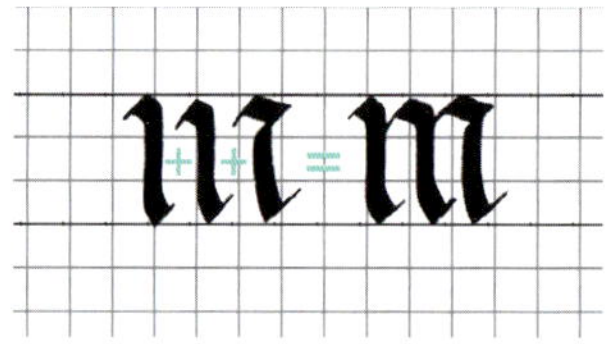

v

Beginne mit Grundstrich 1. Daneben, sodass der dünne Anfang des Striches in der Mitte des obersten Kästchens den ersten Strich berührt, setzt du Grundstrich 4a.

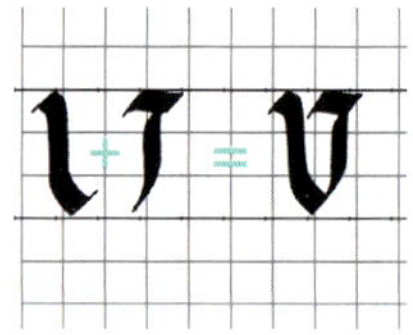

w

Beginne mit Grundstrich 1. Der nachfolgende Strich berührt den ersten Strich: Beginne, hier in der Mitte des obersten Kästchens mit der Federkante nach rechts oben zu fahren, bis du mit der oberen Kante der Feder die Mittellinie berührst. Ziehe dann die Feder wie bei Grundstrich 4 nach unten und schließe die Lücke zwischen den beiden Strichen, indem du die Feder nach links ziehst. Setze dann in der Mitte der x-Höhe innerhalb des soeben geschriebenen Striches wieder an und setze eine gebogene Kurve nach rechts. Vollende den Buchstaben mit Grundstrich 4a.

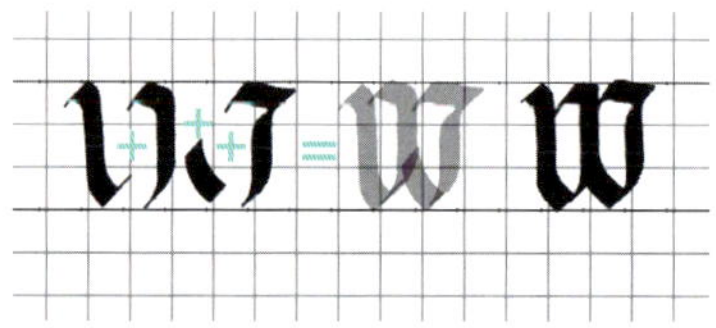

a

Der erste Strich ist Grundstrich 6, ein sanfter Bogen, der die gesamte x-Höhe ausfüllt. Den zweiten Teil des Buchstabens, Grundstrich 4, kannst du in einem durchziehen oder in zwei Schritte aufteilen.

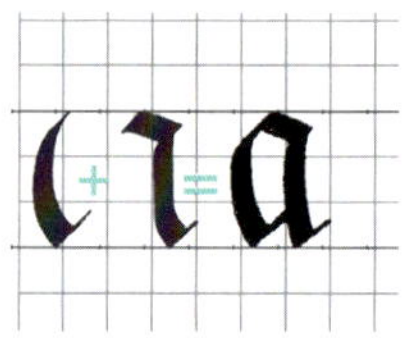

g

Beginne, wie beim a, mit einem Bogen. Setze dann ebenso an. Anstatt die Feder gerade nach unten zu führen, holst du nach rechts aus und endest ein Kästchen unter der Grundlinie. Danach fügst du unten eine Welle an.

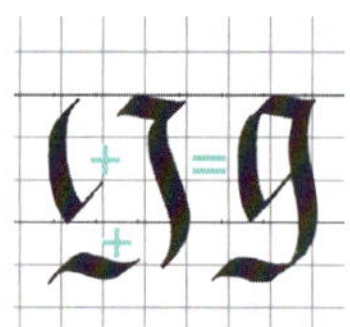

d

Das d hat dasselbe Grundelement wie a und g als ersten Strich. Danach setzt du 1,5 Kästchen über der Mittellinie mit der Feder an – auch hier behältst du die 45 Grad Federwinkel bei – und führst deine Feder nach rechts. Sobald du die Mittellinie erreicht hast, geht die Form in ein Oval über, das du an der Grundlinie mit einer dünnen Linie mit dem ersten Strich verbindest und somit schließt. Traditionell sind die Oberlängen bei der Fraktur nicht sonderlich groß, sie bewegen sich meist innerhalb von 1–1,5 Federbreiten. In diesem Alphabet nehmen wir dafür ein Kästchen.

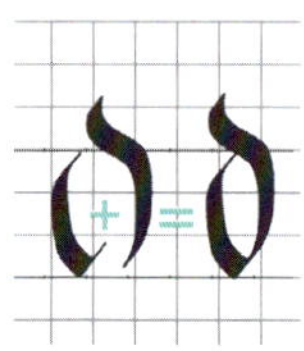

t

Beginne ein halbes Kästchen über der Mittellinie mit einem geraden Abstrich, den du an der Grundlinie wie Grundstrich 1 wieder kurz nach oben führst. Drehe dann deine Feder im Uhrzeigersinn auf einen flacheren Winkel. Erst dann ziehst du den Querstrich, der auf jeder Seite etwa ein halbes Kästchen weit heraussteht.

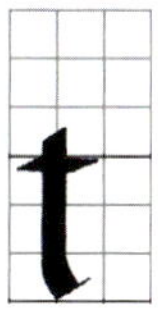

l

Das l ist der Grundstrich 7, nur dass du ein Kästchen über der Mittellinie beginnst.

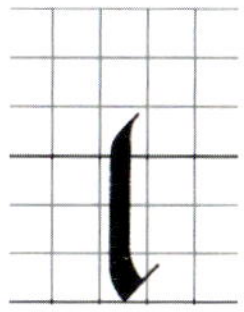

h

Schreibe ein l. Setze dann eine Federbreite unter der Mittellinie an, führe die Feder in einem dünnen Strich zur Mittellinie und führe dann einen Bogen aus, der an der Grundlinie endet.

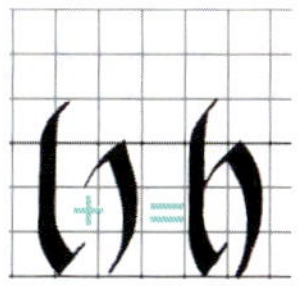

b

Schreibe ein l. Anschließend fügst du Grundstrich 4a an.

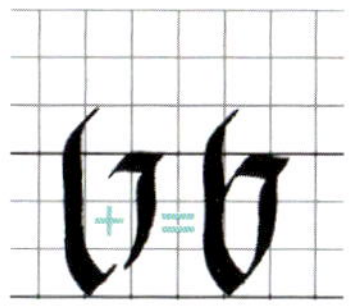

k

Schreibe ein l. Beginne dann eine Federbreite unterhalb der Mittellinie mit einem Strich, der Grundstrich 4 ähnelt, jedoch steiler nach rechts unten führt. Schiebe dann die Feder nach links, ohne ihren Winkel zu verändern. So entsteht ein dünner Strich, den du bis zur Mitte der x-Höhe führst. Ohne abzusetzen, ziehst du die Feder jetzt schräg nach rechts unten bis zur Grundlinie, wo der Strich in einem Aufstrich endet.

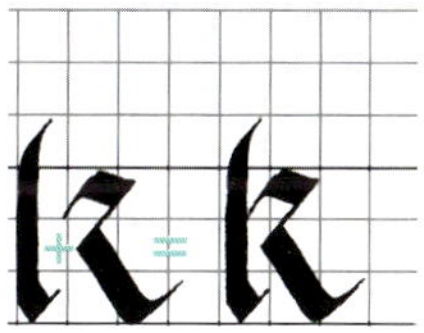

f

Setze die Feder ein Kästchen über der Mittellinie an, schiebe sie ein kleines Stück nach links und ziehe sie dann bis unter die Grundlinie, wo du sie wieder nach links schiebst, um diesen Strich ein Kästchen unter der Grundlinie zu beenden. Setze dann eine kleine waagrechte Wellenform an die Spitze. Den Querstrich formst du wie beim t.

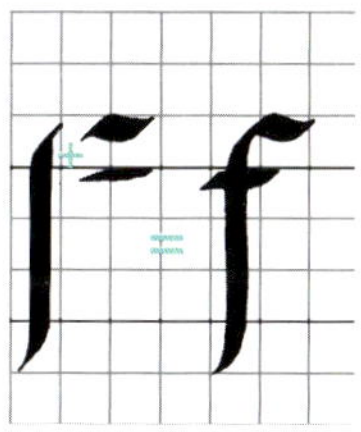

s

Beginne den Strich mit der rechten Federkante auf der Mittellinie und ziehe die Feder in einem Bogen zwei Kästchen weit nach unten. Ohne abzusetzen, schiebst du sie ein Kästchen weit nach rechts oben. Dann spiegelst du den vorher geschriebenen Bogen, führst ihn bis zur Grundlinie und setzt dort die Feder ab. Dann kommt der obere Bogen dran: Setze die Federbreite an den dünnen Strich an und führe den Strich leicht nach unten gebogen nach rechts. Er ist so lange, wie der „Bauch" des s nach rechts geht. Zuletzt setzt du an der Grundlinie an und bewegst die Feder in einem kleinen Bogen nach rechts, wo sie mit der dünnen Linie des vorherigen Bogens zusammentrifft.

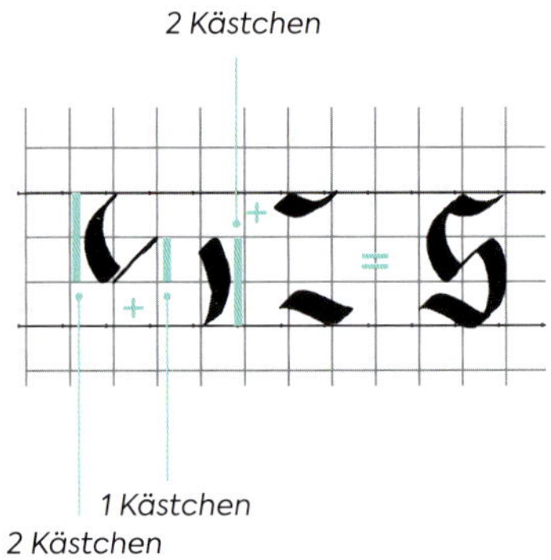

o

Füge Grundstrich 6 mit Grundstrich 4a zusammen.

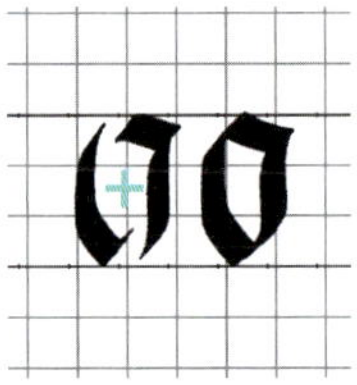

x

Beginne wie bei Grundstrich 1, nur dass du den oberen (horizontalen) Teil des Striches verlängerst. Forme dann den Abstrich und führe ihn kurz vor der Grundlinie noch ein Kästchen weiter nach rechts. Setze im Buchstaben wieder an und ziehe die Feder diesmal nach links unten.
Setze dann die Feder direkt beim Abstrich, ein Kästchen unter der Mittelllinie, wieder an und führe sie nach oben und schließlich horizontal weiter. Anschließend setzt du den Querstrich wieder in einem Federwinkel an, der flacher ist als die restlichen Striche.

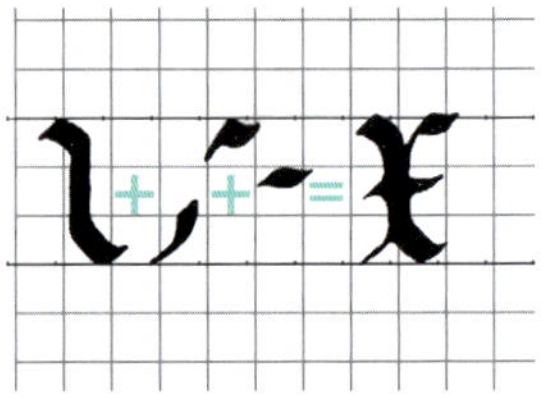

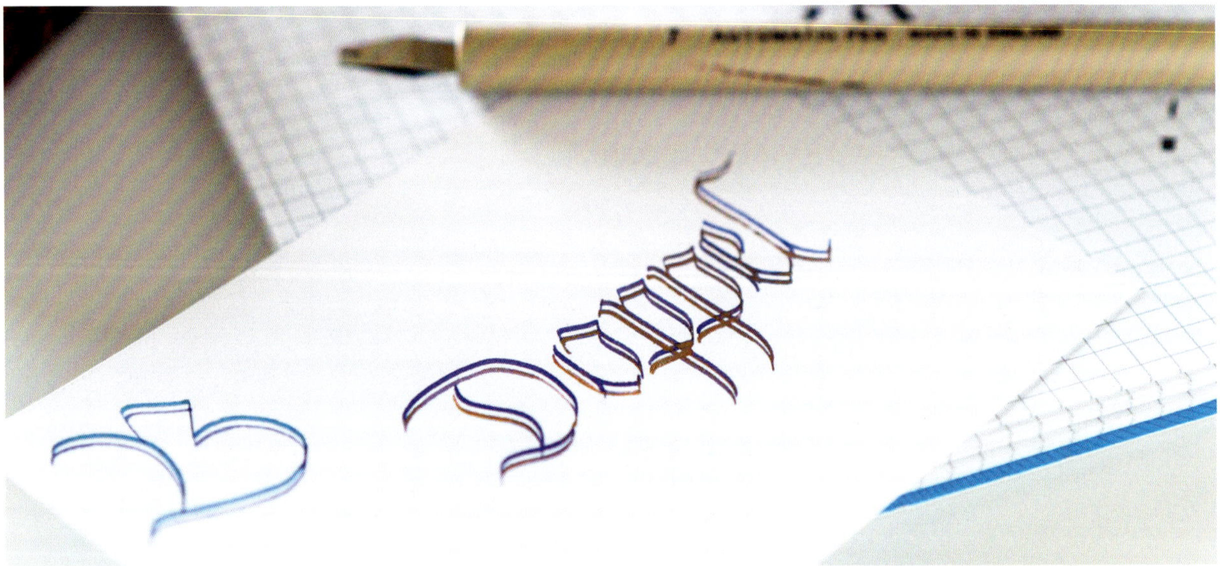

GROSSBUCHSTABEN – GRUNDSTRICHE

Auch bei den Großbuchstaben gibt es sich wiederholende Elemente, die in vielen Buchstaben vorkommen.

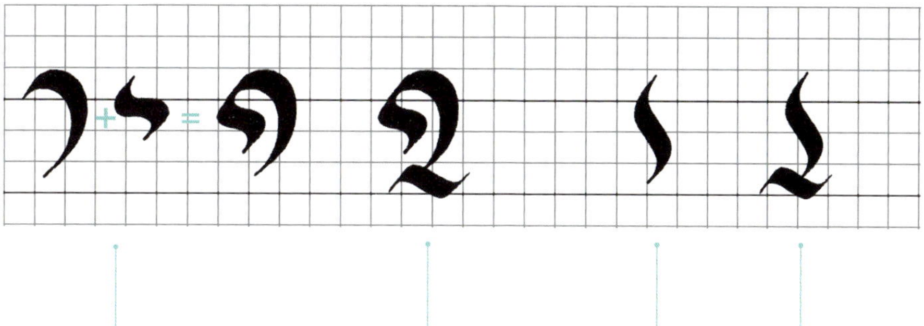

Elefantenrüssel *Elefantenrüssel mit Fuß* *S-Kurve* *S-Kurve mit Fuß*

ELEFANTENRÜSSEL

Der sogenannte Elefantenrüssel ist ein häufiges Element in der Fraktur. Dazu setzt du die Feder bei 45 Grad an und formst, ohne den Winkel zu verändern, einen Kreis über 4 Kästchenhöhen. Dann ist der Rüssel selbst dran: Setze die rechte Kante der Feder am oberen dünnsten Punkt des Kreises an und kurve den Strich nach innen und wieder zurück nach außen. Der erste Strich hat meist noch einen Fuß in Form einer Welle an der Grundlinie.

S-KURVE

Die S-Kurve dient als Stamm vieler Buchstaben. Setze die Feder mit der rechten Federkante an der k-Linie an und führe sie in einer S-Form nach unten zur Grundlinie. Der Fuß aus dem Elefantenrüssel ist auch hier ein wichtiges Element.

GROSSBUCHSTABEN – SIMPLE FRAKTUR

S-KURVE: F • L • H • K • D

Den Buchstaben in dieser Gruppe liegt die bei den Grundstrichen erklärte S-Kurve zugrunde.

F

Beginne 0,5 Kästchen über der Mittellinie mit der S-Kurve und führe sie bis zur Grundlinie. Setze dann das „Dach" des F, indem du deine Feder in einer leicht geschwungenen Waagrechten über eine Breite von 4 Kästchen führst. Setze für den 3. Strich links an der dünnsten Stelle der Waagrechten an und führe einen Strich abwärts. Dann kommt unten ein kleines Häkchen, das den Abstrich an der Grundlinie berührt und schließlich der kleine Querstrich, der bei einer Höhe von zwei Kästchen sitzt.

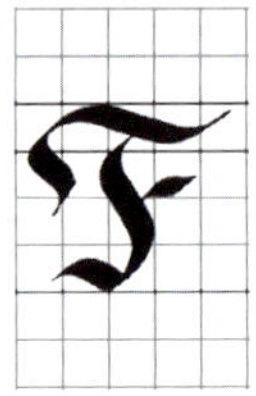

L

Beginne mit der S-Kurve an der k-Linie. Setze die Feder an der k-Linie neu an und führe sie zur Höhe von zwei Kästchen über der Grundlinie. Danach folgt ein ähnlicher Strich wie beim F, aber ausgedehnter.

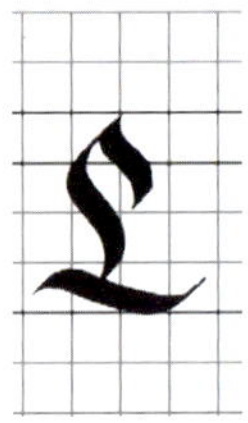

H

Beginne mit der S-Kurve nicht ganz an der k-Linie. Setze oben an der dünnen Stelle wieder an und führe die Feder in einem Bogen nach oben und ein sehr kleines Stück abwärts, sodass die linke Federkante die Mittellinie berührt. Danach ist die Wellenform an der Grundlinie an der Reihe. Anschließend setzt du die Feder in der Mitte der x-Höhe neu an, ziehst sie nach rechts und formst Grundstrich 4a der Kleinbuchstaben.

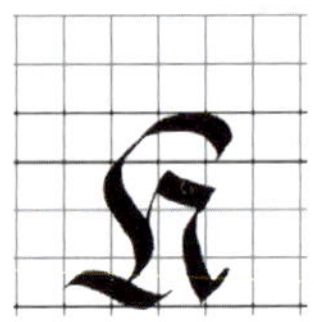

K

Beginne wie beim H. Statt den letzten Strich nach unten zu ziehen, führst du die Feder wieder in Richtung S-Kurve und dann schräg nach rechts unten. Ende in einem Häkchen.

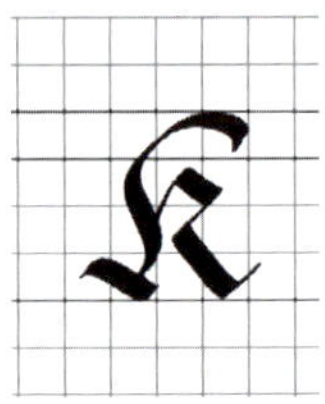

D

Schreibe eine S-Kurve mit einem nach rechts verlängerten Fuß. Setze dann 1,5 Kästchen links neben ihr an der k-Linie an und führe einen großen Bogen nach unten, um die Form zu schließen. Setze am Schluss links oben eine Welle wie du bereits beim Elefantenrüssel geübt hast.

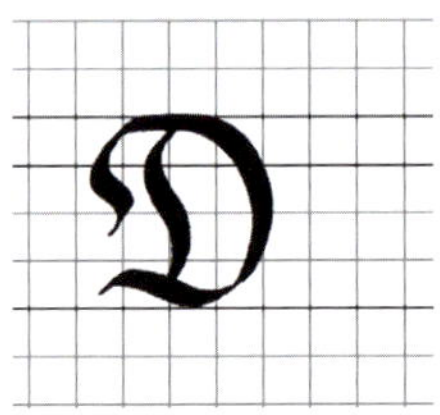

ELEFANTENRÜSSEL: A · B · R · N · M · U · Y · V · W

Dieser Buchstabengruppe liegt der Elefantenrüssel (siehe Grundstriche der Großbuchstaben) zugrunde. Hast du diesen noch nicht geübt, wäre jetzt der ideale Zeitpunkt, um ihn einige Male separat zu üben.

A

Schreibe den Elefantenrüssel mit Fuß. Lass knapp über ein Kästchen Abstand nach rechts und setze dann einen Abstrich mit Häkchen von der k-Linie bis zur Grundlinie. Der letzte Strich ist ein kleines Häkchen im Buchstaben, das hier den Querstrich andeutet.

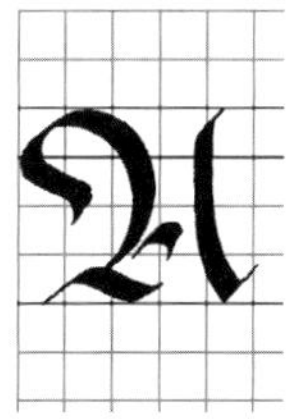

B

Schreibe den Elefantenrüssel mit Fuß. Führe dann die Feder nach oben und forme zwei „Bäuche". Schließe den Buchstaben dünn am Fuß.

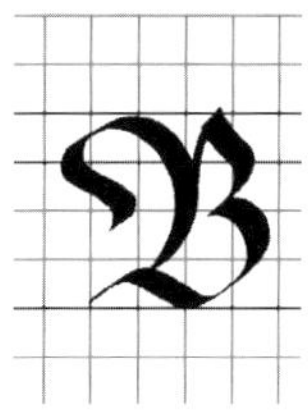

R

Schreibe den Elefantenrüssel mit Fuß. Setze den ersten Bogen wie beim B, führe die Feder dann aber abwärts wie beim K.

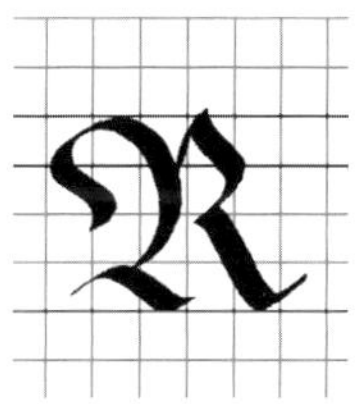

N

Schreibe den Elefantenrüssel mit Fuß. Erinnere dich an Grundstrich 4b der Kleinbuchstaben und ziehe hier eine verlängerte Form davon.

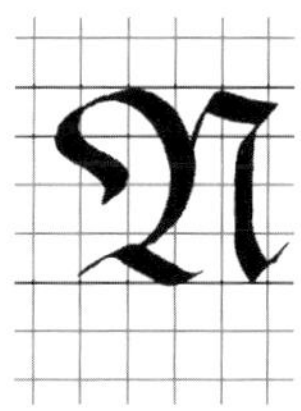

M

Schreibe den Elefantenrüssel mit Fuß. Setze die Feder oben an, führe sie kurz nach oben, dann nach rechts und in einem Abstrich nach unten – setze am Ende kein Häkchen. Dann schreibe den letzten Strich vom N. Zum Schluss kommt noch ein kleiner Querstrich in der Mitte der x-Höhe.

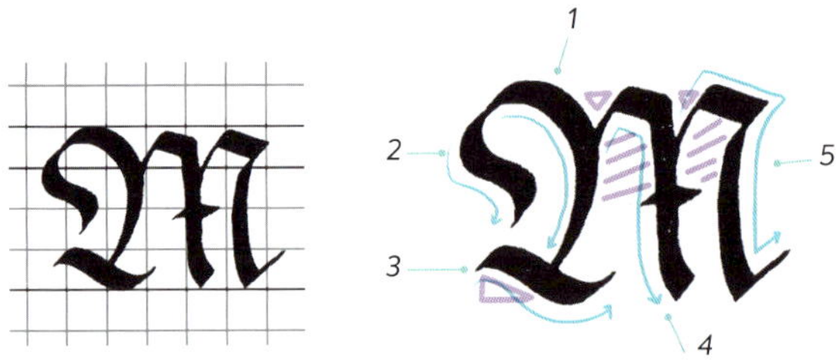

U

Schreibe den Elefantenrüssel und verlängere den Fuß diesmal etwas. Lass etwa 1,5 Kästchen Abstand nach rechts und setze dann einen Abstrich mit Häkchen von der k-Linie bis zur Grundlinie.

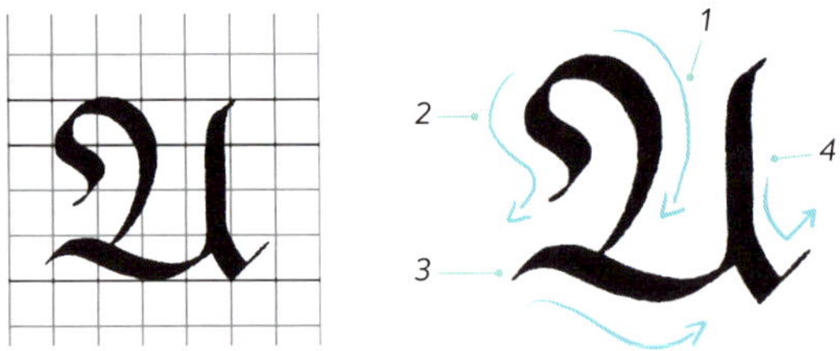

Y

Schreibe den Elefantenrüssel mit verlängertem Fuß. Beginne den Abstrich mit einem waagrechten Strich wie z. B. beim kleinen i. Führe ihn ganz leicht gebogen bis unter die Grundlinie. Dort setzt du links an für eine Welle, deren dünnste Stelle rechts den Abstrich an seiner dünnsten Stelle berührt.

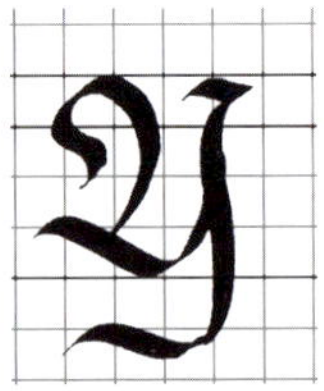

V

Schreibe den Elefantenrüssel mit verlängertem Fuß. Setze im Abstrich wieder an und schreibe eine Version des Grundstriches 4b, bei der die Horizontale verlängert ist.

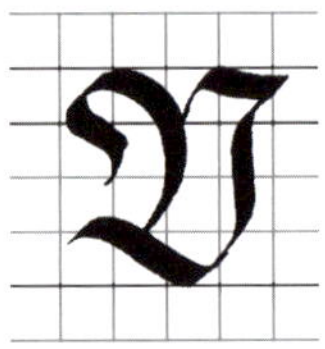

W

Schreibe den Elefantenrüssel mit verlängertem Fuß. Beginne den zweiten Strich wie beim M, führe ihn aber nach links, um den Fuß zu berühren und die Form zu schließen. Setze in der Mitte der x-Höhe direkt im Abstrich wieder an und ziehe die Feder diesmal nach rechts. Dann schließt du den Buchstaben mit derselben Form wie beim Y. Zum Schluss kommt noch ein Querstrich: Eine zarte Welle in der Mitte der x-Höhe.

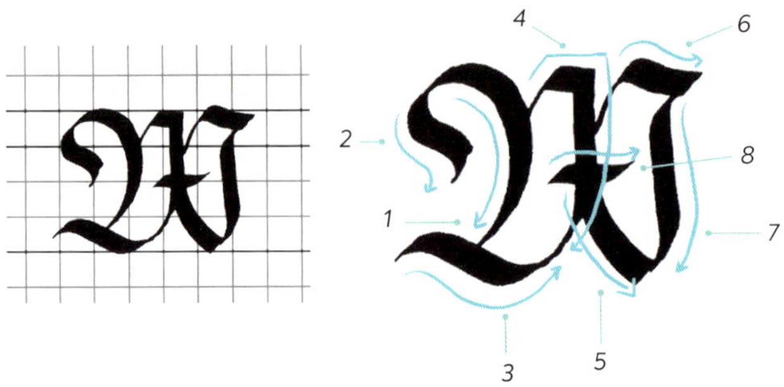

I · J · P

I

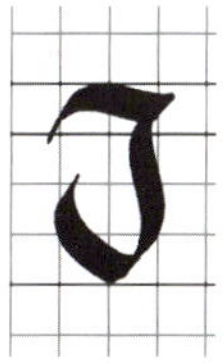

Beginne mit einer weniger stark gebogenen Form der S-Kurve. Setze dann das „Dach" des Buchstabens, sodass es die k-Linie berührt. Zum Schluss formst du einen Bogen unter dem Dach, der die S-Kurve an der dünnsten Stelle berührt.

J

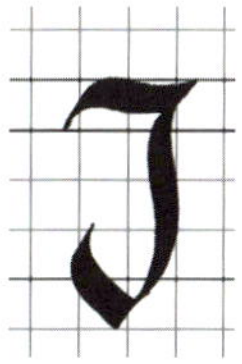

Das J ist ein I mit verlängerter S-Kurve.

P

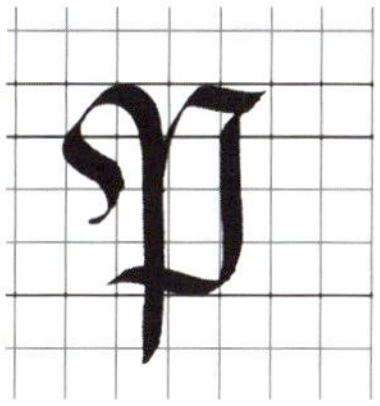

Das P ist ein seltsamer Buchstabe, der etwas aus der Reihe tanzt. Beginne mit einem Bogen, der in einen geraden Abstrich bis unter die Grundlinie übergeht und dem Elefantenrüssel-Abschluss. Setze dann an der Mittellinie neu an und forme Grundstrich 4a mit verlängerter Horizontalen. Beende ihn an der Grundlinie. Setze dann die linke Federkante ein Kästchen links vom ersten Abstrich an und führe die Feder bis zum zweiten Abstrich, um den Buchstaben zu schließen.

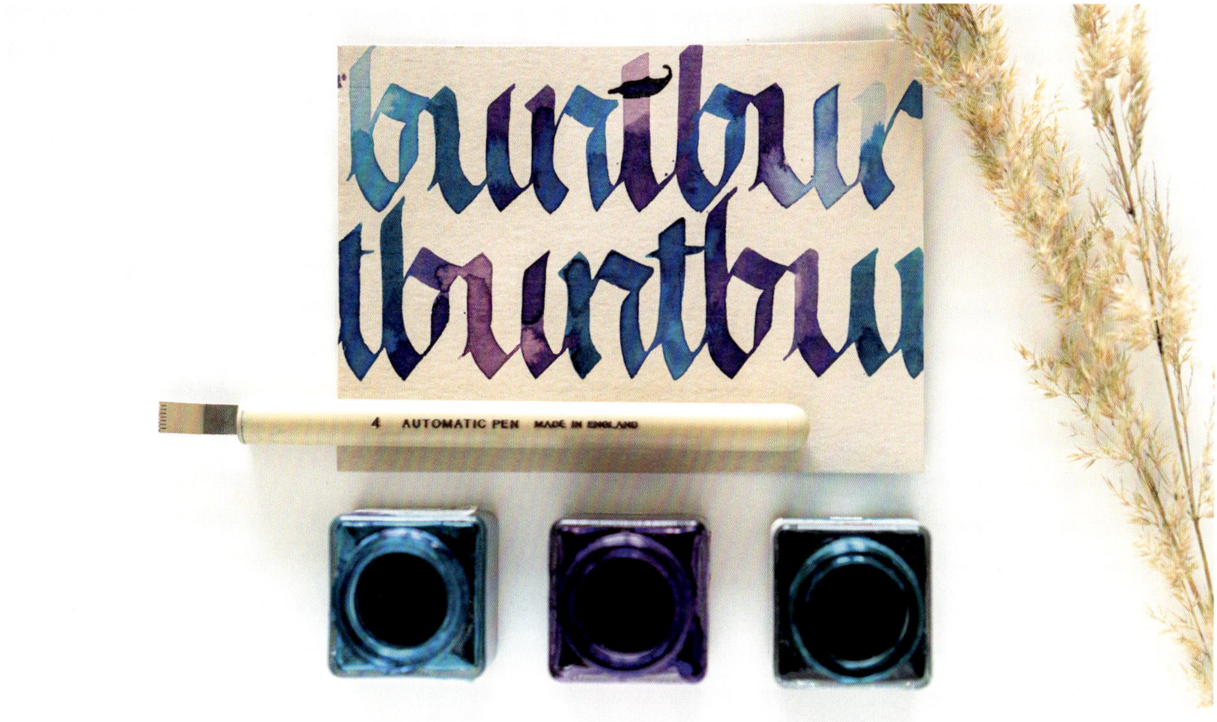

KREIS O · Q · C · E · G · T

Die Buchstaben in dieser Gruppe basieren alle auf einem Halbkreis bzw. einer Kreisform.
Wenn du dir noch nicht sicher bist, ob du einen schönen Kreis formen kannst, übe das noch einmal – bei „Übungen" (S. 71) bei der Bandzugfeder-Einführung wird es dir erklärt.

O

Beginne an der k-Linie mit einem Halbkreis, der etwa drei Kästchen breit ist. Setze an der k-Linie neu an und führe einen leicht geschwungenen Abstrich über etwa drei Kästchen nach unten. Setze dann in der Mitte der Oberlänge die Feder an und vollende den Kreis.

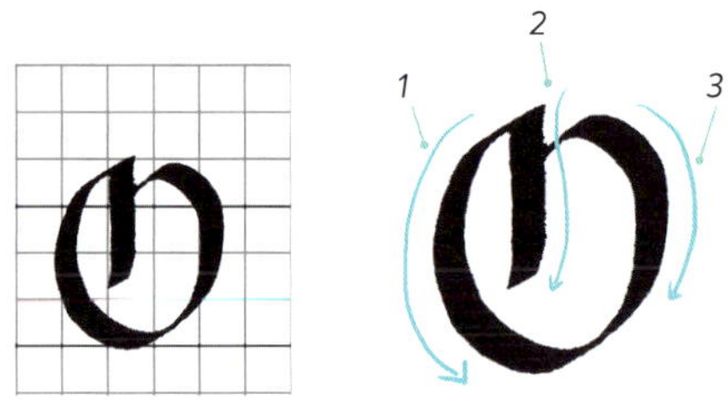

Q

Schreibe ein O und setze einen kurzen Strich rechts unten.

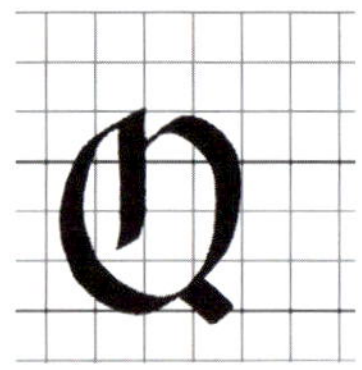

C

Schreibe einen Halbkreis und füge, wie beim O, einen Abstrich an. Von diesem Abstrich aus führst du die Feder wieder nach oben, gehst in eine Horizontale über und bewegst abschließend die Feder nun ganz leicht nach unten, um ein kleines Häkchen zu formen. Achte hier darauf, dass dieser Strich und der Halbkreis etwa auf der gleichen Höhe enden.

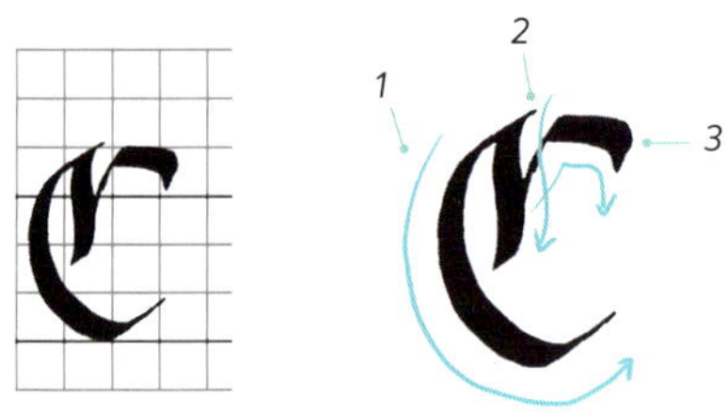

E

Schreibe ein C und füge eine Welle als Querstrich hinzu. Achte auch hier auf die Buchstabenbreite.

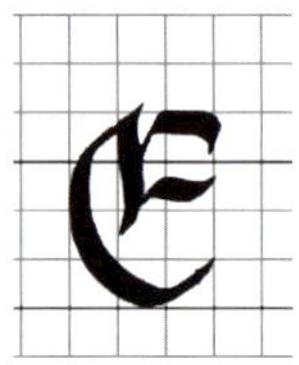

G

Schreibe ein C. Anschließend setzt du einen geraden Strich (Achtung: weiter unten als den Querstrich beim E) und führst einen Abstrich bis unter die Grundlinie.

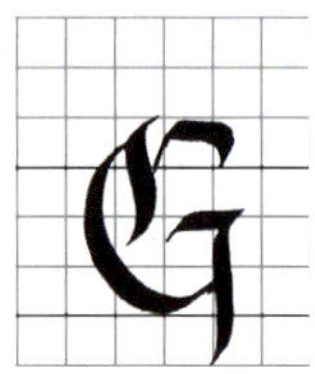

T

Schreibe einen Halbkreis und füge die senkrechte Welle an. Füge dann einen großzügigen waagrechten Strich als Dach hinzu. Achte darauf, dass sowohl der Anfang als auch das Ende dieses Striches dünn sind.

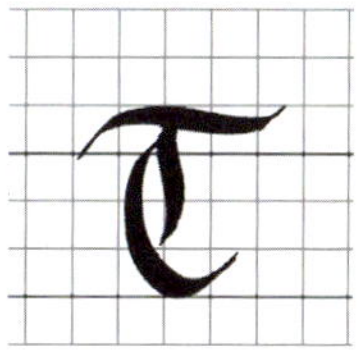

S · X · Z

S

Forme das S wie den Kleinbuchstaben. Achte auf die Buchstabenbreite und darauf, dass die Kanten dünn miteinander verbunden sind.

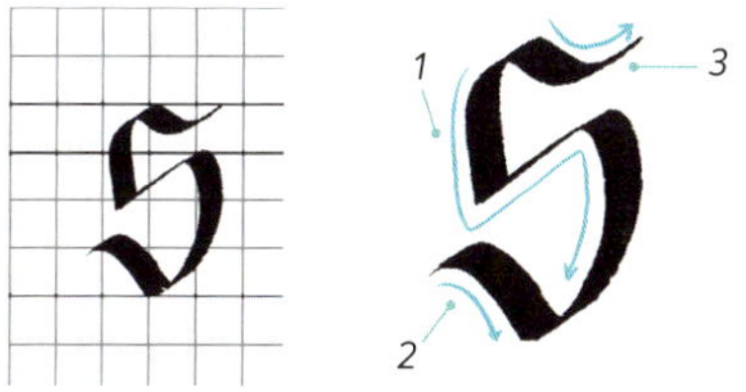

X

Beginne wie bei Grundstrich 1 der Kleinbuchstaben, nur dass du den oberen
(horizontalen) Teil des Striches verlängerst. Forme dann den Abstrich und führe ihn noch ein Kästchen weiter nach rechts. Setze im Buchstaben wieder an und ziehe die Feder diesmal nach links.
Setze dann die Feder direkt am Abstrich, ein Kästchen unter der Mittellinie, an und führe sie nach oben und schließlich horizontal. Anschließend setzt du den Querstrich als zarte Welle in einem flacheren Federwinkel als die restlichen Striche.

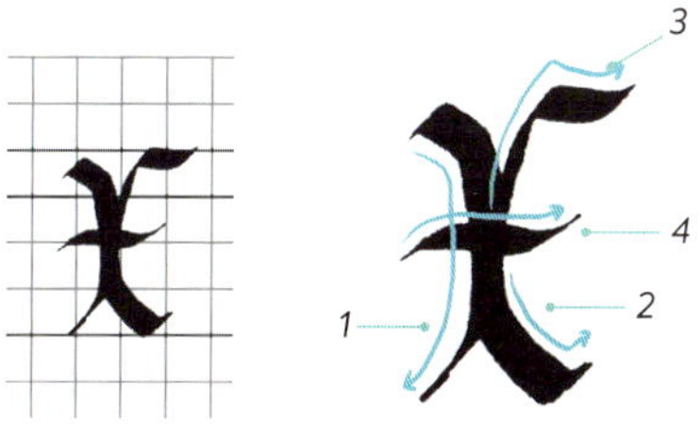

Z

Beginne mit einer Welle an der k-Linie. Führe dann die Feder schräg nach links bis zur Grundlinie, wo du die Welle auf der rechten Seite wiederholst.

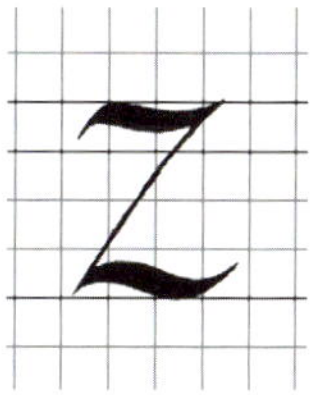

VERZIERTE FRAKTUR

Jetzt, da du das Grundgerüst der Fraktur beherrschst, kannst du die Schrift ausbauen und komplexer machen. Im folgenden Alphabet habe ich einige Veränderungen eingebaut, die es spannender machen. Ich erkläre sie dir anhand verschiedener Buchstaben.

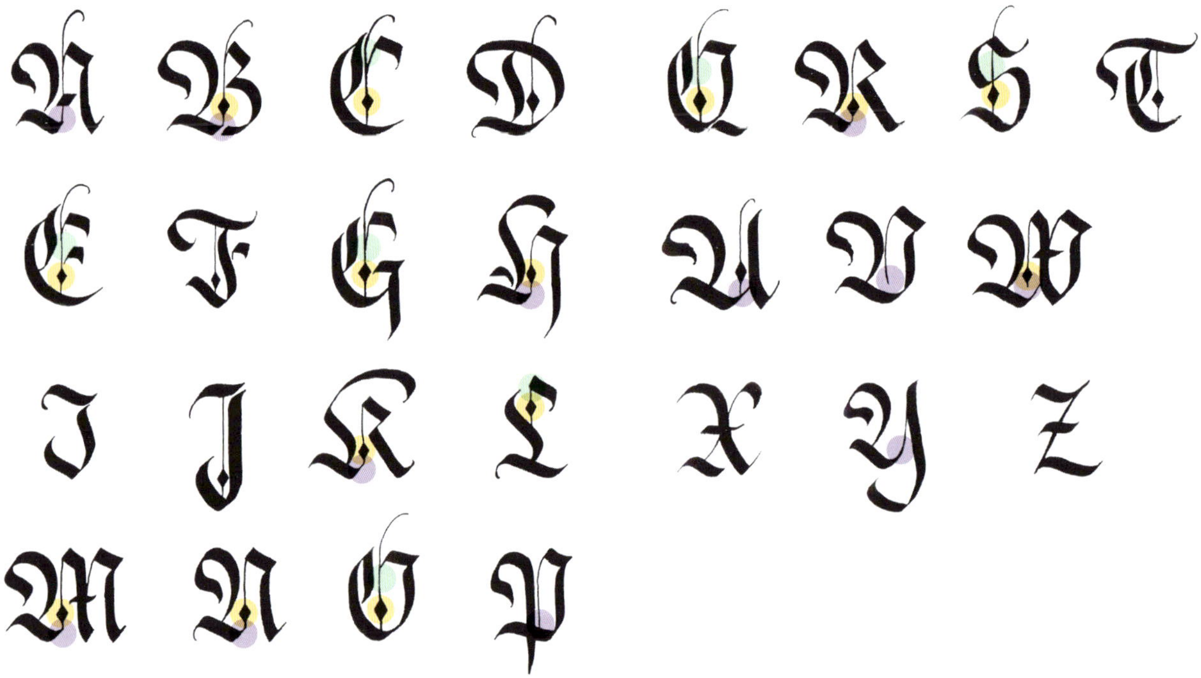

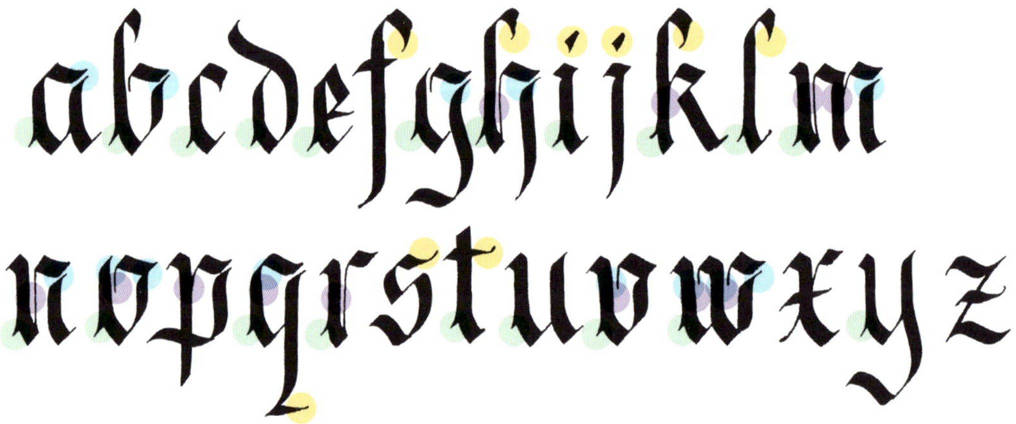

KLEINBUCHSTABEN

Sporne

Eine Veränderung, die du bei fast allen Kleinbuchstaben einsetzen kannst, sind spitz zulaufende Abstriche, sogenannte Sporne. Hier ist das Grundprinzip, dass beim Abstrich die Feder kurz nach links geführt wird, um den Sporn zu erzeugen. Dann wird im vorherigen Abstrich angesetzt. Der restliche Buchstabe wird geformt wie gehabt.

Das Spannende an längeren Texten mit Spornen ist, dass die Buchstaben sich durch die Sporne verbinden lassen und so ein wunderbar einheitliches Schriftbild entsteht.

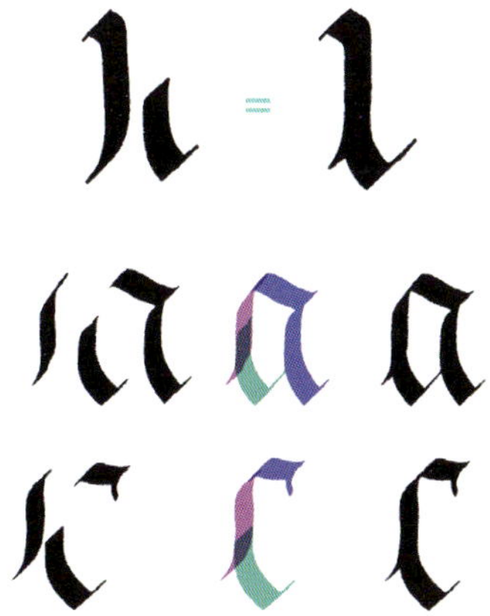

HINWEIS

Auf der Alphabet-Übersicht (s. linke Seite) sind diese Elemente grün gekennzeichnet.

Quadrangel

Ähnlich wie Sporne sehen die Quadrangel aus – das sind kleine Rauten, die im Nachhinein in die Buchstaben gesetzt werden. Achte darauf, dass die rechte Kante im Buchstaben verschwindet und nicht auf der anderen Seite des Abstriches zum Vorschein kommt. Versuche auch mal, diese Quadrangel in unterschiedlichen Farben zu setzen.

Brüche

Eine weitere Technik ist es, die ohnehin als gebrochene Schrift geschriebene Fraktur auch sichtbar zu brechen, das heißt, zwischen den einzelnen Strichen ein wenig Abstand zu lassen. Diese Technik lässt sich bei vielen Buchstaben einsetzen, am besten ist es aber, wenn du sie bei den Buchstaben verwendest, bei denen die Lücke zwischen den Strichen den Buchstaben optisch nicht auseinanderreißt. Die schrägen „Dächer" eignen sich besonders gut dafür.

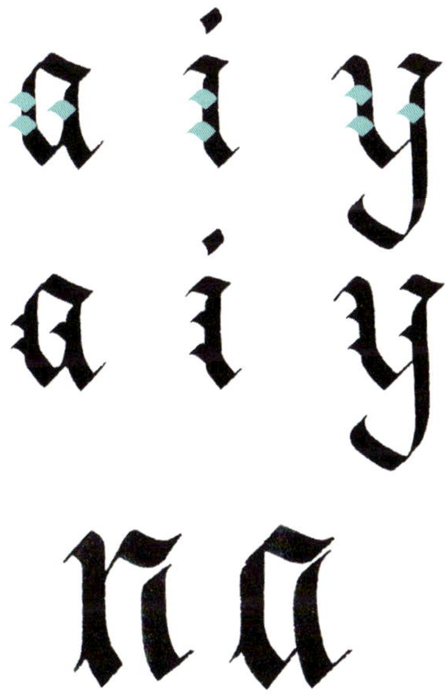

Die Buchstaben hier sind sichtbar gebrochen.

HINWEIS

Auf der Alphabet-Übersicht (s. linke Seite) sind diese Elemente hellblau gekennzeichnet.

Dünne Aufstriche

Eine weitere schöne Möglichkeit, die Schrift zu verändern, ist, dünne Aufstriche einzuführen. Buchstaben, bei denen du am Stamm noch einmal ansetzen würdest, eignen sich besonders gut dafür.
Hier kommt die Stärke des Effektes sehr auf das Werkzeug an, das du verwendest. Mit der Bandzugfeder werden die dünnen Aufstriche schwierig zu bewerkstelligen sein, da der Fluss der Feder unterbrochen wird, wenn du die Feder aufkantest. Einfacher wird es, wenn du für diese Varianten mit dem Parallel Pen oder Automatic Pen schreibst. Mit diesen Schreibwerkzeugen kannst du auch auf der Ecke schreiben.

HINWEIS

Auf der Alphabet-Übersicht (S. 88) sind diese Elemente violett gekennzeichnet.

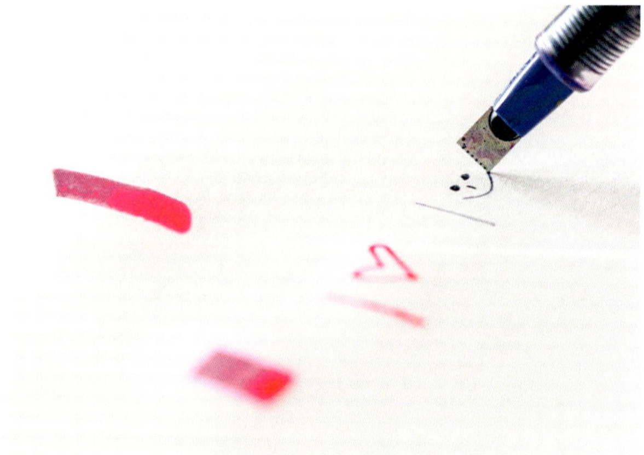

Mit der Ecke des Parallel Pen kannst du feine Linien erzeugen.

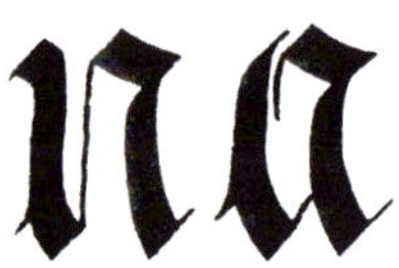

Die Buchstaben hier haben als zusätzliches Element einen sehr dünnen Aufstrich.

Bögen mit Aufkantung

Diese Variante die Oberlängen hervorzuheben erfordert schon etwas mehr Fingerspitzengefühl. Um diese Bögen zu schreiben, hebst du während, du den Bogen ziehst, die rechte Kante der Feder vom Papier ab.

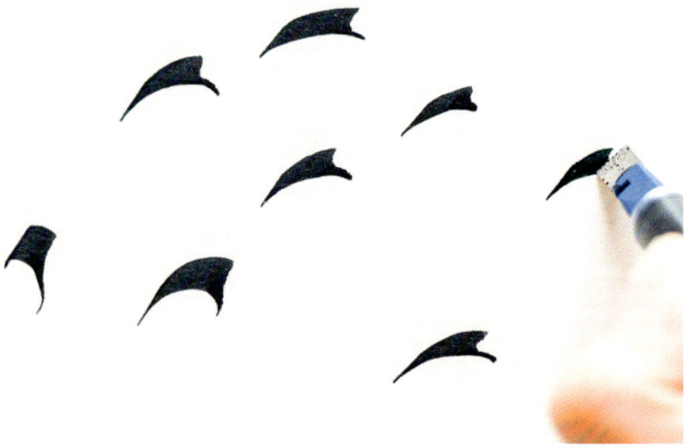

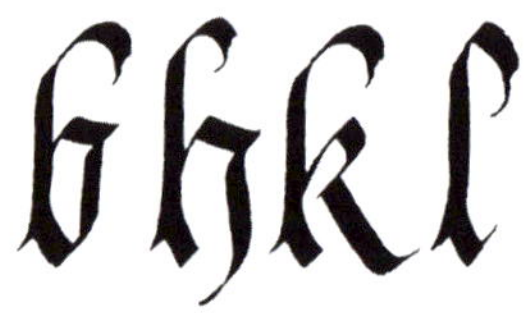

Dieselbe Bewegung kannst du auch auf Unterlängen anwenden, hierbei hebt die linke Federkante vom Papier ab.

HINWEIS

Auf der Alphabet-Übersicht (S. 88) sind diese Elemente gelb gekennzeichnet.

GROSSBUCHSTABEN

Auch die Großbuchstaben der verzierten Fraktur haben Elemente gemeinsam, die sie von der simplen Fraktur unterscheiden. Ich habe dir diese neuen Elemente farblich hervorgehoben.

Dünner Aufstrich

Der dünne Aufstrich, der bereits bei den Kleinbuchstaben der verzierten Fraktur ein wesentliches Element ist, wird hier auch wiedereingesetzt. **Im Alphabet (S. 88) ist er violett gekennzeichnet.**

Dünner Abstrich

Nicht zu verwechseln mit dem dünnen Aufstrich ist der dünne Abstrich, der als zusätzliches Element im Nachhinein eingefügt wird. Auf ihm sitzt meist ein Diamant. **Dieses Element ist beim Alphabet (S.88) grün gekennzeichnet.**

Diamant

Für den Diamanten gehst du folgendermaßen vor: Setze im üblichen 45 Grad-Winkel die rechte Federkante auf den dünnen Abstrich. Ziehe die Feder dann nach rechts unten, bis die linke Federkante den dünnen Abstrich berührt. Wenn es dir leichter fällt, kannst du das Blatt auch um 90 Grad drehen und so den Diamanten aufsetzen. Dafür setzt du die linke Federkante auf die Linie und ziehst die Feder abwärts und rechts, bis die rechte Federkante die Linie berührt. **Diamanten sind beim Alphabet (S.88) gelb gekennzeichnet.**

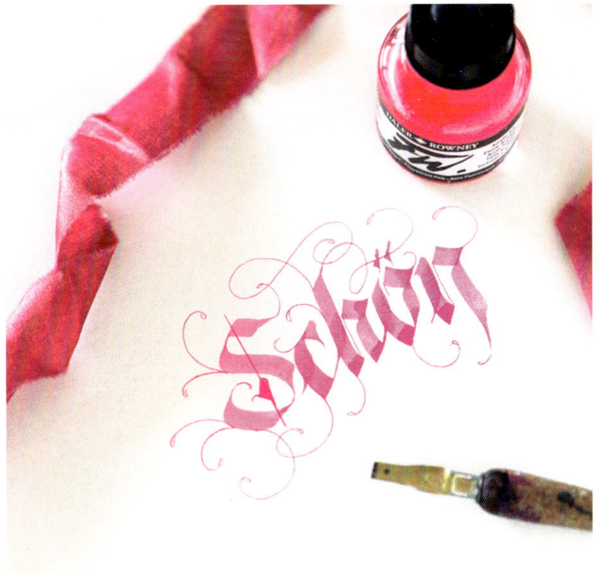

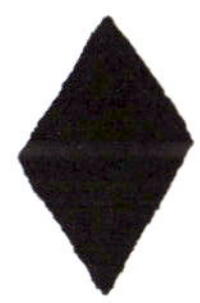

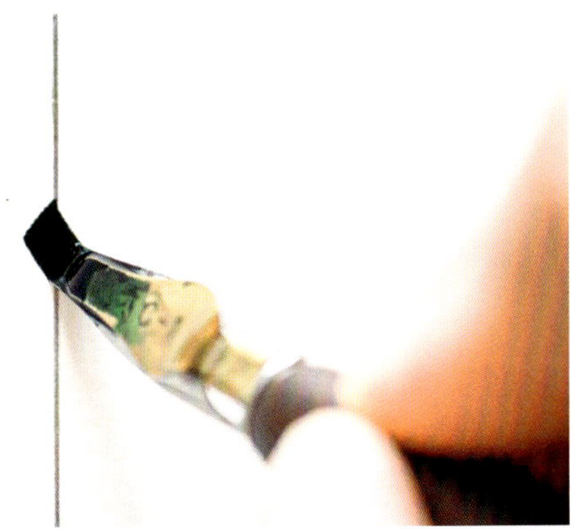

Diamanten von oben nach unten

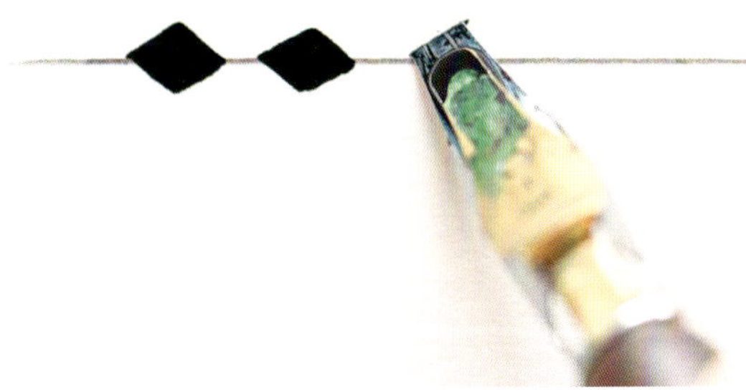

Diamanten seitlich

NEULAND-ALPHABET

Die Neuland ist eine konstruierte Schrift, die 1923 von Rudolf Koch, einem Kalligrafen und Schriftgestalter, erfunden wurde. Er entwickelte sie, indem er sie direkt in Metall schnitt. Sie wurde vielfach kopiert und unter verschiedensten Namen veröffentlicht und ist heute noch sehr beliebt. Inzwischen wird sie unter anderem auch für Graphic Recording verwendet, da sie in großen Größen sehr gut auf Flipcharts und Plakaten funktioniert.

Diese Schrift ist monolinear. Das bedeutet, dass alle Striche gleich breit sind. Da die Bandzugfeder darauf ausgelegt ist, Variationen in der Strichstärke zu zeigen, schreibt sich die Neuland relativ ungewohnt. Ein hohes Maß an Manipulation der Feder und einige Drehungen während des Schreibens sind nötig, um diesen Effekt zu erzielen.

Da die Neuland nur aus Großbuchstaben besteht, gibt es keine x-Höhen, Ober- und Unterlängen und keine Mittel- und k-Linien. Die Buchstaben sitzen auf der Grundlinie und reichen bis zur H-Linie.

TIPP: Erinnere dich an die Ausrichtung der Feder und deren Auswirkung auf die Strichbreite. Bei der Neuland ist das Ziel, immer die maximale Strichstärke zu erzielen. Das heißt, dass die Richtung, in die du die Feder ziehst, immer auch die Ausrichtung der Feder ist.

GRUNDSTRICHE

Die Grundstriche der Neuland erscheinen auf den ersten Blick relativ simpel. Um sie exakt hinzubekommen, ist aber oftmals eine Manipulation des Federwinkels nötig. Du kannst hierzu das Papier oder die Feder selbst drehen, wie es für dich angenehmer ist. Der Winkel der Feder zum Papier ist für diese Schrift sehr steil.

Wir schreiben diese Variante der Neuland auf einer Höhe von 3,5 Federbreiten. Traditionell wurde sie auf 4 Federbreiten geschrieben, experimentiere also ruhig damit. Auf www.emf-verlag.de/produkt/kalligrafie-alphabete-fuer-jeden-anlass findest du die Hilfslinien-Blätter zum Download. Ich habe einen 6 mm Parallel Pen verwendet, die Abbildungen sind verkleinert. Die Neuland ist eine Schrift, die besser zur Geltung kommt, je größer sie geschrieben wird. Außerdem lassen sich mit ihr wunderbar dichte Textgeflechte erzeugen.

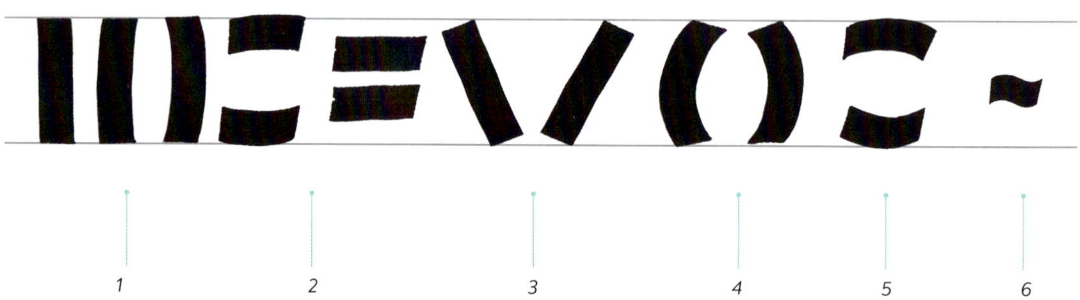

Grundstrich 1 Übe zuerst die geraden Striche. Setze für den vertikalen Strich die Federkante mit 0 Grad an die Hilfslinie und ziehe die Feder zu dir. Versuche, die geraden Striche ganz leicht zu biegen, das wirkt dynamischer.

Grundstrich 2 Für die waagrechten Striche ziehst du die Feder nach rechts. Der Federwinkel ist hier also 90 Grad. Versuche auch hier, eine zarte Kurve mit einzubauen.

Grundstrich 3 Die schrägen Striche brauchst du für Buchstaben wie beispielsweise M, V und W. Setze dazu die Feder so an, dass du sie im selben Winkel ziehen kannst. Du kannst dabei ruhig das Blatt drehen.

Grundstrich 4 und 5 Die Rundungen sind besonders herausfordernd, da du hier die Feder kontinuierlich drehst, um die maximale Strichbreite beizubehalten.

Grundstrich 6 Bei der kleinen Welle setzt du deine Feder auf 90 Grad und bewegst sie dann beim Ziehen nur kurz auf und ab.

1

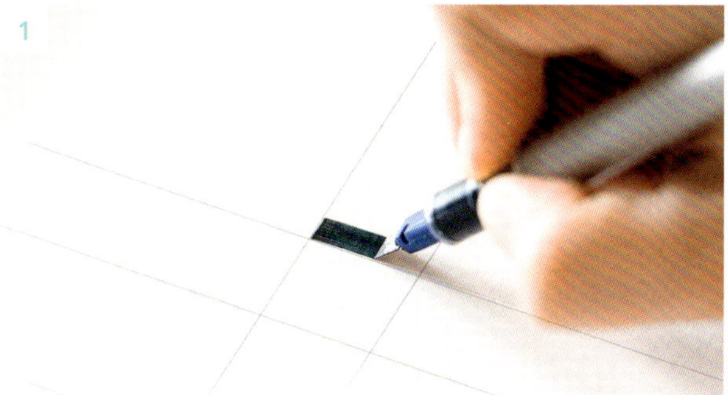

2

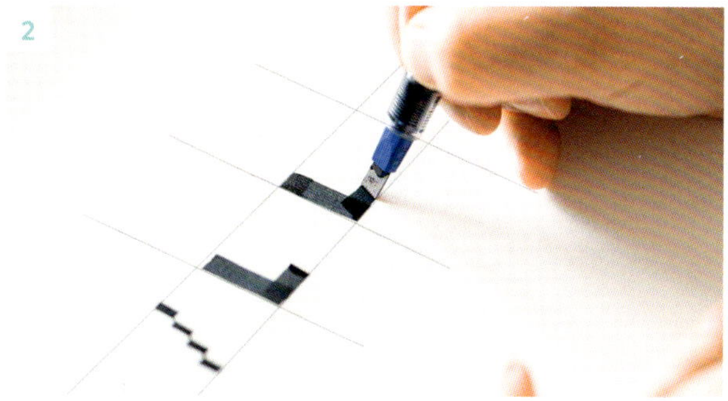

4-5

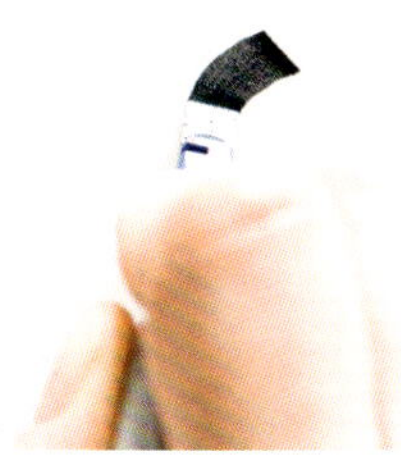

4-5

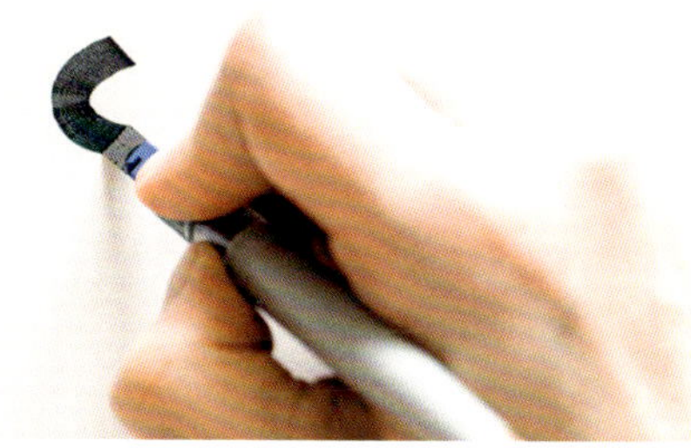

4-5

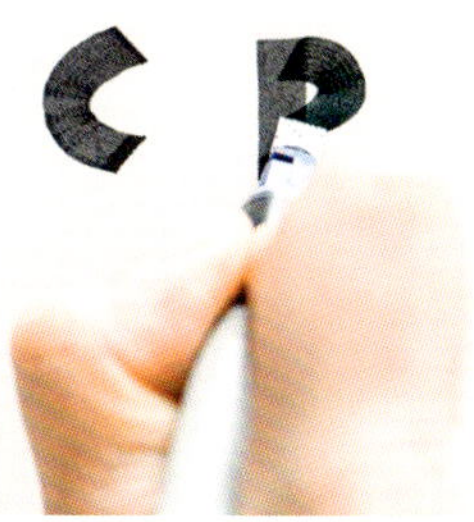

4-5

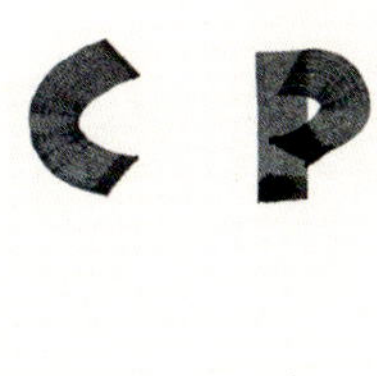

NEULAND-ALPHABET

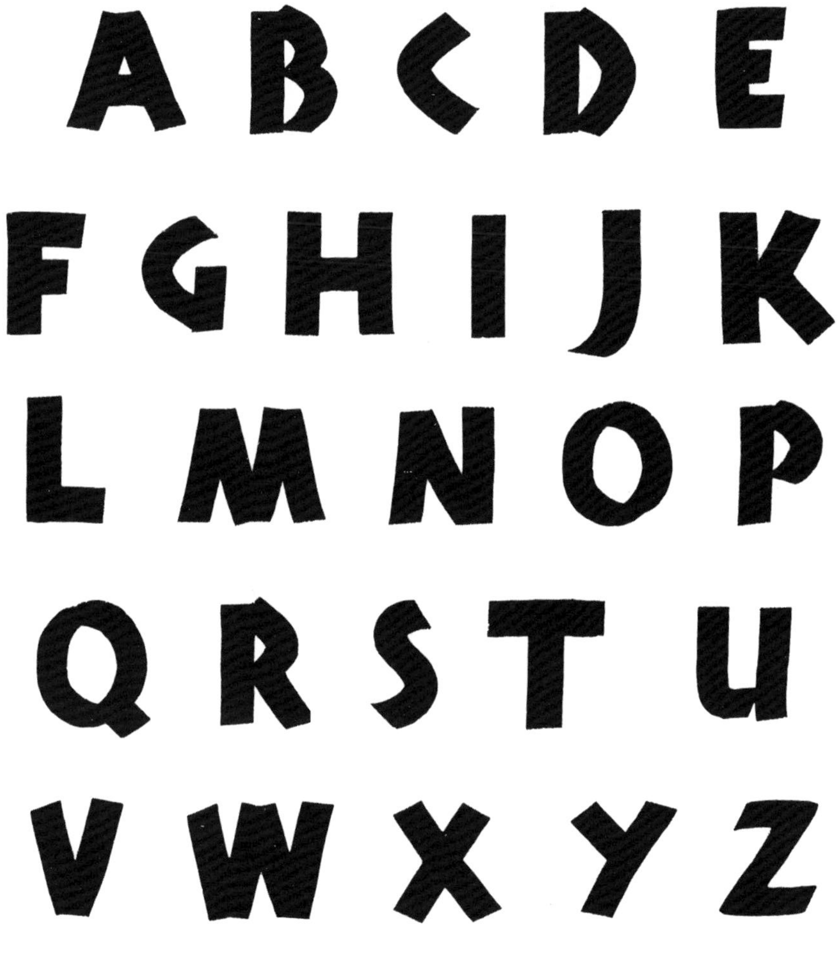

BUCHSTABEN

DIE GERADEN: I · L · T · H · F · E

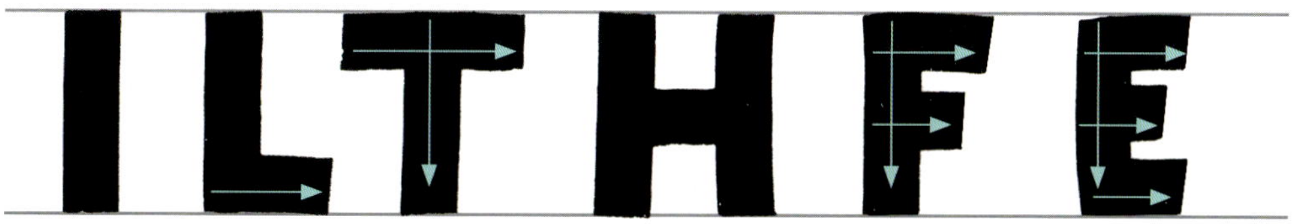

Dieser Buchstabengruppe liegen horizontale und vertikale Striche (also Querbalken und Abstriche) zugrunde. Damit die Buchstaben nicht zu streng wirken, biegst du diese Striche ganz zart in eine Richtung. So wirken sie dynamischer.

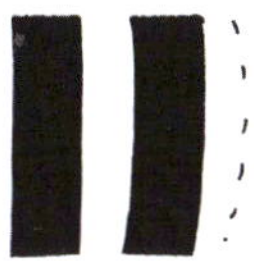

Striche

Alle Striche in dieser Buchstabengruppe stehen auf einem Winkel von entweder 0 oder 90 Grad zur Grundlinie. Wichtig dabei ist, dass sie sich überlappen, es sollen nämlich keine Lücken zwischen den einzelnen Strichen entstehen. Beim L beispielsweise setzt du für den horizontalen Strich direkt im vertikalen Abstrich wieder an.

Breite

Achte bei dieser Buchstabengruppe darauf, dass die Buchstaben nicht zu breit werden. In der folgenden Illustration siehst du das Verhältnis der Buchstabenbreite zur Federbreite – du siehst, dass die Breite der Buchstaben sich ebenfalls an der Federbreite orientiert. Meist sind die Buchstaben zwei Abstriche breit.

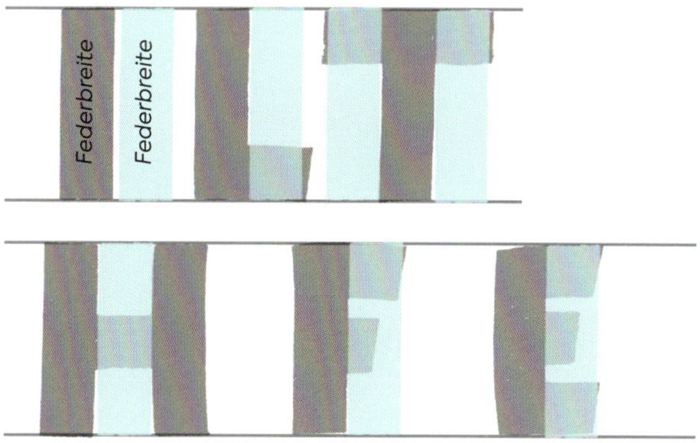

HINWEIS

Es gibt Variationen, bei denen die waagrechten Striche bei 70 bis 90 Grad beginnen. Bei 70 Grad z.B. werden diese dann etwas dünner als die Vertikalen. Probiere ruhig auch diese Variante aus und schau, wie dir die Schrift besser gefällt.

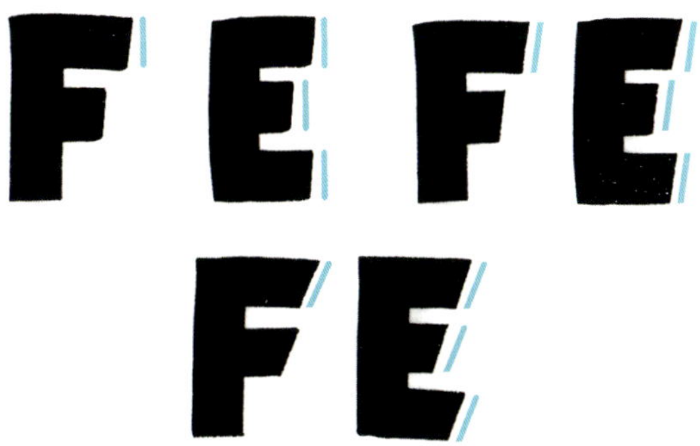

DIE SCHRÄGEN: K • A • N • M • V • W • X • Y • Z

Bei dieser Buchstabengruppe kommen nun auch schräge Abstriche vor. Bei diesen setzt du die Feder nicht bei 0 Grad an der H-Linie an, sondern drehst sie so, dass du den Buchstaben entsprechend formen kannst. Auch hier überlappen sich die Striche der Buchstaben. Auf ein paar Buchstaben möchte ich noch genauer eingehen:

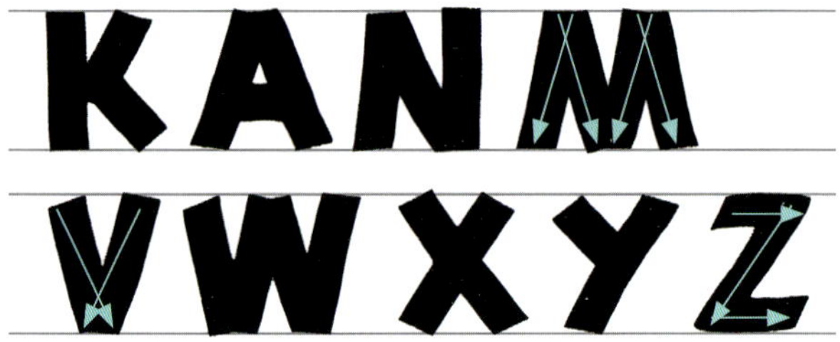

K

Beim K kannst du die beiden Schenkel auch in einem Strich schreiben. Achte darauf, die Feder dabei zu drehen.

N, M, V, W, X

Bei diesen Buchstaben sollten die Weißräume innerhalb eines Buchstabens gleich groß sein.

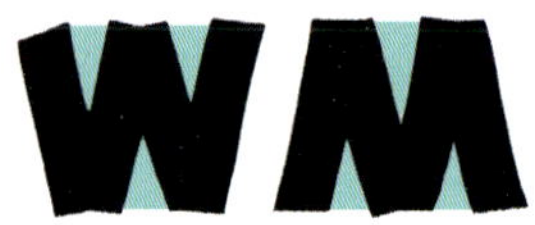

DIE RUNDEN: C • D • G • P • R • B • U • S • J • O • Q

Die Buchstaben mit Rundungen sind die herausforderndsten dieser Schrift.

C, G, D

Setze beim Bogen bei C und G so an der H-Linie an, dass die linke Federkante auf der H-Linie aufliegt, und führe die Feder dann nach links – sie soll ganz auf dem Papier aufliegen. In der Mitte der x-Höhe drehst du die Feder und führst sie wieder nach rechts, wo der Bogen mit der linken Kante an der Grundlinie aufhört. Beim Bogen des D ist es genau umgekehrt.

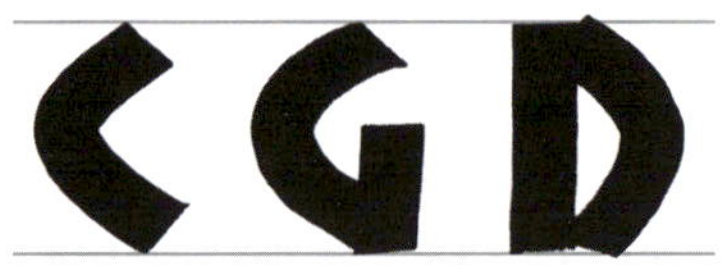

P, R, B

Verfahre bei den kleineren Bögen wie bei C, G und D. Beim R ist der Innenraum kleiner als beim P. Beim B ist der obere Bogen kleiner als der untere.

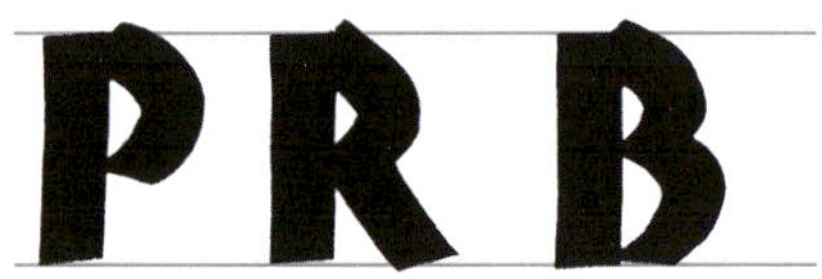

U

Beginne mit einem Abstrich. Kurz vor der Grundlinie drehst du die Feder auf beinahe 90 Grad und schiebst sie noch ein kurzes Stück nach rechts. Der Zwischenraum zwischen dem Abstrich und dem gebogenen Strich darf bleiben.

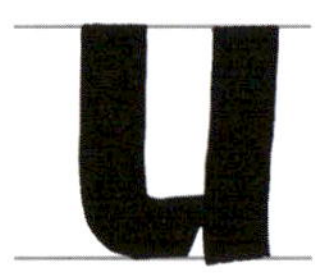

S

Das S wird in einem Schwung gezogen. Ändere hier den Federwinkel innerhalb des Buchstaben zwei Mal.

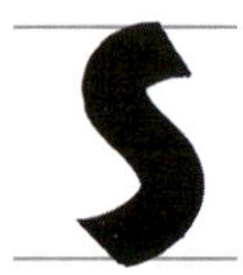

O

Das Neuland-O ist die herausforderndste Form. Ich stelle dir zwei Möglichkeiten vor, es zu schreiben.

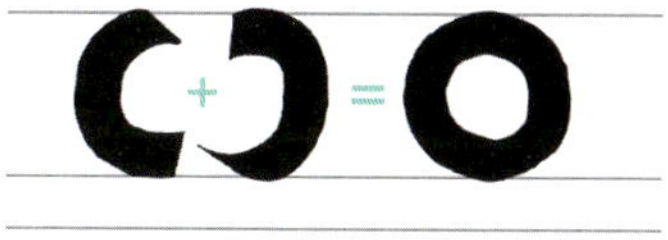

Möglichkeit 1: Zwei Schritte mit Federdrehung
Bei dieser Variante schreibst du zwei Bögen und setzt sie zusammen. Innerhalb der Bögen drehst du deine Feder, um den Weißraum im Buchstaben schön rund zu halten. Mit der unten abgebildeten Bildabfolge (1–4) zeige ich dir genau, wie es geht.

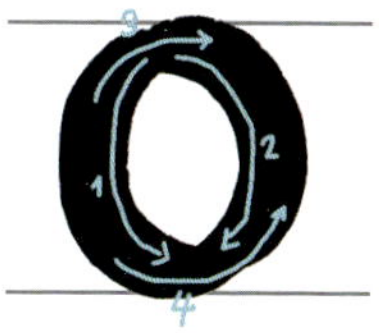

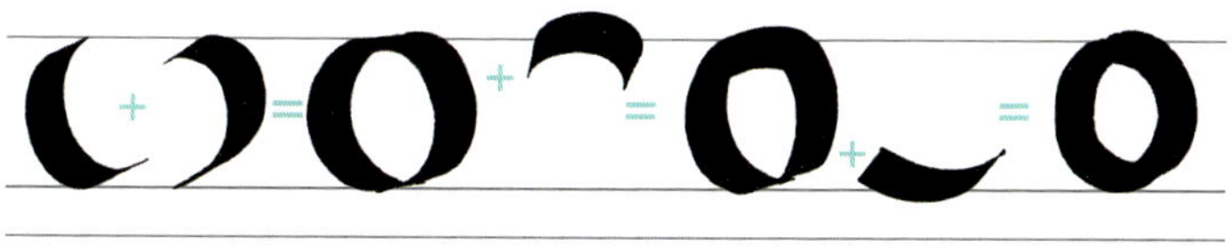

Möglichkeit 2 wird in vier Schritten geschrieben. Hier wird der Weißraum meist nicht ganz so schön rund wie bei Möglichkeit 1, dafür ist diese Variante einfacher zu schreiben.

1

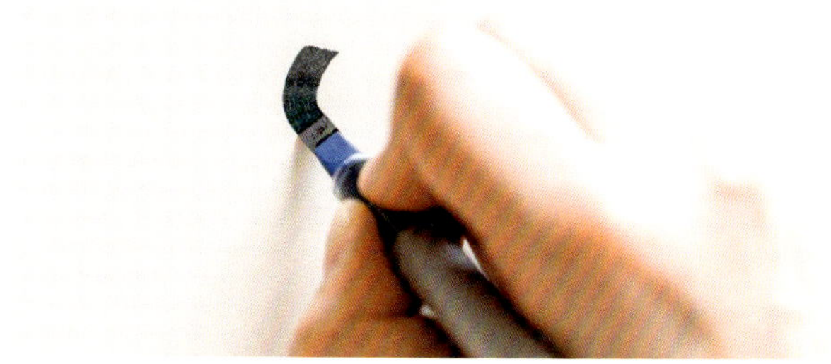

Setze die linke Federkante an der H-Linie auf und schreibe einen gleißmäßigen Bogen.

2

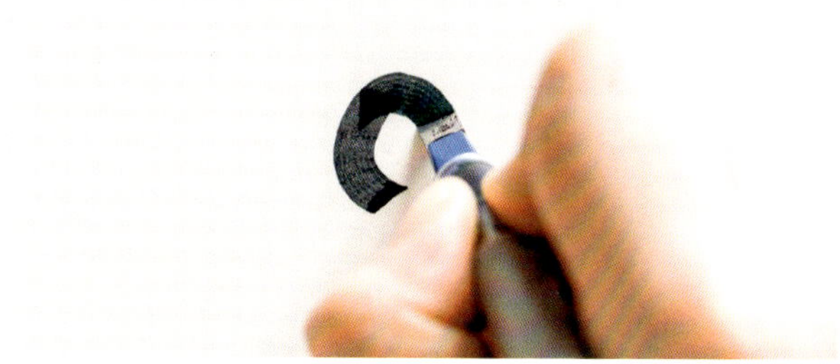

Setze innerhalb des ersten Bogens an und drehe die Feder kontinuierlich, bis du die Form komplett schließt.

3

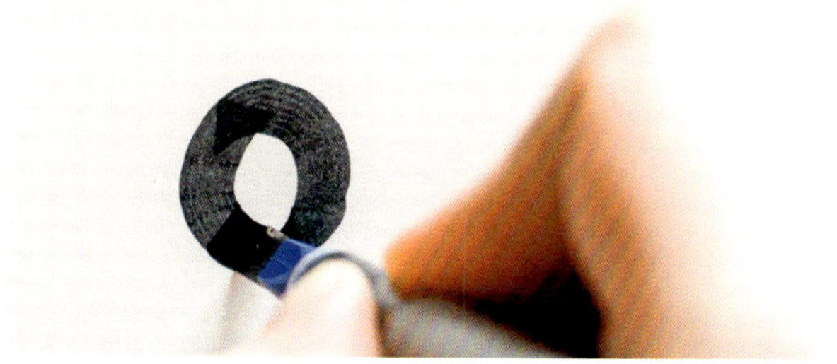

Ist der Verschluss nicht schön, kannst du wie bei Möglichkeit 2 einen weiteren Bogen ansetzen, um die Rundung zu vollenden.

4

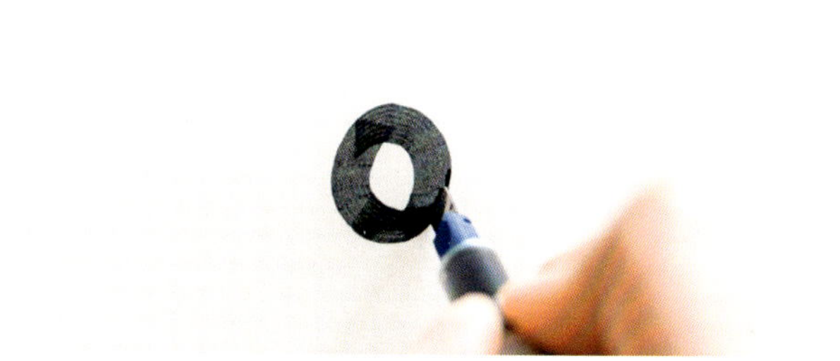

Falls du mit dem Parallel Pen schreibst, kannst du kleine Fehler oder Lücken im Buchstaben auch mit der Ecke ausbessern. Ein bisschen Schummeln ist schon okay.

Q

Beim Q fügst du an das O noch einen kleinen Abstrich hinzu.

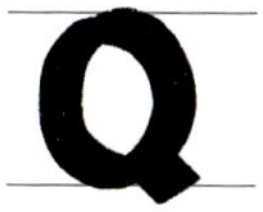

IN DIESEM KAPITEL:

REDISFEDER

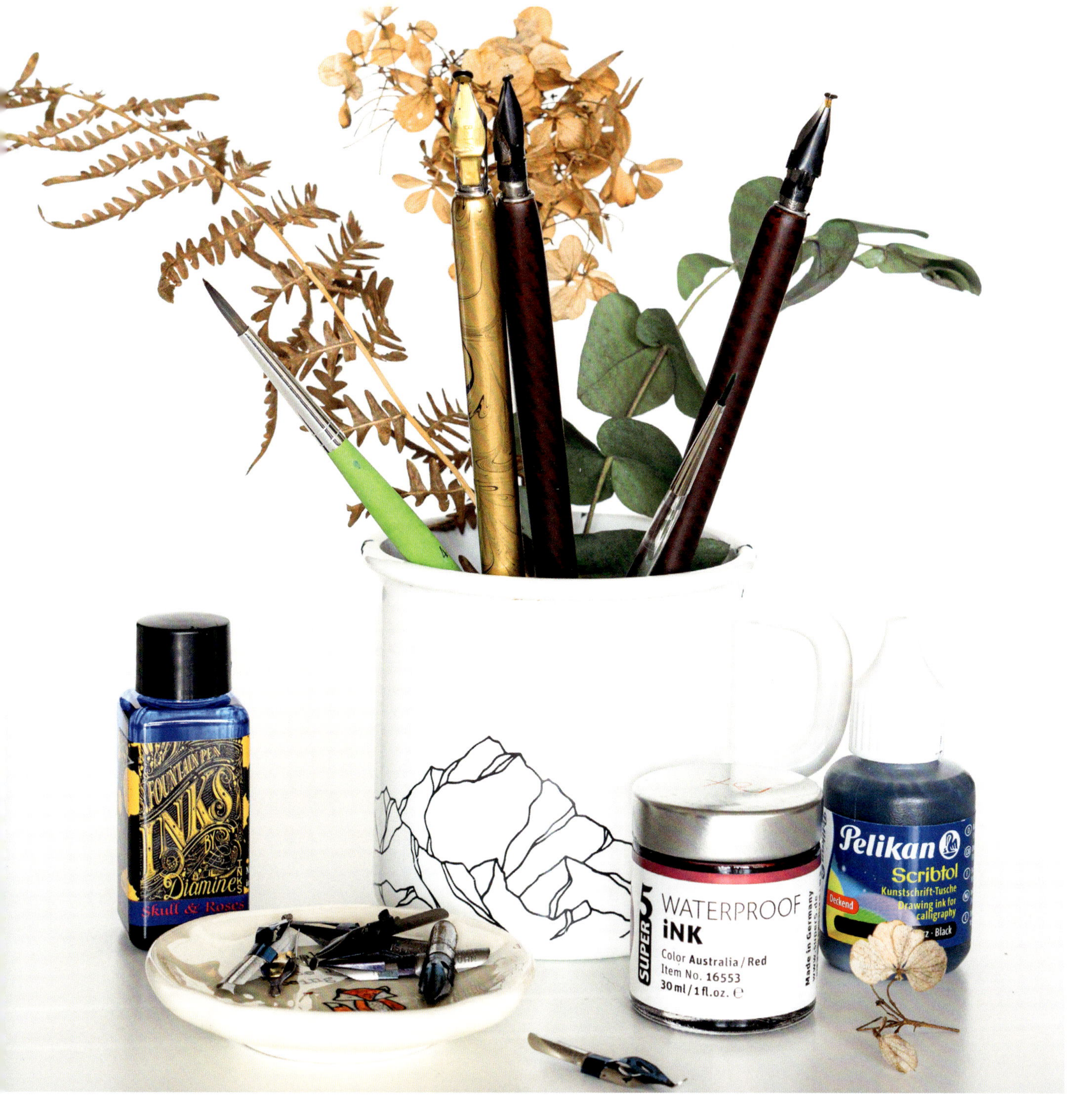
FOUNTAIN PEN
INKS
BY
Diamine
Skull & Roses
SUPER 5
WATERPROOF
iNK
Color Australia / Red
Item No. 16553
30 ml / 1 fl.oz.
Made in Germany
Pelikan
Scribtol
Deckend
Kunstschrift-Tusche
Drawing ink for calligraphy

ÜBER DIE REDISFEDER

Die Redisfeder wird auch Platten-, Schnurzug- oder Ornamentfeder genannt und zeichnet sich dadurch aus, dass sie an der Spitze ein rundes Metallplättchen hat, das schräg von der Feder absteht. Mit der Redisfeder kannst du monolineare Schriften, also Schriften, die nur eine Strichstärke haben, schreiben. Sie ist den uns bekannten Füllfedern damit ähnlich. Die Strichstärke bleibt immer einheitlich. Es gibt sie in verschiedenen Größen, von 0,5 mm bis zu 6 mm. Redisfedern besitzen meist eine Ober- und Unterfeder, die als Tintenreservoir dienen. Manche Varianten haben nur eine Oberfeder, die in verschiedenen Formen hergestellt wird. Die Form der Oberfeder beeinträchtigt den Tintenfluss aber nicht.

Je größer das Metallplättchen ist, desto breiter wird auch die Schrift. Die kleinsten Plättchen eignen sich eher für Handschriften wie die Sütterlin, während die großen Plättchen beeindruckende Resultate ergeben können.

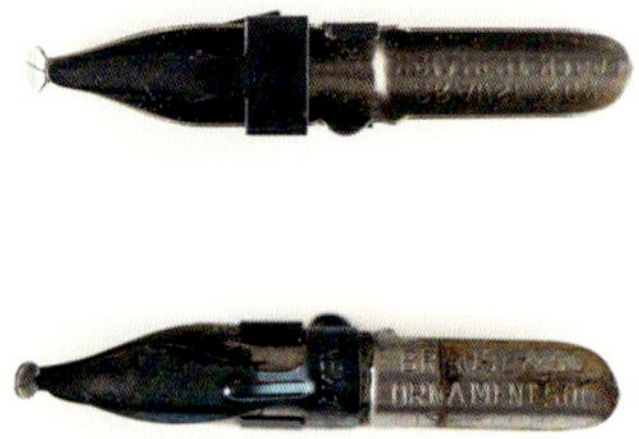

Unterseite der Redisfeder. Hier kannst du die Unterfeder gut sehen, zwischen ihr und der Oberfeder hält die Tinte.

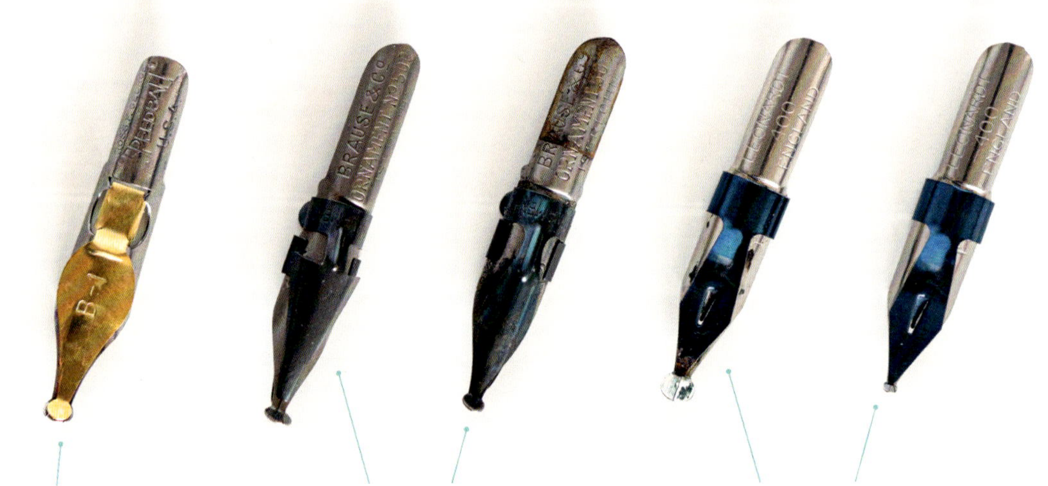

Speedball *Brause* *Hiro Leonardt*

MATERIAL

Für die Alphabete in diesem Kapitel brauchst du:

Federhalter

Für die Redisfeder-Alphabete kannst du einen geraden Standard-Federhalter verwenden, den du in jedem Laden für Künstlerbedarf finden kannst. Ich bevorzuge Federhalter mit einer Korkhalterung, da diese sehr angenehm in der Hand liegen.

Federn

Redisfedern sind in verschiedenen Größen und von verschiedenen Marken erhältlich. Für die Alphabete in diesem Buch habe ich eine 2,5-mm-Ornamentfeder der Marke Brause verwendet.

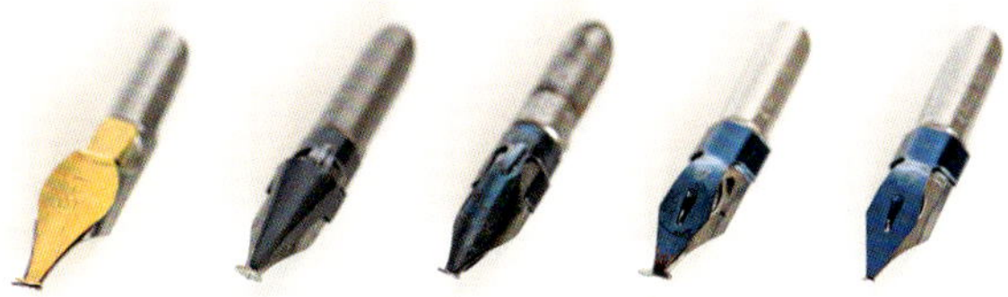

Tinte

Du kannst fast jede Tinte oder Wasserfarbe verwenden. Ich empfehle für den Anfang eine nicht wasserfeste Tinte, damit du die Feder nach dem Gebrauch leichter reinigen kannst. Wenn du Gouache verwenden möchtest, rühre sie so flüssig an, dass die Konsistenz in etwa der von Vollmilch entspricht – relativ flüssig, aber doch noch etwas cremig. Ich verwende gerne die Tinte Leipziger Schwarz von Rohrer & Klingner.

Übungspapier

Aus der Redisfeder fließt verhältnismäßig viel Tinte, daher empfehle ich hier ein stärkeres Papier, das sich nicht wellt. Geeignet ist hier z. B. Aquarellpapier (satiniert) oder stärkeres, glattes Zeichenpapier.

Hilfslinien-Blätter

Du kannst dir Hilflinien-Blätter auf www.emf-verlag.de/produkt/kalligrafie-alphabete-fuer-jeden-anlass downloaden und ausdrucken. Wenn du direkt auf den ausgedruckten Blättern üben möchtest, empfehle ich dir ein geeignetes Druckerpapier wie z. B. Clairefontaine DCP, Mondi IQ Premium oder HP Color Laserjet.

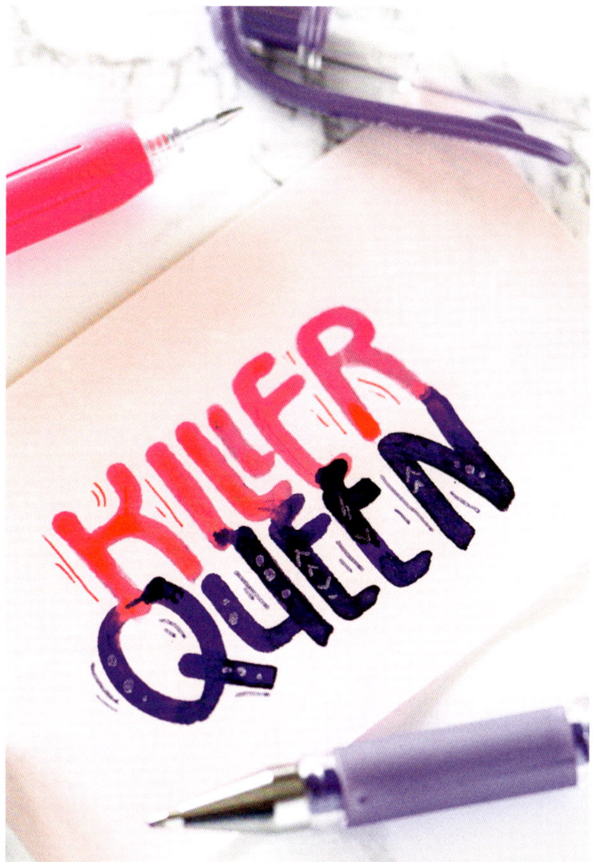

HANDHABUNG DER REDISFEDER

VORBEREITUNG DER FEDER

Die Redisfeder passt in jeden herkömmlichen Federhalter. Der Schaft wird zwischen Metallplättchen und den Halter selbst gesteckt, nicht zwischen die Metallplättchen (Bild 1).

1

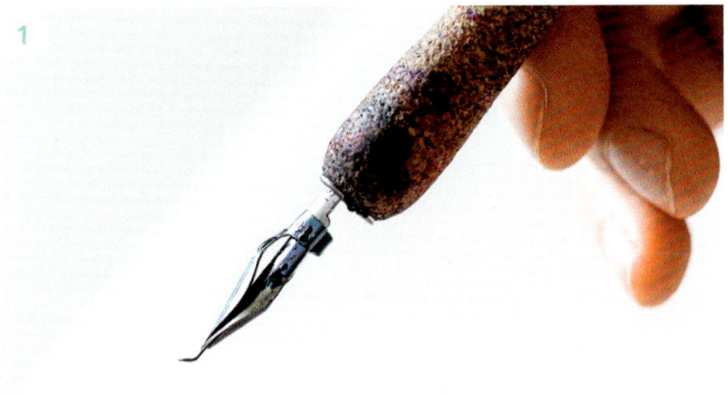

Alle Federn, die aus der Produktion kommen, sind mit einem dünnen Fettfilm versehen, damit sie längere Lagerung und Transporte überstehen, ohne zu rosten. Diesen musst du erst beseitigen, da sonst die wasserbasierte Tinte vom Fett abgestoßen wird und nicht an der Feder haftet. Am besten schrubbst du die Feder sanft mit einer Zahnbürste und etwas fettlösendem Spülmittel ab, oder du bewegst sie kurz über der Flamme eines Feuerzeuges hin und her. Befülle die Feder am besten mit einer Pipette oder einem Pinsel. Beim direkten Eintauchen in ein Tintenglas wird sie oft zu voll, und es fließt beim Schreiben zu viel Tinte heraus (Bild 2).

2

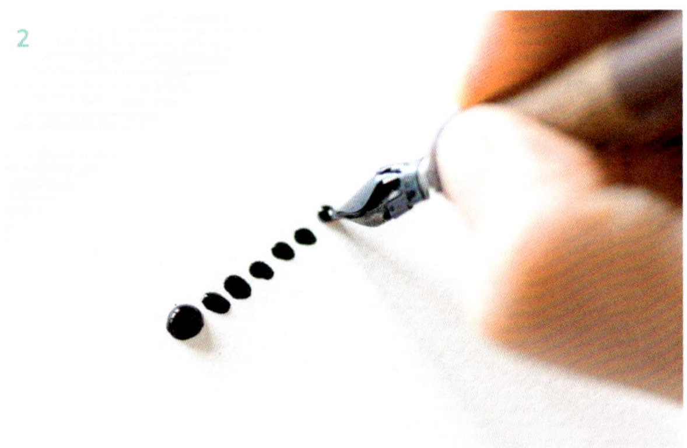

HALTUNG

Setze die Feder so auf dem Papier auf, dass das Plättchen aufliegt (Bild 3). Wenn es nicht ganz aufliegt, entsteht kein gleichmäßiger Strich.

3

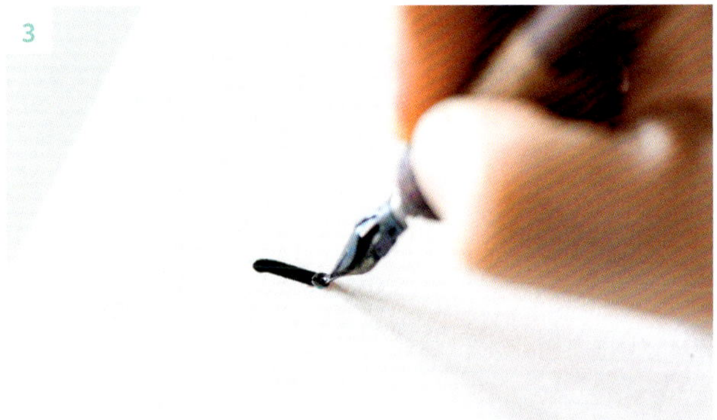

Mit leichtem Druck führst du die Feder nun über das Papier. Versuche dabei, das Handgelenk möglichst gerade zu halten und eine gleichmäßige Schieb- und Ziehbewegung zum Körper hin und vom Körper weg beizubehalten.

Es ist einfacher, die Feder zu ziehen, daher ist es oft sinnvoller, die Buchstaben in mehrere Schritte aufzuteilen.

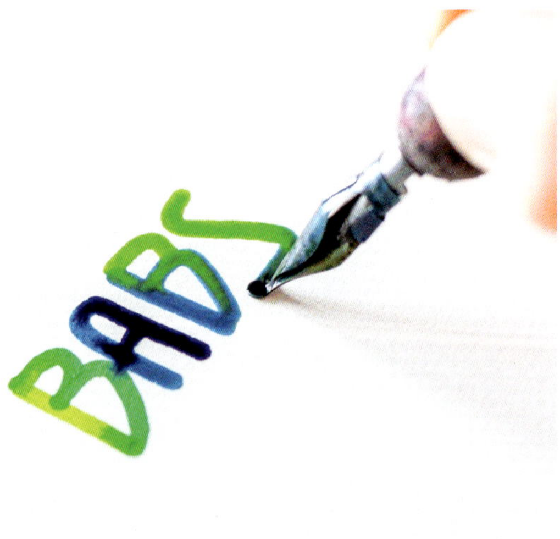

Um einen solchen Farbverlauf zu erzielen, befülle die Feder mit dem Pinsel. Sobald sie fast leer ist, fülle eine andere Farbe nach.

REINIGUNG

Die Redisfeder eignet sich für die meisten herkömmlichen Tinten sowie für Gouache und Aquarellfarbe. Wichtig ist, sie regelmäßig zu reinigen, da sich unterhalb der Ober- und Unterfeder gerne eingetrocknete Tinte ansammelt. Die Unter- und Oberfeder lassen sich bei den Federn der Marke Brause gut abnehmen (Bild 4). Dazu hältst du die Feder fest und drehst das kleine Häkchen der Oberfeder nach oben. So löst es sich von der Feder selbst. Danach kannst du die Feder mit einer Zahnbürste gut schrubben und anschließend das Reservoir wieder aufsetzen.

4

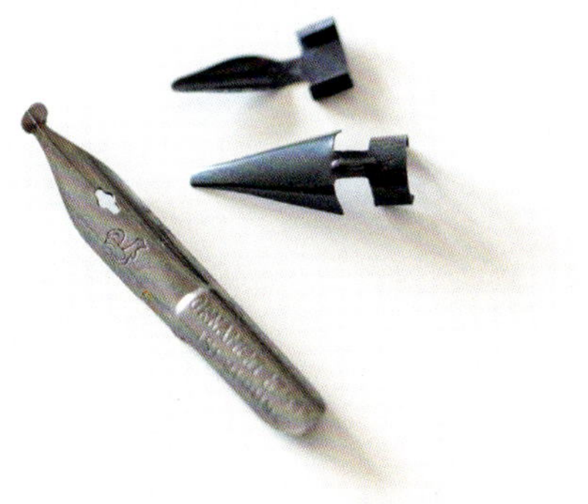

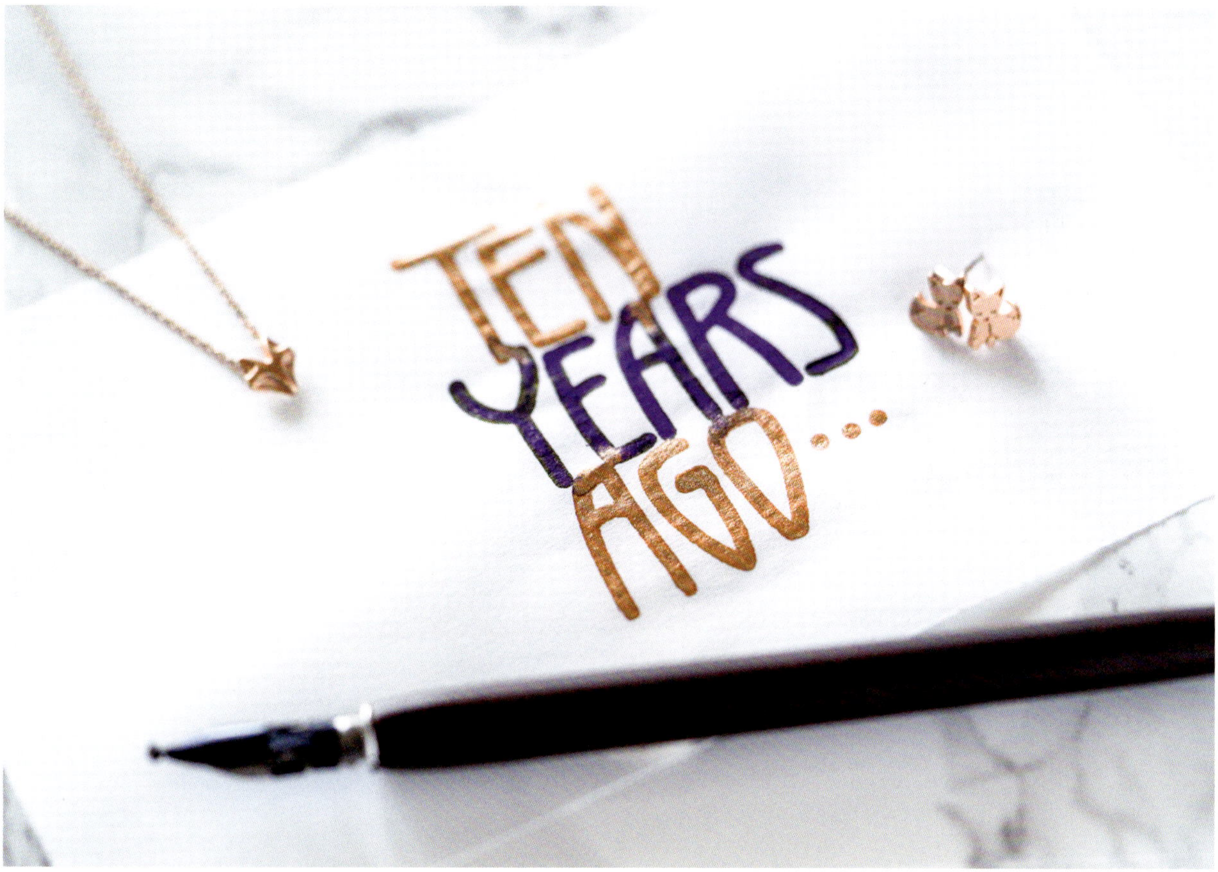

ÜBUNGEN

Um die Redisfeder kennenzulernen, habe ich dir ein paar Übungen zusammengestellt. Diese helfen dabei, dich an die Feder und ihre anfangs vermutlich etwas ungewohnte Handhabung zu gewöhnen.

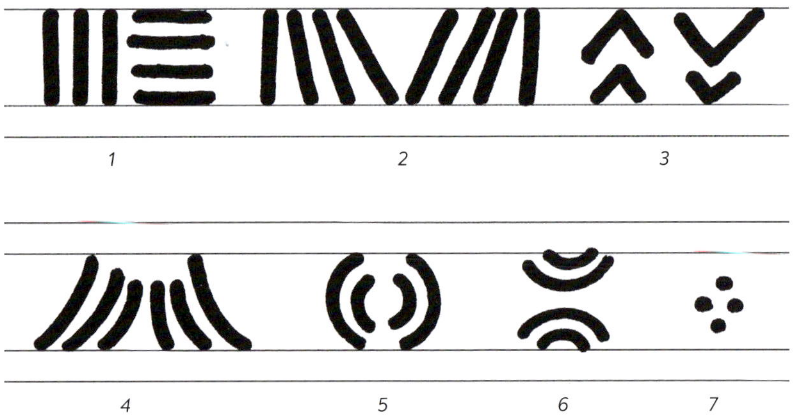

Übung 1

Versuche zuerst, möglichst gerade Striche mit der Feder zu ziehen. Achte darauf, dass das runde Plättchen ganz auf dem Papier aufliegt, bevor du die Feder bewegst. Besonders am Anfang und am Ende des Striches ist das wichtig.

So sieht es aus, wenn du die Feder schon vom Papier hebst, bevor du den Strich fertiggeschrieben hast.

Übung 2

Jetzt sind schräge Abstriche dran. Teste verschiedene Winkel und versuche dabei immer, die runden Abschlüsse beizubehalten.

Übung 3

Als Nächstes sind zweigeteilte Striche dran. Setze hierfür nicht ab, sondern ziehe die Form in einem Schwung durch. Lass dir mehr Zeit, als du mit einer Füllfeder oder einem Kugelschreiber benötigen würdest.

Übung 4

Leicht gebogene Linien finden in vielen Buchstaben Verwendung. Schreibe sie unterschiedlich lang und teste verschiedene Neigungen.

Übung 5

Beginne an der Mittellinie und führe die Feder in einem Halbkreis bis zur Grundlinie. Dann wiederhole das Ganze in verschiedenen Größen. Diese Übung ist eine gute Vorbereitung für kreisförmige oder ovale Buchstabenformen.

Übung 6

Forme Bögen von unten nach oben und umgekehrt.

Übung 7

Setze die Feder flach auf das Papier auf und hebe sie sofort wieder an. Der so entstandene Punkt sollte die Form des Plättchens haben. Diese Übung eignet sich gut, um Buchstabenabschlüsse im Nachhinein auszubessern.

JUGENDSTIL-ALPHABET

Der Jugendstil, auch Art Nouveau genannt, ist besonders bekannt für seine extravaganten und ornamentalen Designs in allen Bereichen der Kunst und des Handwerks. Auch an der Kalligrafie ist der Einfluss dieser Epoche nicht spurlos vorbeigegangen. Viele Künstler wie Koloman Moser oder Alfons Mucha verwendeten in ihren Werken auch ornamentale Schriften. Die Schrift, die ich hier vorstelle, ist ein Hybrid aus mehreren zu dieser Zeit (Ende des 19. und Anfang des 20. Jahrhunderts) verwendeten Deko-Schriften, die ich auf die Redisfeder umgemünzt habe.

Dieses Alphabet habe ich mit einer 2,5-mm-Redisfeder geschrieben. Die Buchstabenhöhe beträgt 21mm. Wenn du eine andere Größe verwendest, rechne einfach die Federbreite mal 8, um das richtige Verhältnis zu erhalten. Wenn du z.B. eine 4-mm-Redisfeder verwendest, beträgt die Buchstabenhöhe 32mm (4 x 8 = 32).

Dieses Alphabet besteht nur aus Großbuchstaben und ist leicht zu erlernen. Richtig viel Spaß macht es, wenn man die Buchstaben ineinander verwebt und spannende Ligaturen findet.

LIGATUREN

Jugendstil-Künstler waren äußerst kreativ beim Entwerfen von Schriftzügen für Magazin- und Buchcover und Plakate. Um platzsparend zu arbeiten und den Schriftzügen auch noch einen gewissen Flair zu verleihen, habe ich dir noch einige Ligaturen (Buchstabenverbindungen) zusammengestellt, die deine Schriftzüge noch spannender machen können. Scheue dich nicht davor, die Buchstabenlinien kreativ ineinander fließen zu lassen oder in andere Richtungen zu biegen wie gewohnt. Auch das Gewicht der Buchstaben kannst du ganz anders verteilen, wie z.B. bei der zweiten Variante der „DA"-Ligatur.

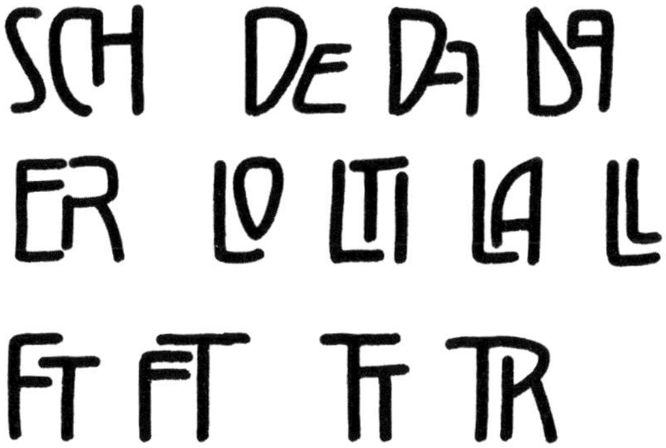

ZAHLEN UND SONDERZEICHEN

Achte bei den Zahlen und Sonderzeichen darauf, dass die Zeichen dieselben Proportionen haben wie die Buchstaben. So ist z.B. bei der 4 der Querstrich weit oben, bei der 8 die kleinere Kugel usw.

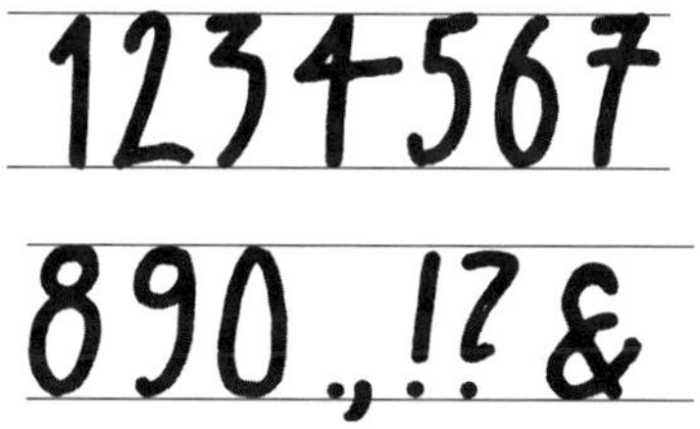

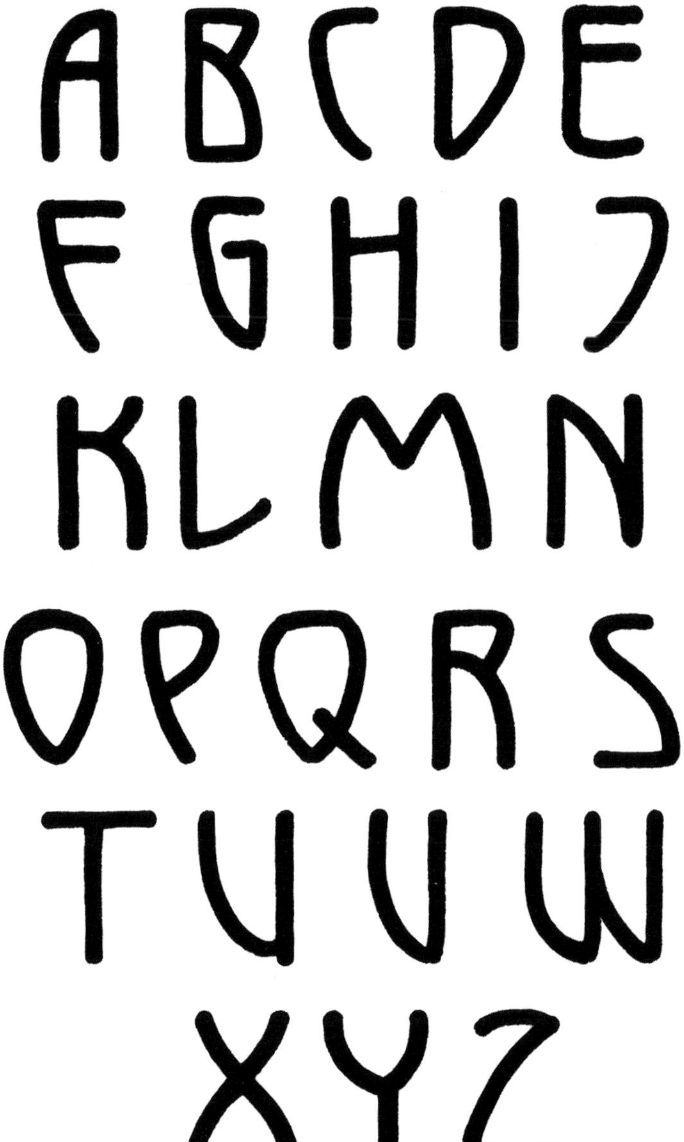
ABCDE
FGHIJ
KLMN
OPQRS
TUVW
XYZ

BUCHSTABEN

E · F · H · I · L · T

Die einfachste Buchstabengruppe ist jene, die nur aus Ab- und Querstrichen besteht. Achte hier darauf, dass die Höhe der Querstriche bei allen Buchstaben übereinstimmt. Die tatsächliche Höhe kann variiert werden, solange sie einheitlich ist. Das H ist insofern eine Ausnahme, als der Querstrich nicht ganz horizontal ist, sondern schräg nach oben geführt wird. Dieses kleine Detail gibt dem Buchstaben ein wenig Dynamik.
Achte auch darauf, dass die Buchstaben (mit Ausnahme des I) etwa gleich breit sind.

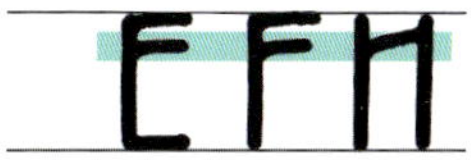

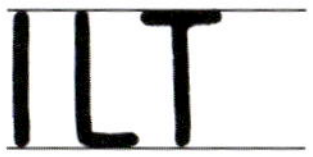

C · G · O · Q

Dieser Buchstabengruppe liegt allen ein Bogen nach rechts unten zugrunde. Beginne horizontal an der H-Linie, führe die Feder an der Linie nach links und anschließend nach unten. Diese C-Form wiederholt sich in allen Buchstaben dieser Gruppe.

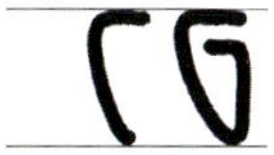

O und Q kannst du entweder in einem Zug formen oder in zwei Schritten schreiben. Beginne in jedem Fall mit der C-Form, da du so schon die Breite des Buchstaben vorgibst.

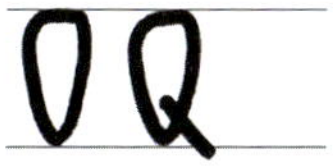

A · S · D · J

Auch bei dieser Gruppe stehen Bögen im Vordergrund, allerdings sind diese nicht so einheitlich wie bei der vorigen Gruppe.
Das **S** touchiert die H-Linie mehr als die anderen Buchstaben, da es sonst optisch kleiner erscheint. Der Querstrich beim **A** sollte auf gleicher Höhe sitzen wie beim **H**. Achte beim **J** auf die Schräge, sie soll im Idealfall dem Bogen des **D** entsprechen.

P · R · B · K

Diese Buchstaben beginnen mit einem vertikalen Strich. Der obere Bereich bei **P** und **R** ist angedeutet dreieckig. Beim **B** empfehle ich, zuerst den unteren Bauch zu schreiben und darauf den oberen zu setzen, da es die korrekte Proportionierung erleichtert. Denke auch hier daran, dass die Proportionen denen der Querstrichen bei E, F usw. gleichen. Schreibe beim **K** den unteren Bogen wie beim B, schließe ihn jedoch nicht. Füge anschließend einen kleineren Bogen von der obersten Linie zu dem eben geschriebenen Bogen.

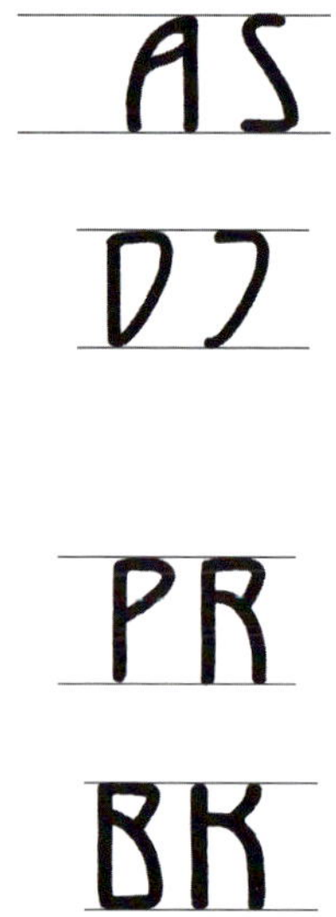

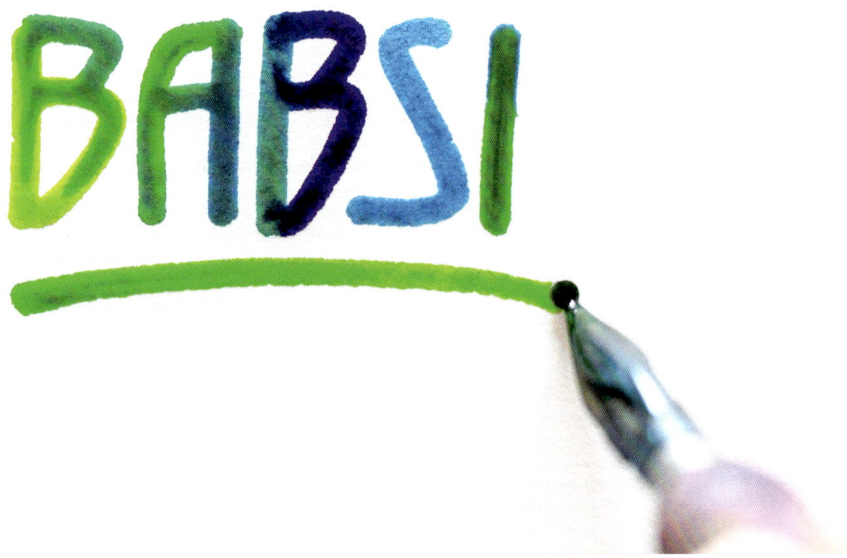

X • Y • Z

Das **X** besteht aus zwei gebogenen Strichen, die sich im oberen Drittel des Buchstaben kreuzen. Beim **Y** schreibst du zuerst zwei Bögen, die zusammentreffen. Dort, wo sie sich treffen, setzt du den Abstrich an. Das Y erinnert ein wenig an die Form eines Martiniglases. Beim **Z** ist es wichtig, auf die Breite zu achten. Die Querstriche sollen nicht breiter sein als der Abstrich.

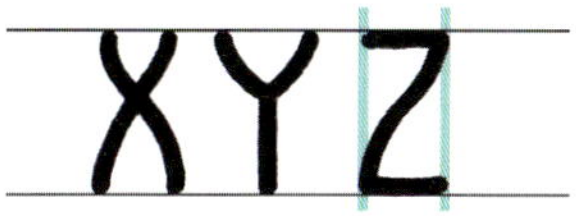

U • V • W • M • N

Diese Gruppe ist die schwierigste Gruppe im Jugendstil-Alphabet. Achte darauf, dass die Buchstaben nicht zu breit werden. Beim **U** bewegst du die Feder relativ früh und weit nach rechts, damit es nicht mit dem V verwechselt wird. Der gerade Abstrich geht etwas unter die Grundlinie. Beim **V** schreibst du zwei Bögen von oben nach unten, die sich in der Mitte treffen.

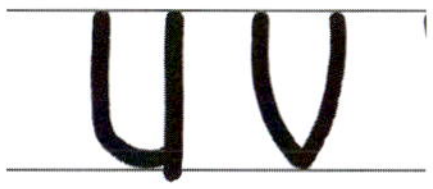

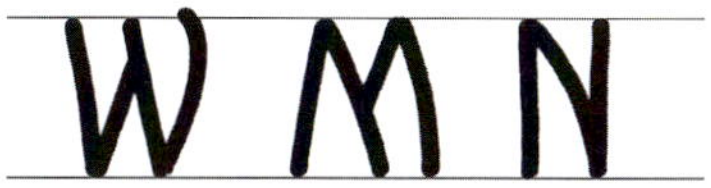

Das **W** beginnt mit einer geraden V-Form, bei der die zweite Hälfte nicht bis ganz zur H-Linie führt. Schreibe dann eine weitere V-Form, deren Aufstrich aber gebogen ist und ein wenig über die H-Linie geht.

Beginne beim **M** mit einem geraden Abstrich nach links unten. Setze dann an der H-Linie am Beginn dieses Striches wieder an und führe eine weitere, diesmal gebogene Linie zur Grundlinie. Setze dann auf dieser Linie wieder an, ziehe einen Strich nach oben rechts zur H-Linie und beende den Buchstaben mit einem leicht gebogenen Abstrich.

Das **N** beginnt mit einem geraden Abstrich. Setze dann am Ausgangspunkt wieder an und führe die Feder in einer gebogenen Linie bis zur Grundlinie. Setze sie dann direkt über dem Abschluss dieses Striches an der H-Linie wieder an und führe sie wieder bis zur Grundlinie. Dabei überdeckst du einen Teil des zweiten Striches – das soll so sein.

IN DIESEM KAPITEL:

GLASFEDER

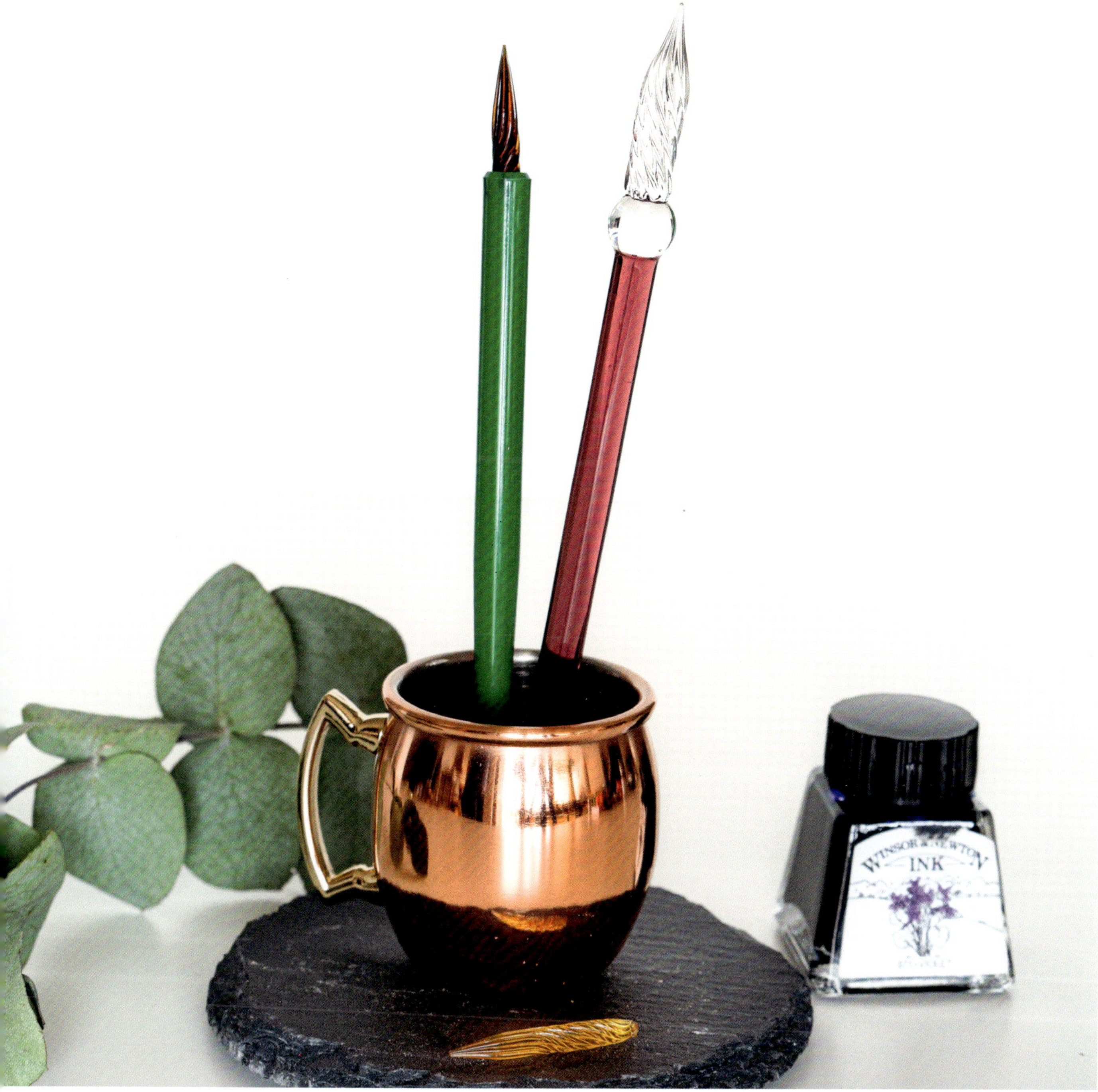

ÜBER DIE GLASFEDER

Die Glasfeder ist, wie die Redisfeder, ein Werkzeug für monolineare Schriften, also Schriften die keine Variation in der Strichstärke zeigen. Es gibt Glasfeder-Spitzen, die sich in spezielle Federhalter stecken lassen, und Glasfedern aus einem Stück. Oft werden sie auch als venezianische Glasfedern bezeichnet, ob sie aber tatsächlich ursprünglich aus Venedig kommen ist umstritten. Für eine kurze Zeit waren sogar Füllhalter mit Glasfedern im Umlauf – diese haben sich jedoch nicht durchgesetzt, da Federn aus Stahl einfach robuster und haltbarer waren.

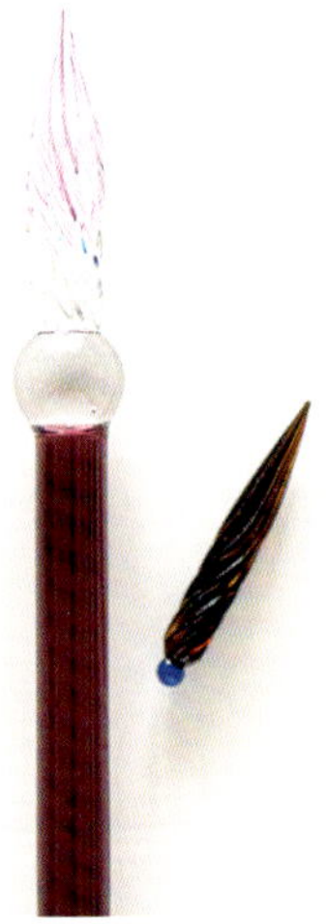

MATERIAL

Für die Alphabete in diesem Kapitel brauchst du:

Glasfeder
Du kannst eine Glasfeder verwenden, die aus einem Stück geblasen ist, oder nur die Feder und einen speziell dafür hergestellten Federhalter. Ideal ist es, wenn du die Feder vor dem Kauf ausprobieren kannst. Achte darauf, dass die Feder beim Kontakt mit dem Papier nicht zu sehr kratzt und einigermaßen angenehm darübergleitet.

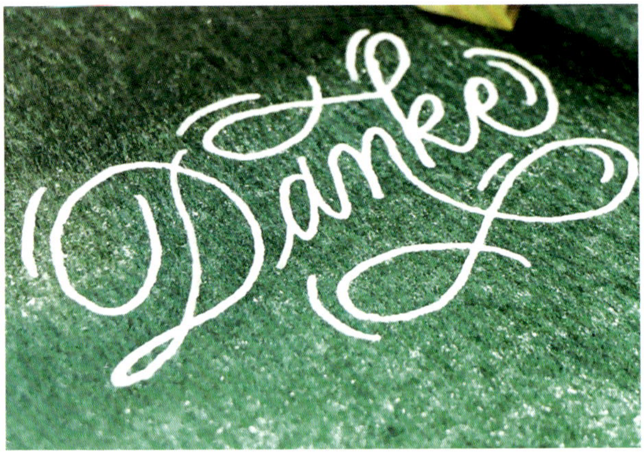

Tinte
Für die Glasfeder eignen sich Füllfedertinten besonders gut, da diese sehr flüssig sind und daher besonders gut von der Glasfeder fließen. Auch flüssige Aquarellfarbe (z.B. Ecoline) eignet sich hervorragend und lässt sich gut wieder von der Feder entfernen. Ich verwende gerne das Leipziger Schwarz von Rohrer & Klingner.

Übungspapier
Da der Strich der Glasfeder eher zart ist, kannst du hier auch dünnes Übungspapier verwenden, durch das du die Hilfslinien sehen kannst. Geeignet sind z.B. Clairefontaine Smart Print Paper (60-80g/m²), Rhodia Pads oder das Canson XL Markerpad.

Hilfslinien-Blätter
Hilfslinien kannst du dir auf www.emf-verlag.de/produkt/kalligrafie-alphabete-fuer-jeden-anlass downloaden und ausdrucken.

HALTUNG UND SCHREIBEN

Eine Glasfeder ist einfach zu handhaben. Nimm sie wie einen Bleistift in die Hand, nur etwas aufrechter. Für einzelne Glasfedern gibt es spezielle Federhalter, in die die Glasfedern passen (Bild 1).
Um mit ihr zu schreiben, tauchst du die Spitze ganz in die Tinte ein (Bild 2). Warte einen Moment, bis überschüssige Tinte abtropft (Bild 3), dann kannst du auch schon loslegen.

Die Tinte hält in den Rillen der Feder und fließt von dort aus gleichmäßig auf das Papier (Bild 4). Achte darauf, dass du die Feder immer im gleichen Winkel auf das Papier aufsetzt. Leider ist es bei der Glasfeder so, dass nicht immer gleich viel Tinte aus dem Werkzeug fließt und daher ein exaktes Arbeiten notwendig ist, wenn du immer dieselbe Strichstärke haben möchtest.

1

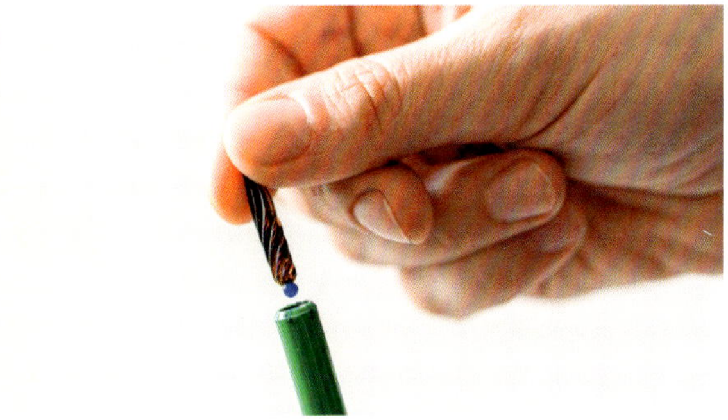

2

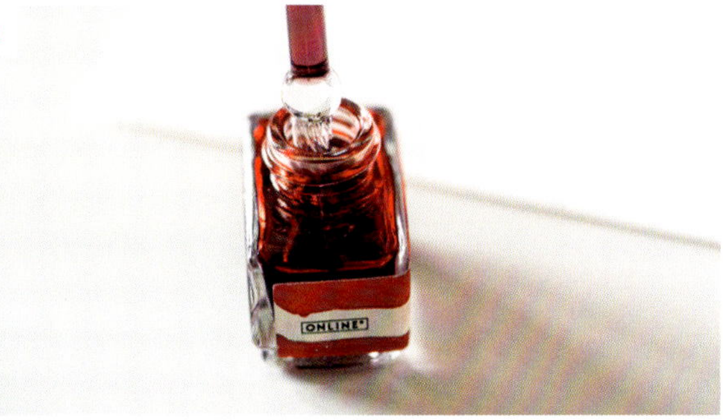

3

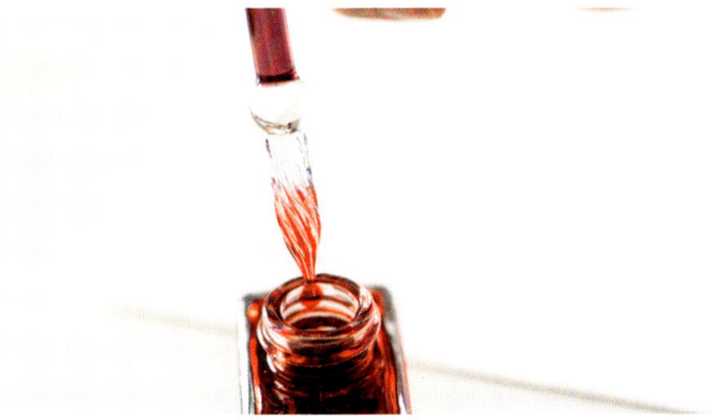

4

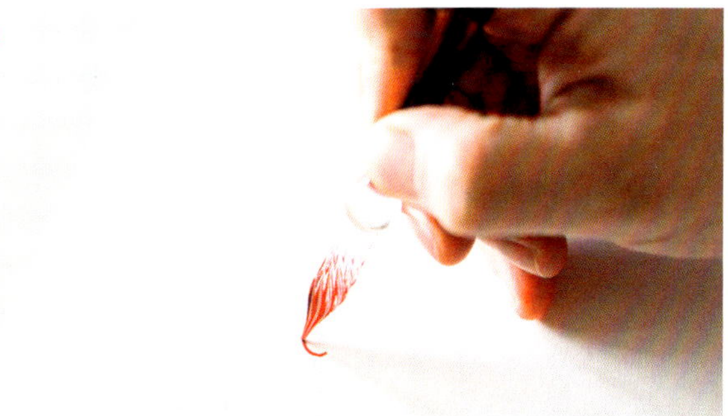

REINIGUNG

Bei der Glasfeder ist es besonders wichtig, sie regelmäßig zu reinigen, da die feinen Rillen, aus denen die Tinte tropft, sehr schnell schmutzig werden. Am besten tauchst du sie nach jeder Zeile in Wasser und schrubbst sie nach dem Ende der Schreibsession gut mit einer Zahnbürste ab.

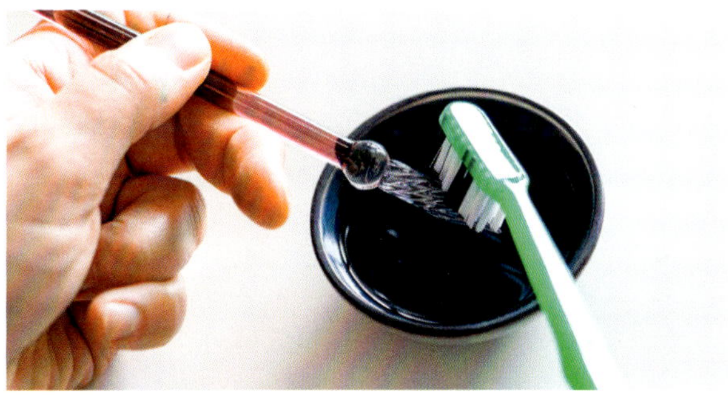

MONOLINE SCRIPT – ALPHABET

Dieses Alphabet kannst du mit der Redisfeder ebenso wie mit der Glasfeder schreiben. Auch mit der Spitzfeder lässt es sich gut umsetzen. Die Glasfeder mit ihrem zarten monolinearen Strich macht es aber besonders elegant.

Die Hilfslinien dafür kannst du auf www.emf-verlag.de/produkt/kalligrafie-alphabete-fuer-jeden-anlass downloaden downloaden oder dir ganz einfach selbst zeichnen. Sie sind in einem 1:1:1-Verhältnis – die x-Höhe sowie die Ober- und Unterlänge betragen jeweils 5mm.

GRUNDSTRICHE

Es gibt ein paar Striche, die ich dir erklären möchte, bevor du dich den Buchstaben widmest. Wenn du diese lernst, werden dir die Buchstaben wesentlich leichter fallen.

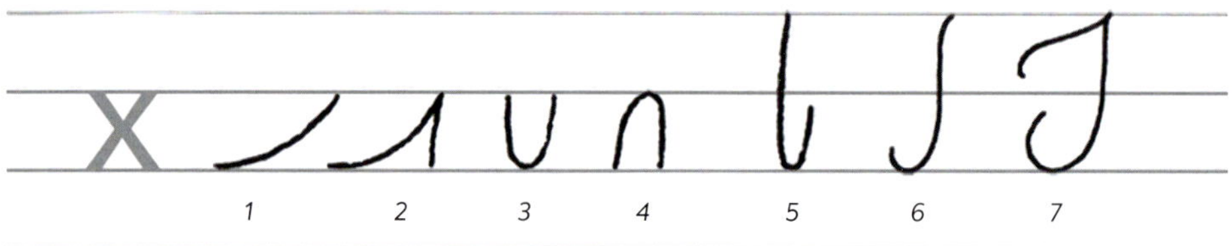

Grundstrich 1 – Aufstrich
Diesen Strich führst du von der Grundlinie zur Mittellinie. Mit ihm beginnen die meisten Kleinbuchstaben.

Grundstrich 2 – Auf- und Abstrich
Bei diesem Alphabet kannst du dieses Element in einem Zug schreiben.

Grundstrich 3 & 4
Zwei Bögen, die die x-Höhe ausfüllen. Die beiden Seiten sollen parallel zueinander sein.

Grundstrich 5 – Schirmgriff
Ich habe diesen Strich so genannt, da er dem Griff eines Schirmes ähnelt. Er füllt die Oberlänge und die x-Höhe mit dem Abstrich aus.

Grundstrich 6 – Stamm-Strich/S-Kurve
Dieser Strich ist der Grundstrich vieler Großbuchstaben. Er biegt sich sehr leicht und ist größtenteils gerade.

Grundstrich 7 – Stamm-Strich mit Fähnchen
Der Abstrich ähnelt hier Grundstrich 6 – am oberen Ende steht jedoch noch ein Fähnchen, während am unteren Ende weiter ausgeholt wird.

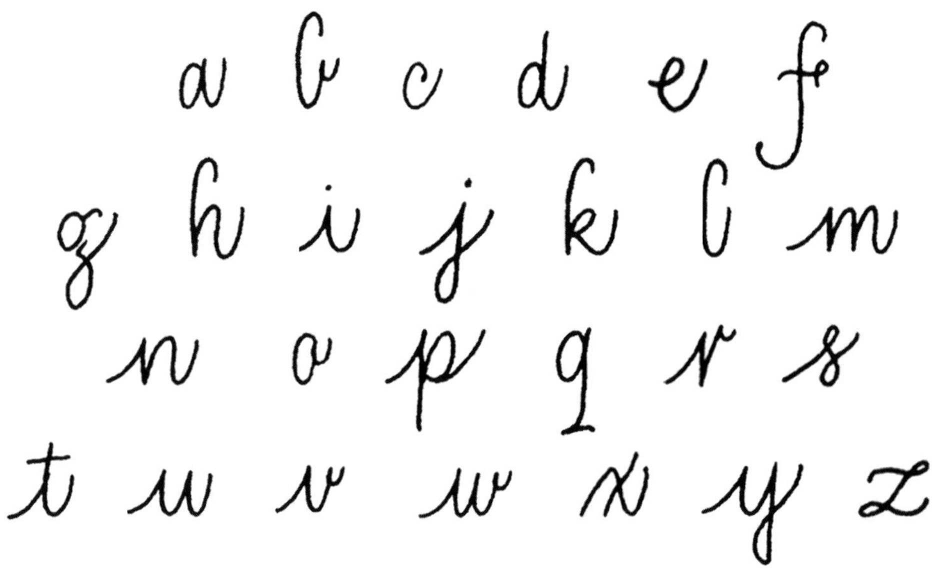

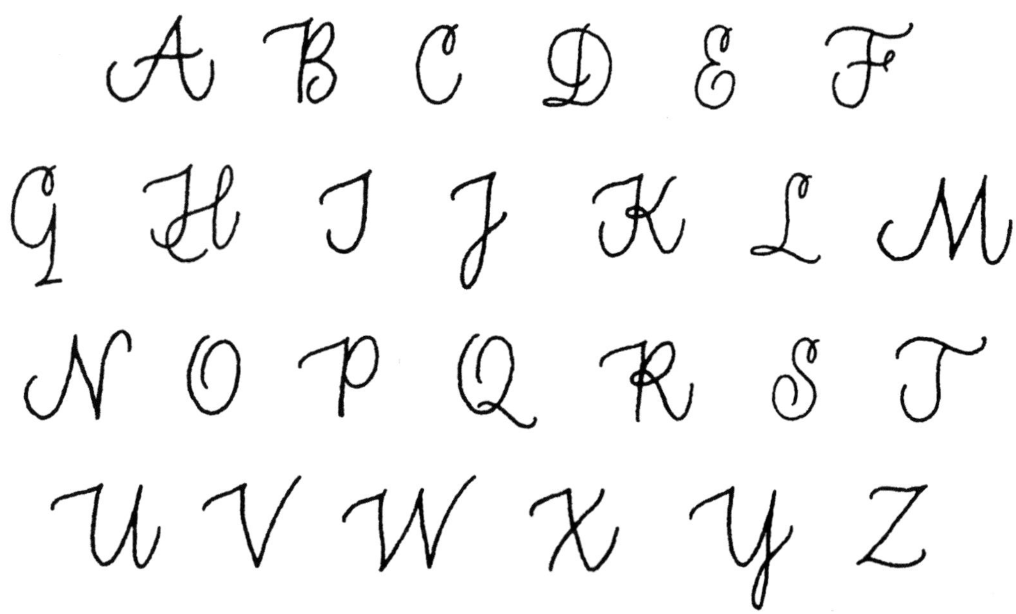

KLEINBUCHSTABEN – MONOLINE SCRIPT

i · n · m · u · v · w

Beginne bei diesen Buchstaben mit einem leicht gebogenen Aufstrich. Beim i ist der zweite Strich ein Bogen. Bei n und m kannst du gleich gerade wieder nach unten gehen und die Bögen anhängen. Damit dir die Tinte nicht verläuft, empfehle ich beim m nach dem ersten Bogen abzusetzen. Bei u, v und w fügst du nach dem Aufstrich gleich wieder eine Bogenform an. Im Falle des u und w kommt dann noch ein Bogen dazu, beim v nur der kleine Verbindungsstrich, den du auch beim w am Schluss noch hinzufügst.

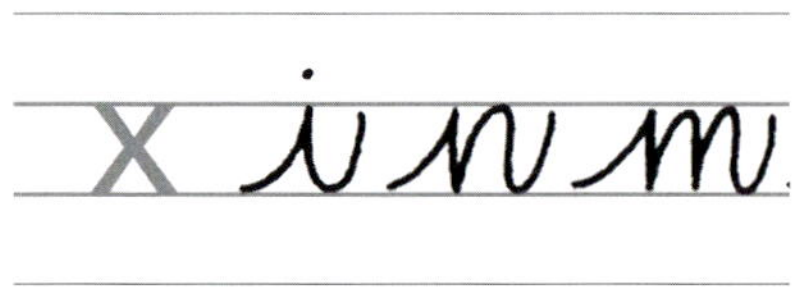

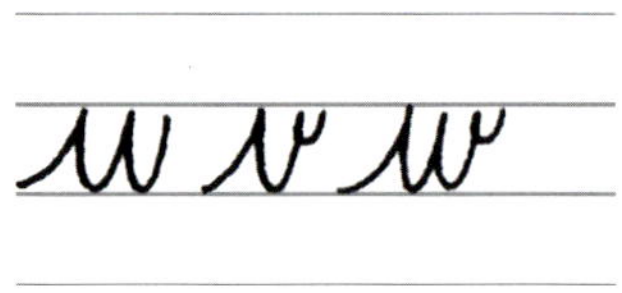

l · b · h · k · f

Beginne bei diesen Buchstaben mit einem Aufstrich, der, an der k-Linie angekommen, als Abstrich an die Grundlinie geführt wird. Beim l beendest du den Strich in einem Bogen an der Mittellinie.

Das b schreibst du wie das l, fügst aber noch eine zusätzliche Schlaufe hinzu.

Für das h schreibe ein l, stoppe aber an der Grundlinie. Führe dann einen Bogen wie beim n über die x-Höhe.

Beim k stoppst du an der Grundlinie und fügst das Auge – die Schlaufe – hinzu. Diese Schlaufe ist etwas größer als der finale Abstrich.

Fülle beim f die komplette Ober- und Unterlänge aus. Achte darauf, dass die beiden Bögen am Anfang und Ende des Buchstabens ausgeglichen sind. An der Mittellinie führst du einen ganz zart geschwungenen Strich als Querstrich durch den Buchstaben und beendest ihn mit einer kleinen Schlaufe, die unterhalb des oberen Bogens endet.

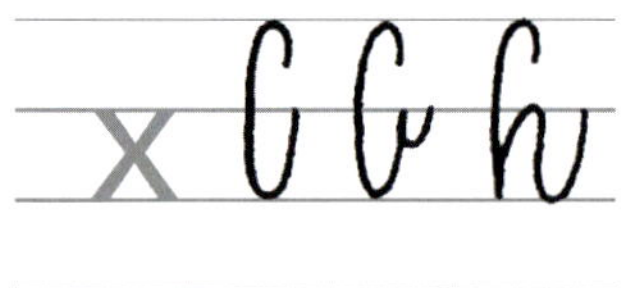

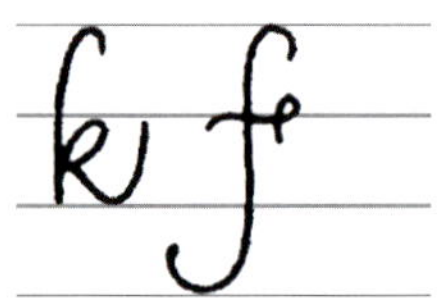

j · g · q · y · p

Das j und das y besitzen die gleiche Unterlänge. Beginne beim j wie beim i, beim y wie beim u. Dann führst du die Striche bis zur untersten Linie und dann in einem konvexen Bogen wieder nach oben. Diese Striche kreuzen die Abstriche an der Grundlinie.

g und q beginnen mit einem Oval. Beim g setzt du an das Oval oben rechts noch einen kleinen, gebogenen Strich an. Die Unterlänge beginnt hier bereits über der Grundlinie: Folge der Form des Ovals mit ein wenig Abstand. Wenn du an der Grundlinie angekommen bist, gehe in einem konkaven Bogen nach unten, konvex wieder zur Grundlinie, wo du den Abstrich kreuzt.

Beim p fügst du an den Abstrich (der nicht ganz bis zur p-Linie geht) ein Oval an, von dem aus du auch weiterschreibst.

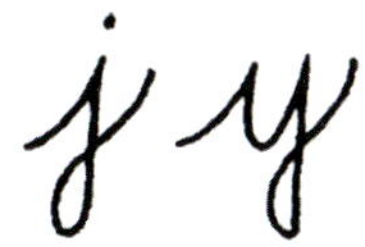

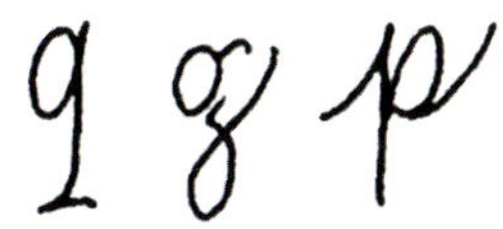

r · s · z · e · x

Beginne beim r mit einem Bogen und Abstrich wie beim i. Führe die Feder dann wieder zur Mittellinie, wo du den Buchstaben mit einem kleinen Bogen beendest.

Denke beim s an die Form einer 8 mit auslaufendem Anfangs- und Endschwung. Das z schreibst du in einem Zug: Beginne wie bei einer liegenden 8, anstatt diese zu schließen, kommst du diagonal zur Grundlinie, wo du wieder eine offene, liegende 8 anfügst.

Das e wird wie unser Schulschrift-e geformt.

Beim x schreibst du erst eine Zickzack-Linie, die du anschließend kreuzt.

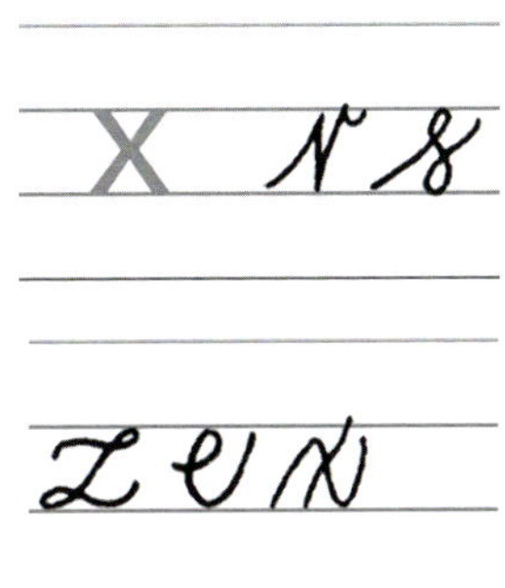

t · d · o · a · c

Schreibe das t wie ein i, nur länger – aber nicht ganz bis zur k-Linie. Der Querstrich sitzt bei ⅓ der Oberlänge.

Die Buchstaben d, o und a beginnen alle mit einem Oval. Beim d fügst du denselben Abstrich an wie beim t; beim a denselben in kurz. Das o hat den gleichen Verbindungsstrich wie v und w. Das c ist ein offenes Oval, bei dem du innen noch einen Punkt hineinsetzen kannst.

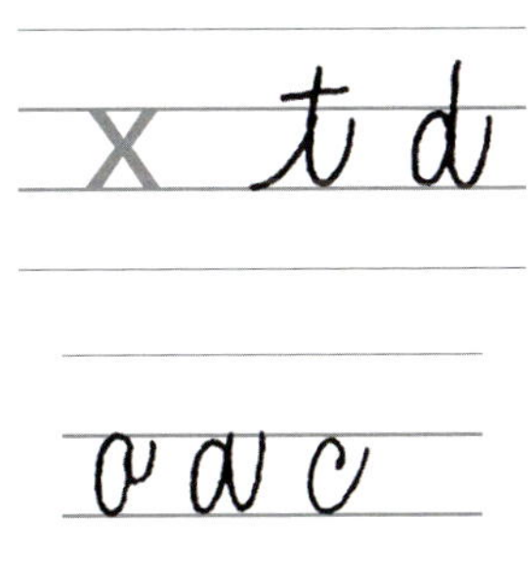

GROSSBUCHSTABEN – MONOLINE SCRIPT

T · F · P · R · B

Beginne bei T und F mit dem Stamm (Grundstrich 6). Füge dann leicht gebogen das Dach der Buchstaben hinzu – denke dabei an eine liegende 8, damit der Strich nicht zu sehr gebogen wird. Beim F fügst du dann noch denselben Querstrich wie beim kleinen f hinzu.

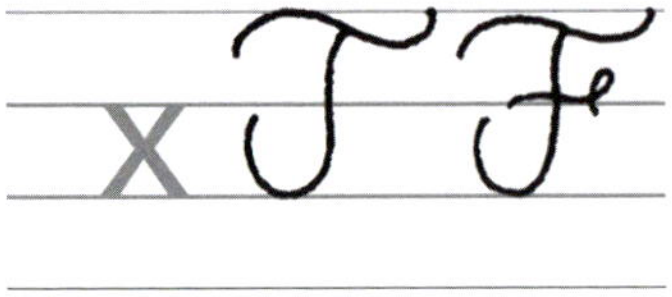

Das P ist ein gerader Abstrich mit Fähnchen. Füge daran ein Oval, das bis unter die Mittellinie geht.

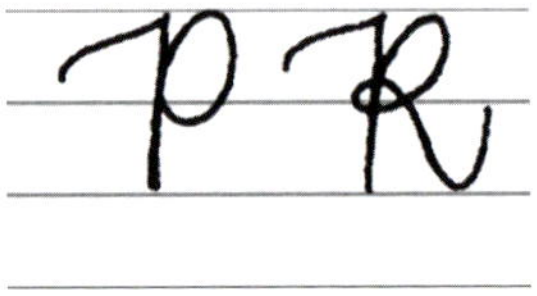

Bei R und B ist der erste Strich jeweils der Stamm mit Fähnchen – experimentiere hier ruhig mit dem Winkel des Fähnchens und dem Bogen am unteren Stamm-Ende. Das R beginnt mit einem kleineren Oval als das P, das in eine Schlaufe und schließlich in das „Bein" übergeht.

Beim B ist das obere Oval noch einmal kleiner. Damit es mit den beiden Ovalen nicht zu eng wird, gibt es hier keine Schlaufe dazwischen.

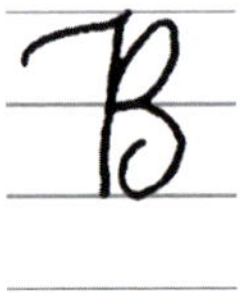

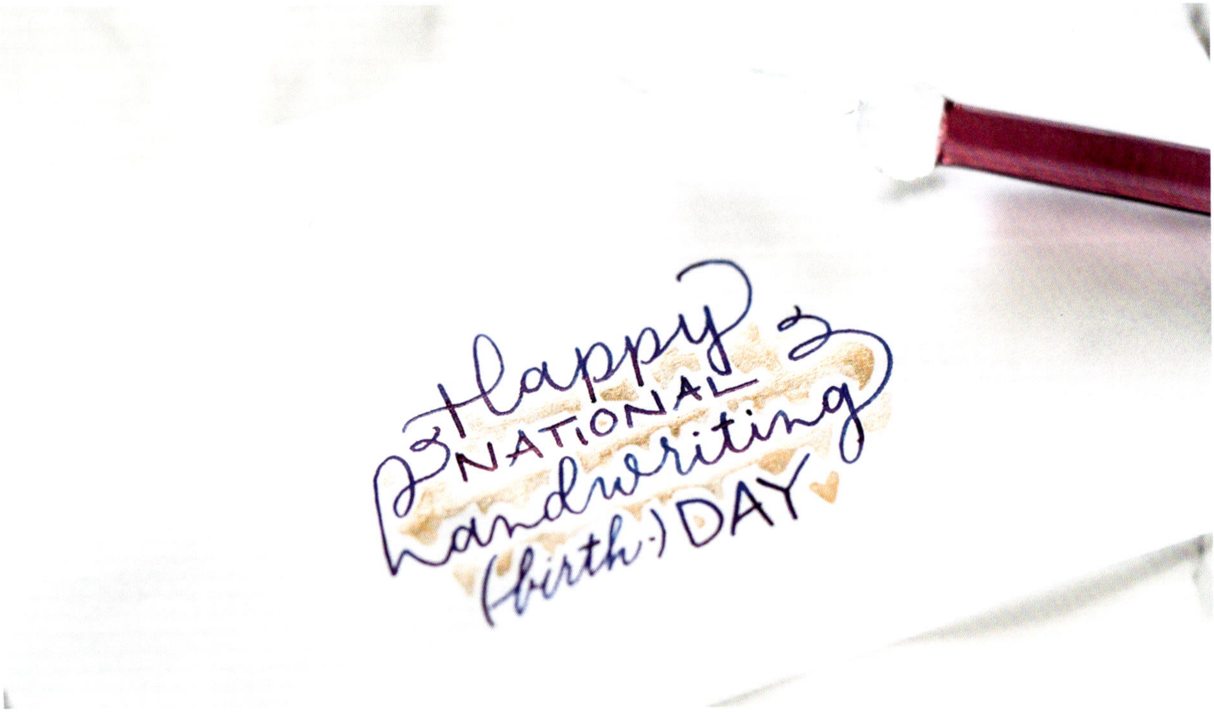

H · K · X

H und K beginnen beide mit einem Stamm mit Fähnchen. Für das H setzt du unterhalb der Grundlinie wieder an und führst die Feder nach oben. Dieser Strich wandert nach rechts, um etwa auf der Mittellinie den Stamm zu kreuzen, und dann weiter bis zur k-Linie, wo er in einer Schlaufe gerade nach unten geführt wird, um den Buchstaben zu vervollständigen.
Setze beim K an der k-Linie wieder an und schreibe einen schrägen Abstrich, der in eine Schlaufe auf der Mittellinie übergeht, bevor der Buchstabe endet.

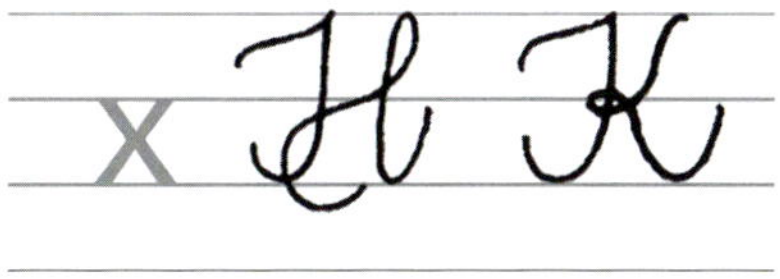

Beim X beginnst du mit einem Fähnchen, den Abstrich führst du aber nach rechts unten und wieder auf die Mittellinie. Kreuze anschließend mit einer schrägen Linie.

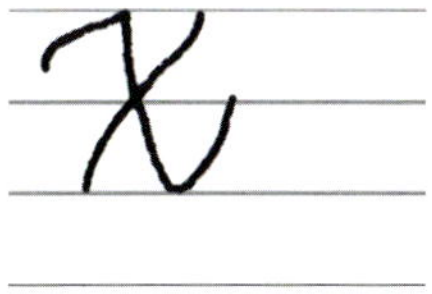

O · Q · C · G

Für das O und Q schreibst du ein Oval, das du nicht schließt, sondern offen lässt. Beim Q kommt noch ein gebogener (denk wieder an die liegende 8) Strich an die Grundlinie.

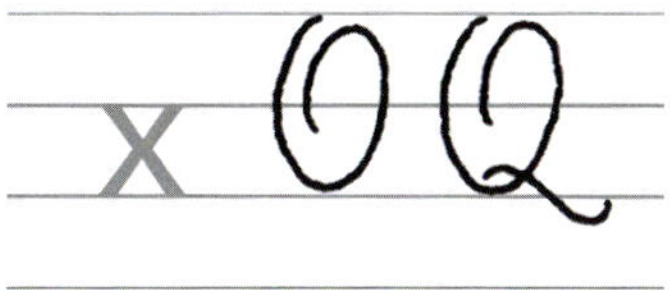

C und G beginnen mit einem kleinen vertikalen Oval, welches in ein großes halbes Oval übergeht. Beende das C knapp unter der Mittellinie, beim G fügst du noch einen Abstrich hinzu, der wie beim kleinen q auf der p-Linie sitzt.

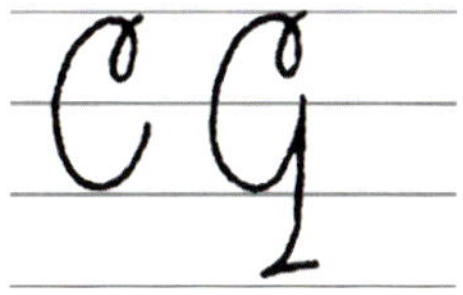

I

Auf ein etwas weiter eingedrehtes Fähnchen folgt der Abstrich, bei dem der Buchstabe in einen Stamm-Strich übergeht. Am Ende kannst du ein Pünktchen anfügen. Achtung – es liegt nicht mittig auf dem Strich, sondern innen!

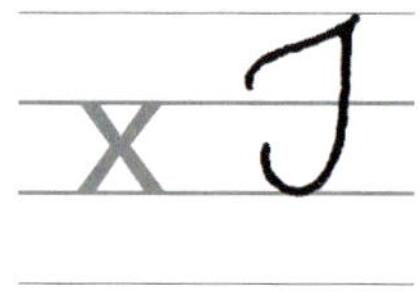

J

Beginne mit derselben Strichabfolge wie beim I, aber lass den schrägen Abstrich bis über die Unterlänge gleiten. Beim Aufstrich kannst du den Abstrich etwas über der Grundlinie kreuzen. Bei anderen Alphabeten würde er auf der Grundlinie kreuzen, da dieses Alphabet aber ohnehin eine kurze Unterlänge hat, ist diese Art eleganter.

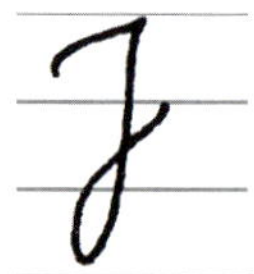

U · Y · V · W

Beginne beim **U** mit einem Fähnchen, das in einen Bogen übergeht. Wie beim kleinen u überdeckt der finale Abstrich den dünnen Strich.

Das **Y** wird geformt wie das U, nur dass du den Abstrich als Unterlänge fortsetzt. Kreuze anschließend etwas über der Grundlinie.

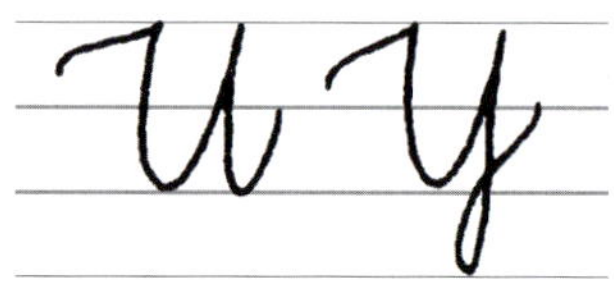

Ein Fähnchen geht beim **V** in einen leicht schrägen Abstrich nach rechts über. Dann führst du die Feder gleich wieder nach oben rechts.

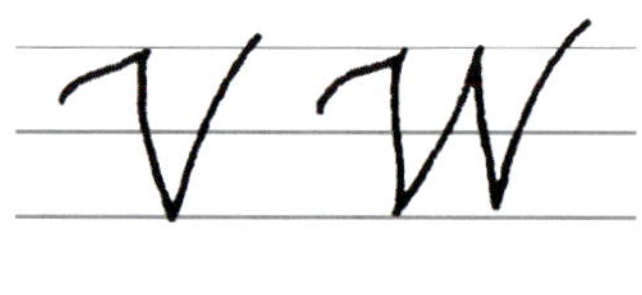

Beim **W** sind die Striche näher beisammen als beim V. Damit der Buchstabe nicht zu breit wird, ist der Winkel zueinander auch enger.

M · N · A

Beginne für das **M** an der Mittellinie, führe den Strich nach unten und leicht nach rechts geneigt wieder nach oben. Der Abstrich biegt sich leicht. Wiederhole dann diese Abfolge.

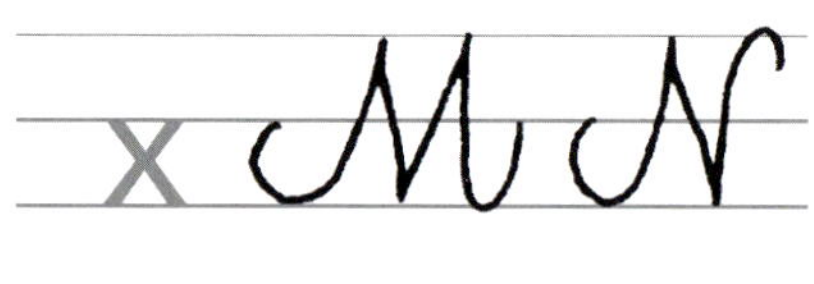

Das **N** beginnt wie das M, der Abstand zwischen dem ersten Abstrich und dem schrägen Aufstrich ist aber größer. Der zweite Aufstrich ist gerade.

Achte beim **A** darauf, genug Abstand zwischen Auf- und Abstrich zu lassen, sodass die beiden Striche oben nicht ineinanderverlaufen.

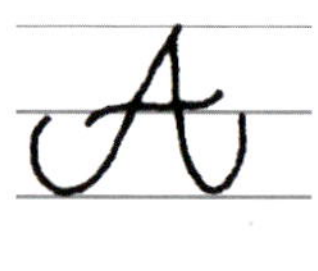

L · D · E · S · Z

Beginne beim **L** mit einem kleinen Oval, das in den Stamm übergeht. Auf der Grundlinie liegt ein waagrechtes Oval. Beende den Buchstaben unter der Grundlinie.

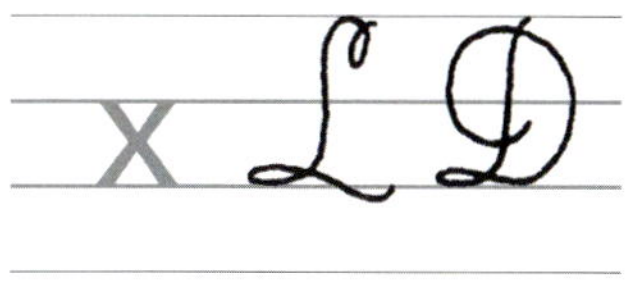

Beginne beim **D** mit der Abfolge Stamm – liegendes Oval auf der Grundlinie – Aufstrich nach oben. An der k-Linie holst du nach links aus. Den Abstrich führst du unter der Mittellinie durch den Stamm. Achte darauf, dass die linke Seite auch schön oval ist.

Setze beim **E** zwei Ovale zusammen. Du kannst sie auch mit einer Schlaufe verbinden. Wiederhole zum Schluss die Oval-Form.

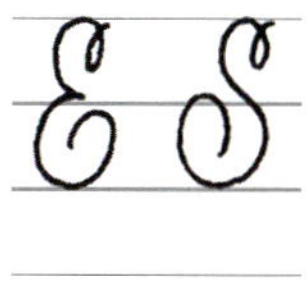

Das **S** beginnt knapp unter der k-Linie. Führe den Abstrich nach rechts, sodass das zweite Oval, das in die Gegenrichtung verläuft, auf derselben Achse beginnt wie das erste. Anschließend führst du den Strich nach oben und in einer Wiederholung der Ovalform wieder nach unten.

Beim **Z** ist die Strichabfolge eine zart gebogene Waagrechte, dann ein Abstrich nach links unten und eine Wiederholung des ersten Striches.

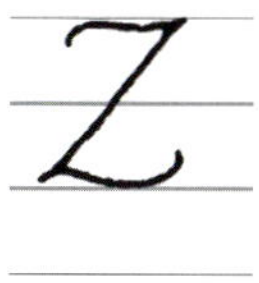

ZAHLEN UND SONDERZEICHEN

Die Zahlen und Sonderzeichen sind relativ simpel und sollten leicht nachvollziehbar sein.

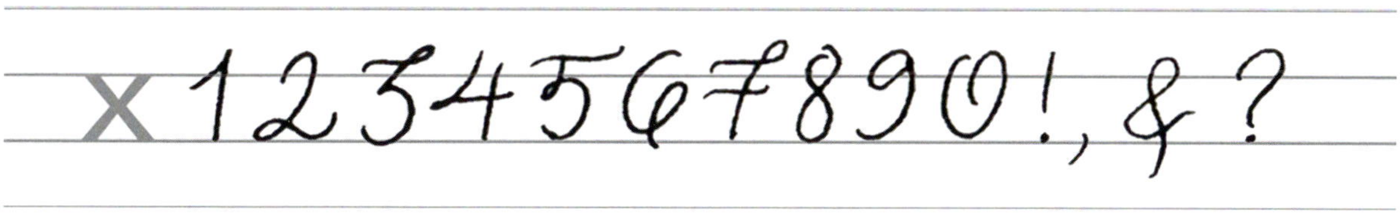

IN DIESEM KAPITEL:

COLAFEDER

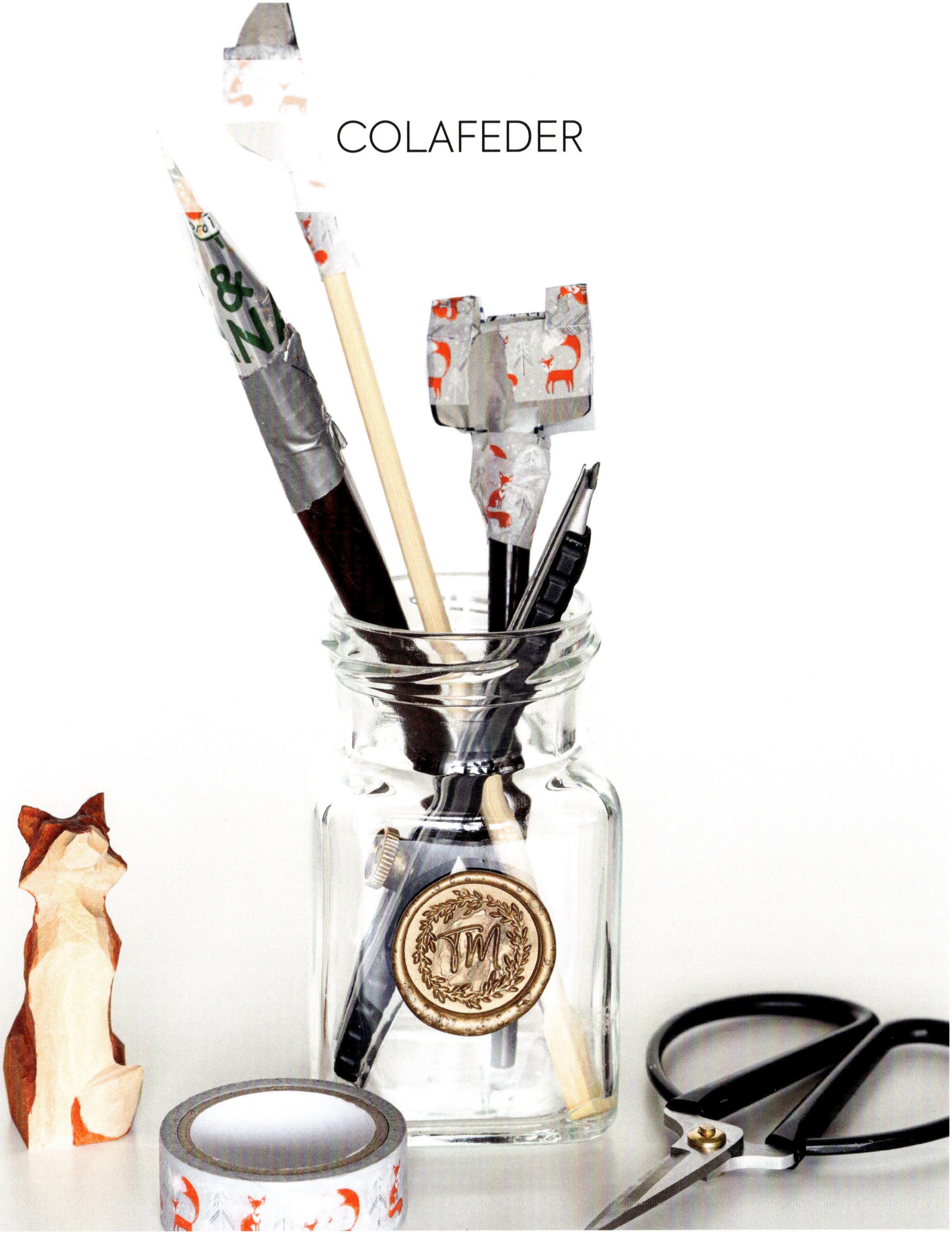

ÜBER DIE COLAFEDER

Die Colafeder, auf englisch auch „Cola Pen" oder „Folding Pen" genannt, ist eine Abwandlung der Ziehfeder oder des Ruling Pen. Man könnte ihn auch als deren Low-Budget-Version bezeichnen.

MATERIAL

Für den Bau der Colafeder brauchst du:

- Alten Bleistift, Essstäbchen, günstigen Federhalter oder ähnliches Stäbchen
- Leere Getränkedose oder dünne Blechplatte aus Aluminium oder Messing
- Schere
- Bleistift
- (Permanent)Marker
- Cutter (Du wirst Metall schneiden, daher sollte die Klinge scharf sein.)
- Ein stärkeres Blatt Papier (Dieses brauchst du für die Schablone.)
- Klebeband (Gaffertape oder hübsches Washi-Tape – es geht hauptsächlich um die Funktionalität.)
- Schneidmatte oder andere Unterlage zum Schneiden

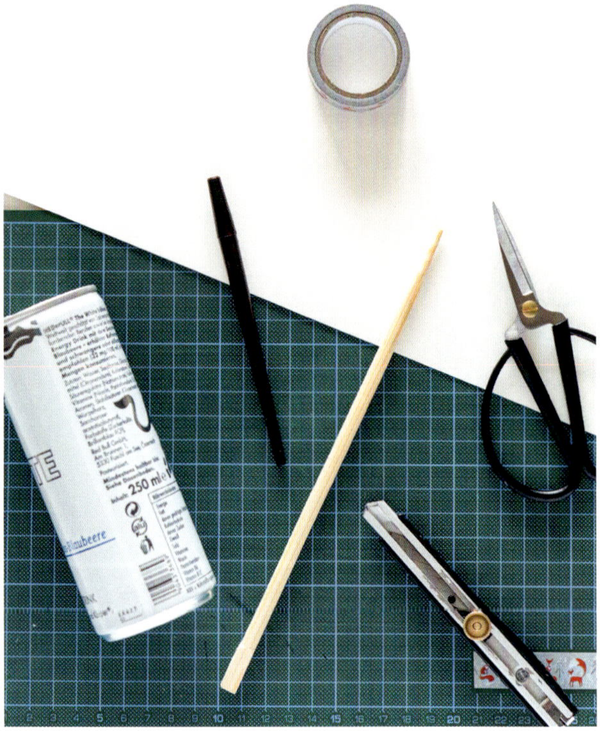

Für das Schreiben mit dem Cola Pen brauchst du:

Papier

Für das Schreiben mit dem Cola Pen empfehle ich ein stärkeres Papier, z. B. Aquarellpapier. Je nachdem welchen Effekt du erzielen möchtest, kannst du hier satiniertes oder gekörntes Papier verwenden. Bei Papier mit Körnung wird die Feder mehr über das Papier springen als bei glattem.

Tinte

Du wirst viel Tinte verbrauchen, daher empfehle ich dir gleich größere Flaschen zu nehmen. Flüssige Aquarellfarbe, Schreib- und Zeichentinte sind gut geeignet. Sehr gut ist auch Walnusstinte, die in Granulatform erhältlich und sehr ergiebig ist.

Zwei kleine Gefäße

Die meisten Tintenfässer sind zu schmal, um eine Colafeder darin einzutauchen. Es empfielt sich daher, sie umzufüllen. Ein Eierbecher oder ein kleines Schälchen sind ausreichend. In das zweite Gefäß füllst du Wasser.

COLAFEDER SELBST HERSTELLEN

Wenn du alle Materialien beisammen hast, kannst du mit dem Bau des Stiftes beginnen.

1. Falls du eine Getränkedose verwendest, wasch sie gut aus. Lege sie danach auf deine Schneidematte und schneide vorsichtig die beiden Enden ab. Diese brauchst du nicht mehr.

2. Schneide die Metallrolle jetzt einmal durch, sodass du ein durchgehendes Stück hast. Streiche es so gerade wie möglich. Es hilft, wenn du es einmal zusammenknickst und noch einmal in zwei Teile schneidest.

3. Zeichne dir eine Schablone für die Feder auf dem Papier vor. Beginne mit einem Rechteck von 5 x 4cm und nimm davon zwei Teile weg, wie auf dem Foto zu sehen.

4. Schneide diese Schablone aus, lege sie auf das Blech und ziehe die Form mit dem Marker nach. Schneide sie dann aus dem Metall aus. Sei dabei vorsichtig!

Weiter auf S. 126 →

1

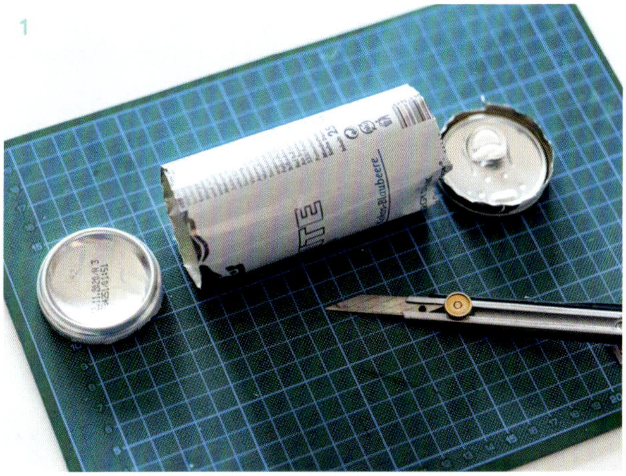

2

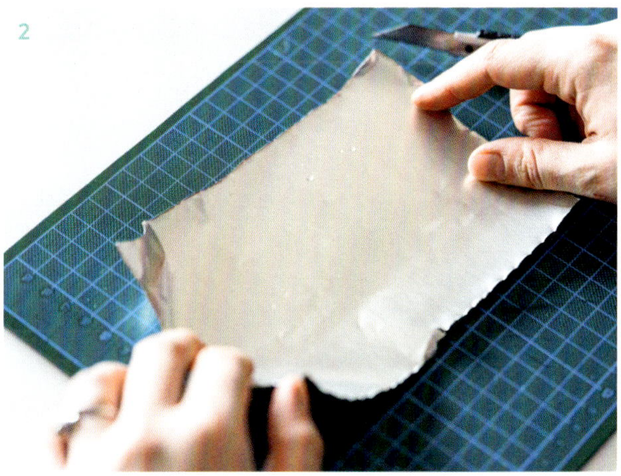

3

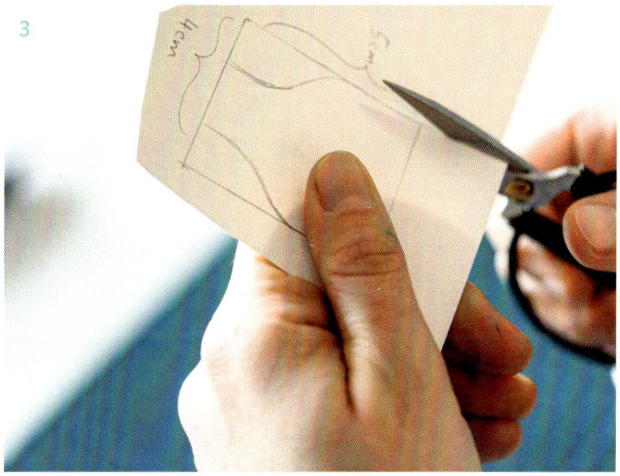

4

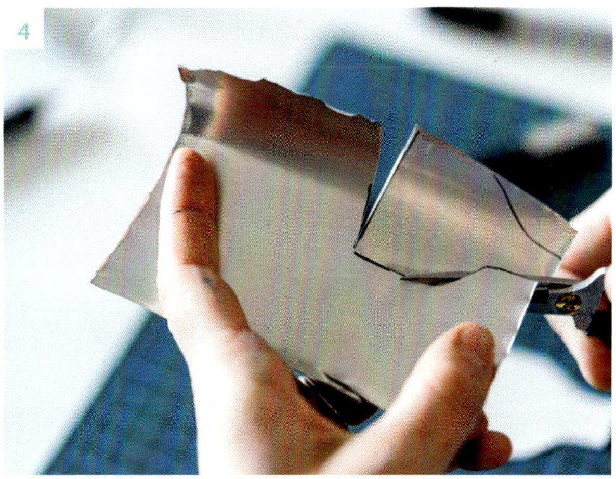

5. Drücke diese Feder dann in der Mitte zusammen. Der schmalere Teil wird später am Stäbchen, Federhalter oder Bleistift befestigt. Schneide das Blech ruhig ein wenig ein, damit es sich leichter befestigen lässt.

6. Jetzt kommt der wichtigste Teil: Der Zuschnitt der Feder. Schneide sie schön rund ab und achte darauf, dass die Spitze nicht zu klein wird – es soll noch Tinte herausfließen.

7. Jetzt wird die Feder am Stäbchen befestigt. Umwickle den schmalen Teil und das Stäbchen mit Klebeband, bis es hält. Klebe dann noch die beiden Seiten der Feder mit ein wenig Klebeband zusammen, damit die Feder sich beim Schreiben nicht zu sehr biegt. Fertig ist deine Colafeder!

5

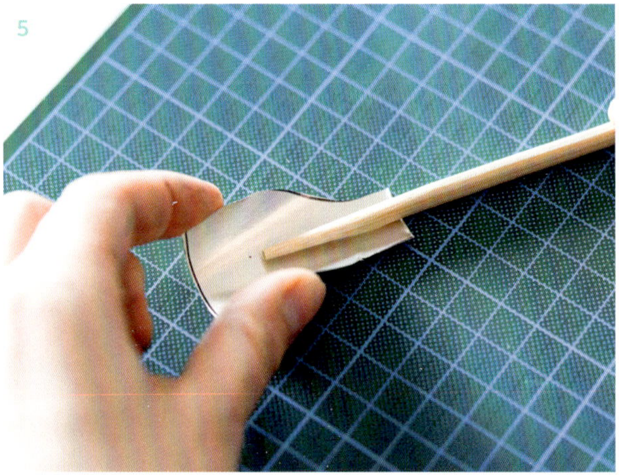

7

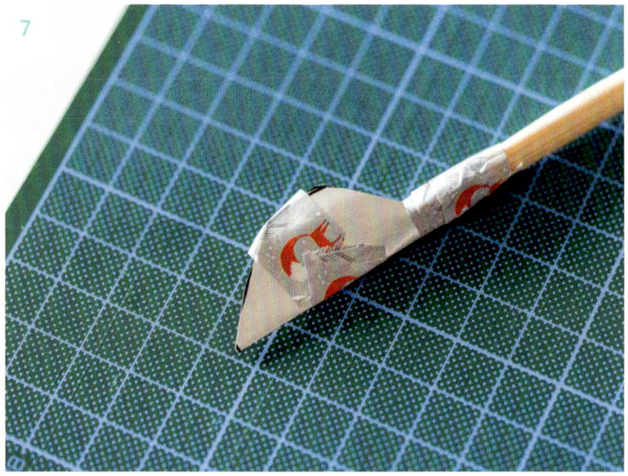

6

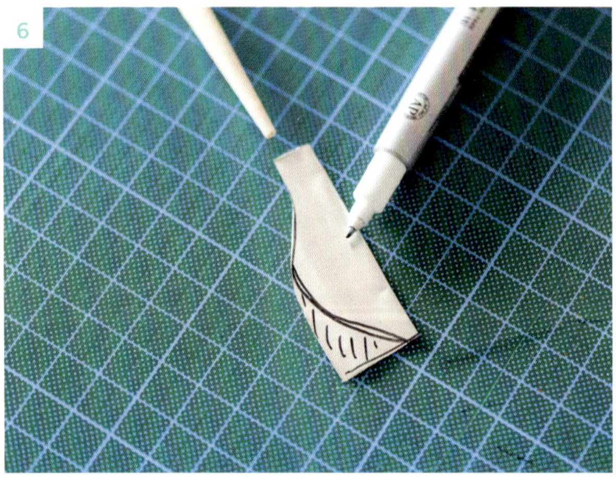

HANDHABUNG DER COLAFEDER

Die Colafeder ist ein sehr ausdrucksstarkes Werkzeug, und die Resultate sind nicht immer zu hundert Prozent vorhersehbar. Folgende Parameter kannst du beeinflussen, um dein gewünschtes Schriftbild zu erzielen:

STIFTHALTUNG UND STRICHRICHTUNG

Die einfachste Methode, um mit der Colafeder zu schreiben, ist folgende: Halte die Feder horizontal (parallel zur Unterkante des Papiers) für Abstriche und vertikal für Querstriche. Im Gegensatz zu anderen kalligrafischen Alphabeten drehst du dein Handgelenk beim Schreiben mit der Colafeder, um den Winkel zu erreichen. So kannst du die Feder am einfachsten kontrollieren.

STRICHRICHTUNG

Für unvorhersehbarere Ergebnisse drehe die Schreibrichtung um. Versuche, dicke Striche nach oben und dünne Striche nach unten entstehen zu lassen.

KANTENSCHÄRFE

Gerade die „kratzige" Führung kann seinen Reiz haben, wenn die Feder am Papier hängen bleibt und so Spritzer und spannende Ausreißer auf dem Papier erzeugt. Du kannst die Kanten deiner Feder aber auch mit Sandpapier abschleifen, um sie so leichter über das Papier zu führen.

GESCHWINDIGKEIT

Je schneller du die Feder über das Papier führst, desto unberechenbarer wird der Strich. Es können Spritzer und ausgerissene Kanten entstehen, was die Schrift besonders dynamisch erscheinen lässt

TINTENMENGE

Auch die Tintenmenge hat eine Auswirkung auf dein Schriftbild. Nimmst du z.B. weniger Tinte auf, können interessante Effekte durch Aussparungen entstehen.

TINTENKONSISTENZ

Je flüssiger die Tinte ist, desto besser fließt sie aus der Feder. Mit nicht deckenden Tinten lassen sich so sehr schöne Schattierungen erzielen. Bei dickflüssigeren Tinten oder z.B. Gouache können Aussparungen entstehen, die dann einen dreidimensionalen Effekt haben können.

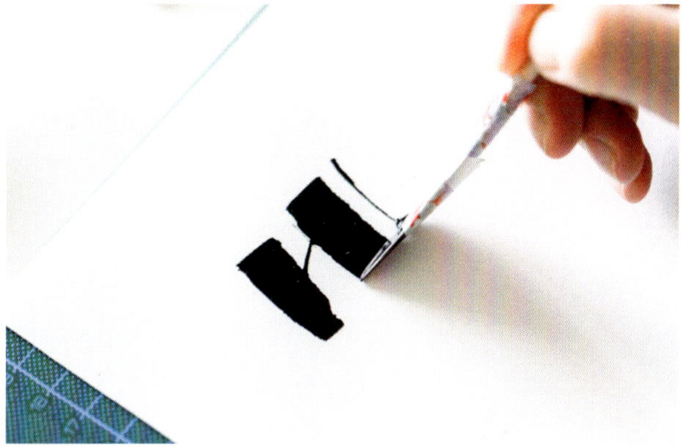

Wenn du die Breitseite des Pen komplett auf das Papier auflegst, entstehen dicke Striche.

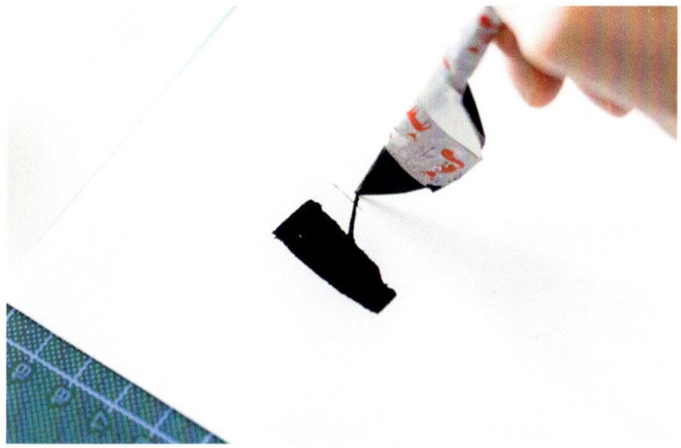

Wenn du nur die Spitze aufsetzt, entstehen dünne Striche.

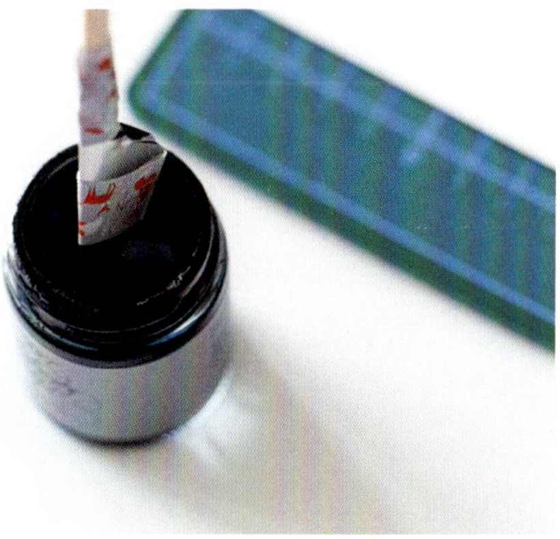

Je nachdem wie tief du die Feder in die Tinte tauchst, entstehen verschiedene Effekte.

FORM DER SPITZE

Besitzt die Spitze eine kleinere Öffnung, fließt weniger Tinte aus der Feder, ebenso wenn die beiden Seiten enger zusammenstehen. Bei größeren Öffnungen fließt mehr Tinte aus der Feder. Die Effekte sind hier ähnlich wie bei Tintenmenge und -konsistenz.

REINIGUNG

Tauche die Feder tief in Wasser und bewege sie dort, als würdest du einen Pinsel auswaschen. Lass die Feder anschließend auf ein Maltuch tropfen und lege sie zum Trocknen bereit.

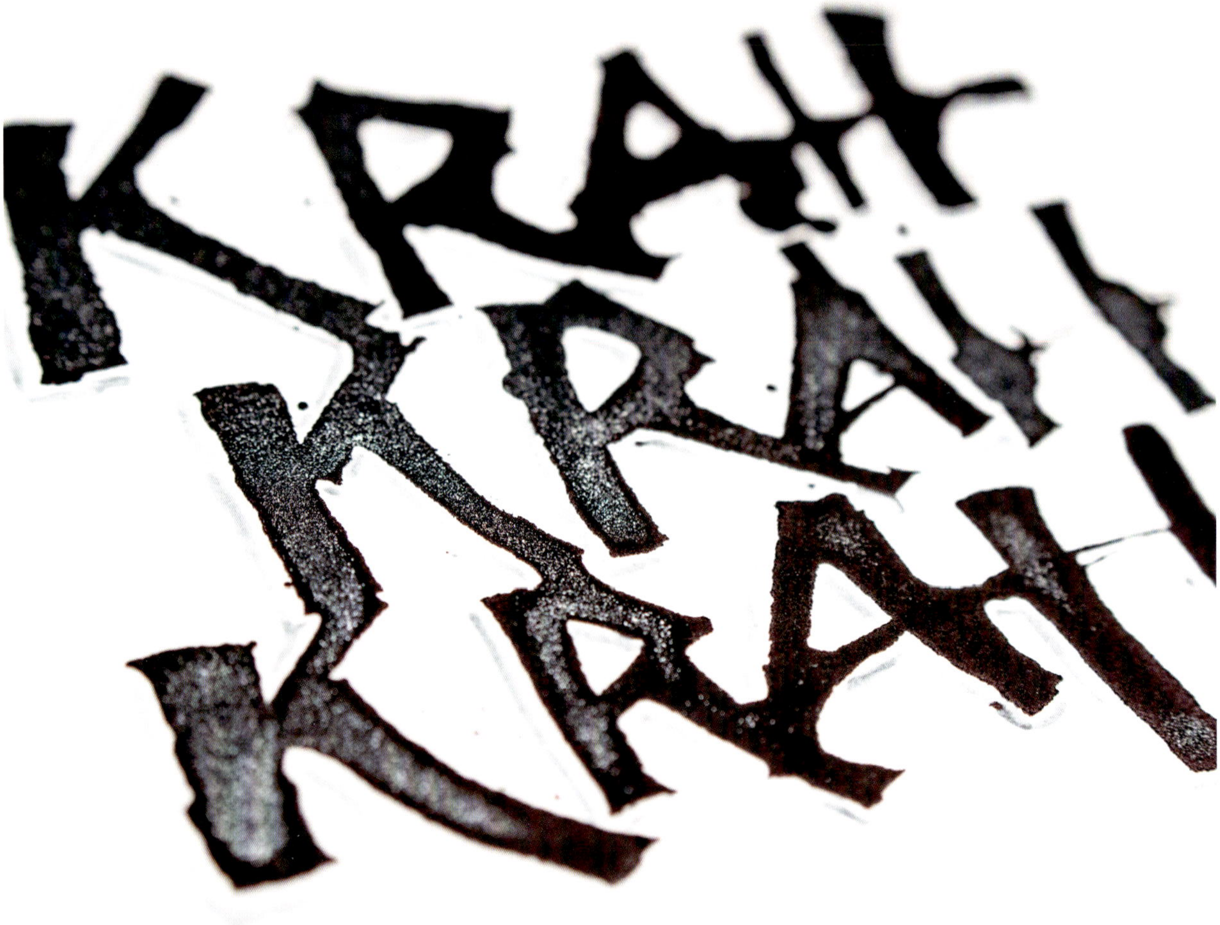

Bei diesem Bild habe ich in die noch nasse schwarze Tinte eine silberne Tinte hineingetropft, um den schimmernden Effekt zu erzielen.

COLAFEDER-ALPHABET

Ziehe die Feder nach rechts und anschließend mit gesamter Auflagefläche nach unten.

Ziehe die Feder voll aufliegend nach unten und ohne den Federwinkel zu verändern nach rechts.

Ziehe die Feder nach links und anschließend mit gesamter Auflagefläche nach unten.

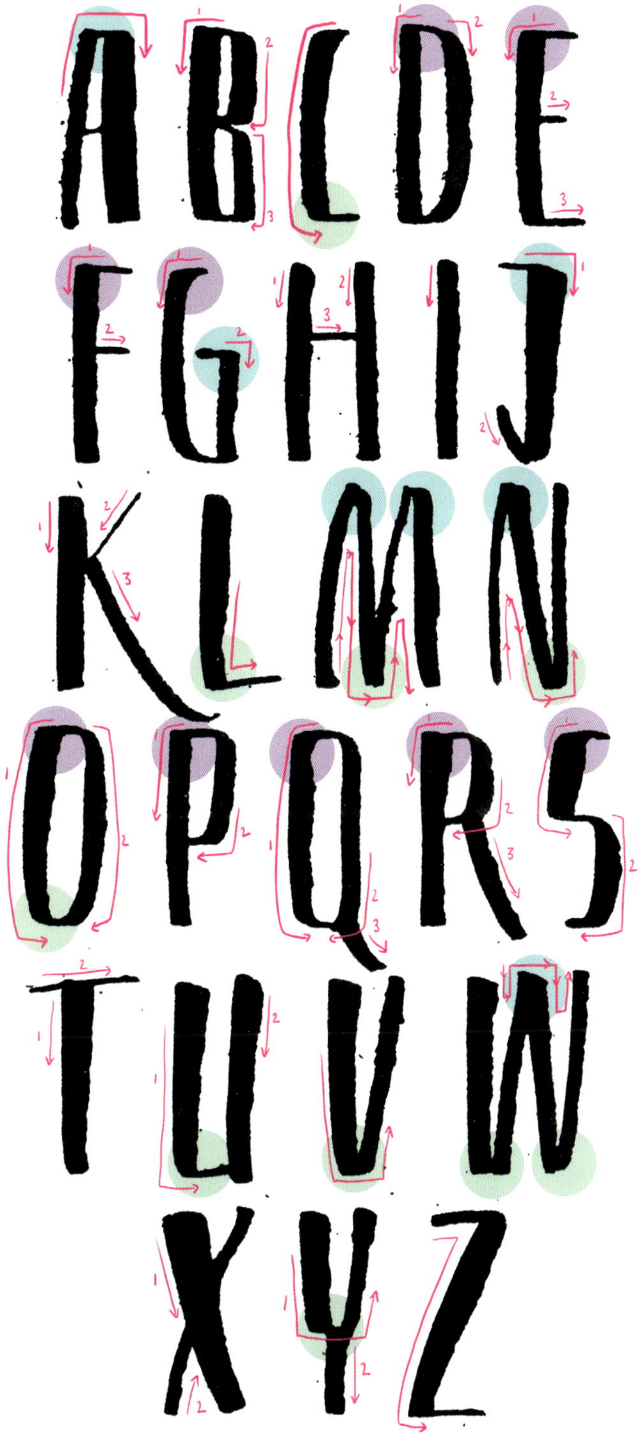

GRUNDSTRICHE

Das Colafeder-Alphabet ist relativ simpel, daher habe ich es in Grundstriche unterteilt, statt jeden Buchstaben einzeln zu beschreiben. Es ist somit kein fix vorgegebenes Alphabet, sondern eher ein Vorschlag. Ich habe bewusst einfache Formen gewählt. Die Buchstaben hier sind 3cm groß.

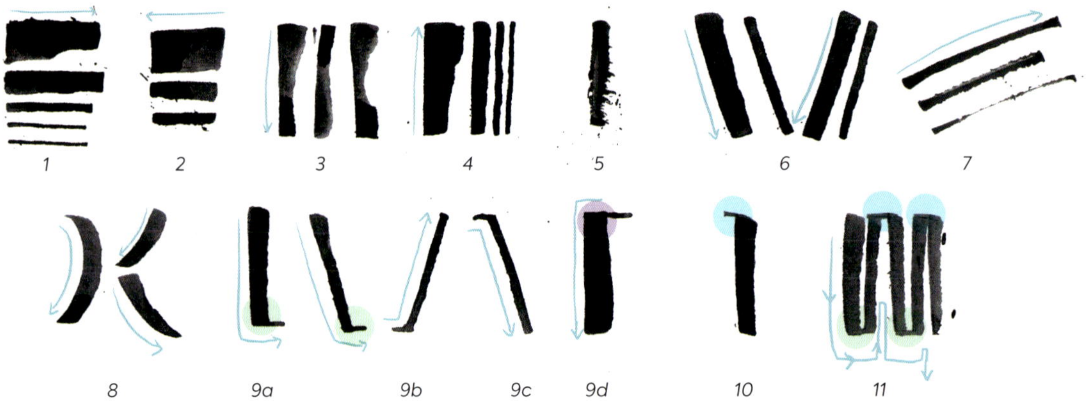

Grundstriche 1 und 2

Mach dich zuerst einmal mit deinem Werkzeug vertraut. Ziehe waagrechte Striche von links nach rechts (1) und von rechts nach links (2). Ändere dabei den Winkel zum Papier und lege die Feder einmal mehr und einmal weniger auf dem Papier auf. Versuche auch, während du schreibst, die Auflagefläche zu variieren, und beobachte, wie sich die Linie dabei verändert

Grundstriche 3 und 4

Probiere das Ganze auch von oben nach unten (3) und umgekehrt (4). Du wirst feststellen: Es ist leichter, die Feder abwärts zu führen. Deshalb wirst du die meisten Striche auch von oben nach unten durchführen. Wenn du die Feder steil aufrichtest und nur mit der Spitze schreibst, sollten auch Striche von unten nach oben leicht von der Hand gehen.

Grundstrich 5

Versuche auch, die Schreibgeschwindigkeit zu verändern. Vielleicht spritzt dabei Tinte aus der Feder – das belebt das Schriftbild noch mehr.

Grundstriche 6 und 7

Schreibe auch Diagonale (6 und 7) in verschiedenen Richtungen und Geschwindigkeiten.

Grundstrich 8

Rundungen sind die größte Herausforderung. Bei diesen ist Fingerspitzengefühl gefragt, drücke hier nicht zu fest auf.

Grundstriche 9a–9d

Gehe für die Übungen 9a–9d in Pfeilrichtung vor. Behalte den Federwinkel bei und bewege die Hand mit der Feder, ohne sie dabei zu drehen.

Grundstrich 10

Halte für diesen Strich die Feder parallel zur Unterkante deines Blattes. Lege die Feder auf und zieh sie nach rechts. Anschließend führst du sie parallel zur rechten Blattkante nach unten. Genauso verfährst du auch mit den Elementen im Alphabet, die blau gekennzeichnet sind. Oft ist vor diesem Strich auch ein Aufstrich zu finden.

Grundstrich 11

Bei diesem Grundstrich habe ich die Bereiche hervorgehoben, die ich auch beim Alphabet gekennzeichnet habe. So kannst du direkt sehen, wo diese Elemente vorkommen.

TIPP: Wenn du mit dem Werkzeug vertraut bist, kannst du versuchen, in die Extreme zu gehen und die Buchstaben z.B. so dick wie möglich zu machen.

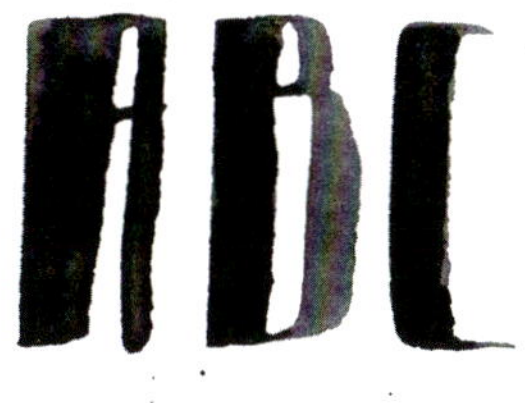

ZAHLEN UND SONDERZEICHEN

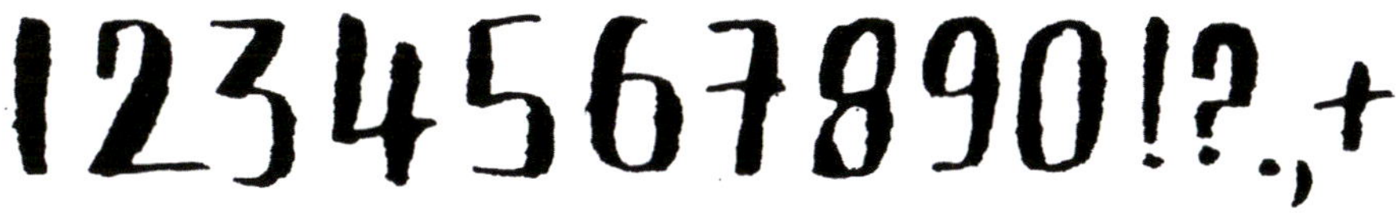

Bei den Zahlen und Sonderzeichen hältst du dich an dieselben Prinzipien wie bei den Buchstaben. Auch hier finden sich die Elemente der Grundstriche wieder.

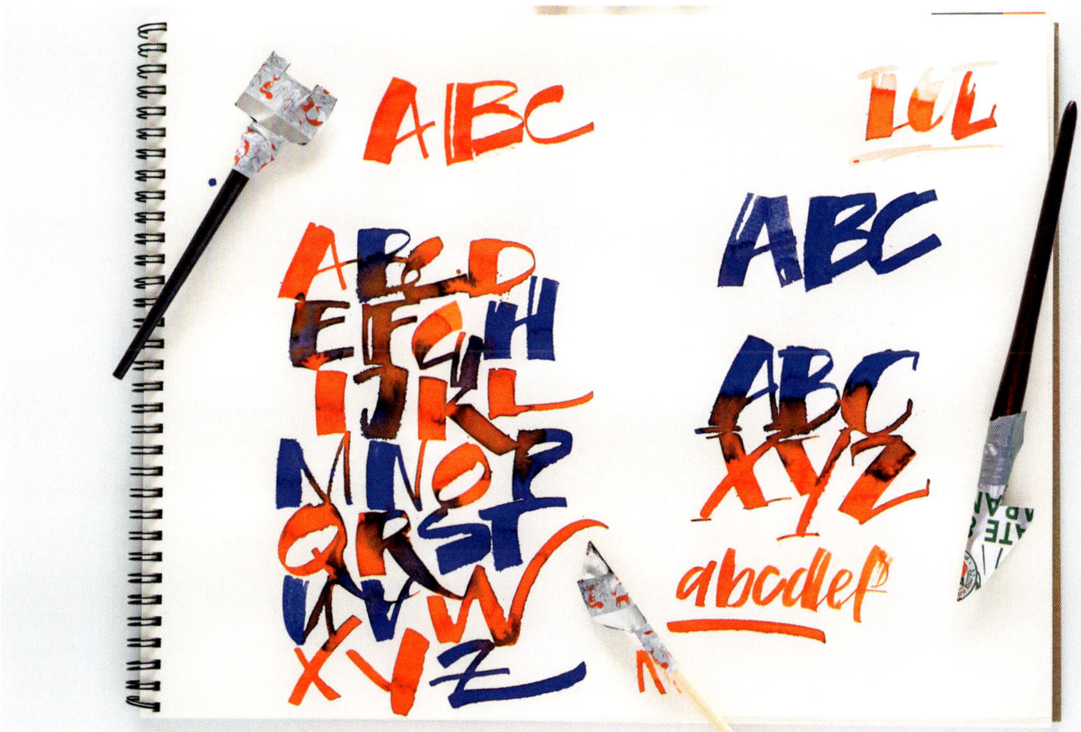

IN DIESEM KAPITEL:

MIX AND MATCH

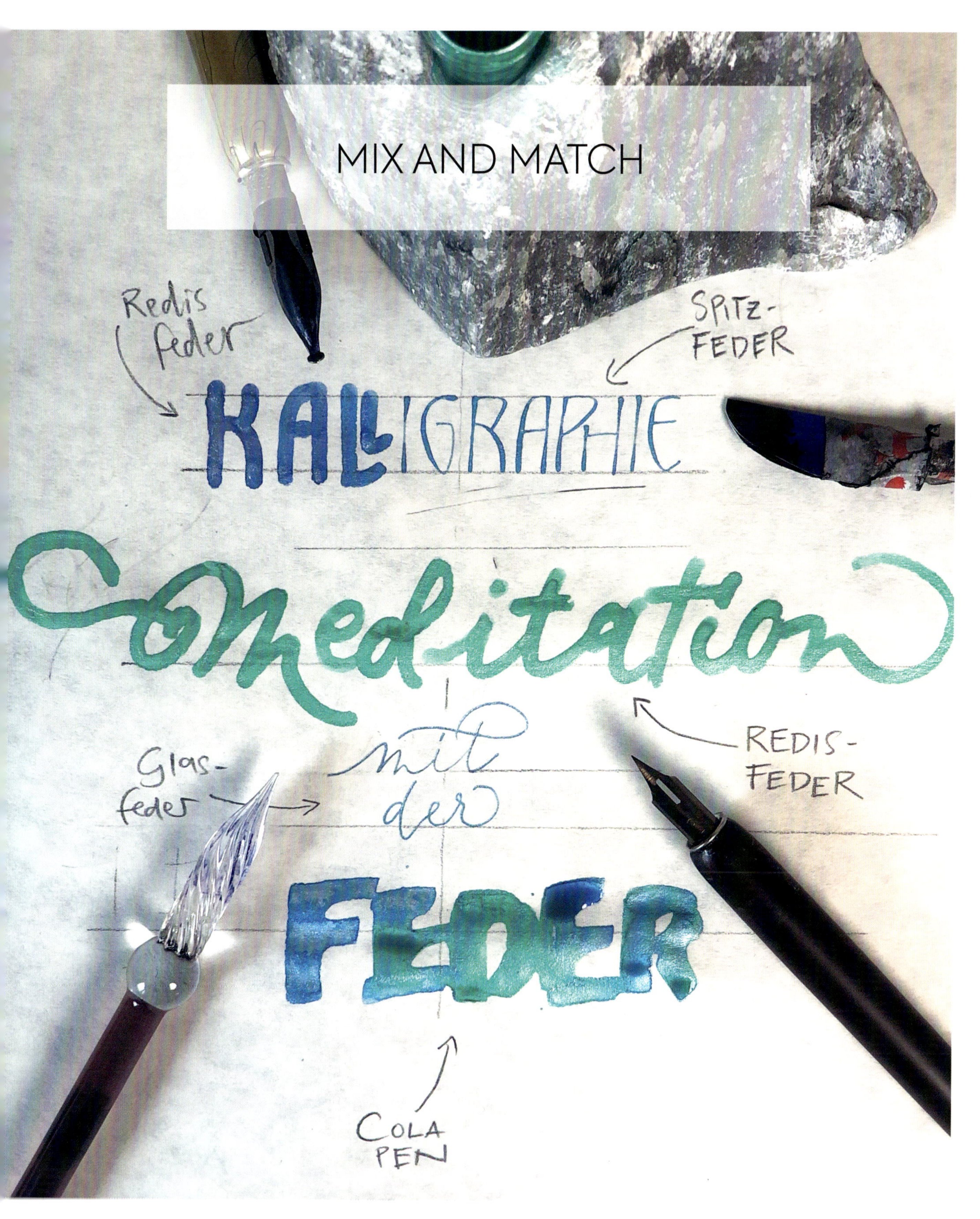

WEITERE VARIATIONEN

Nachdem du jetzt die Handhabung mit verschiedenen Werkzeugen und auch einige Alphabete kennengelernt hast, kannst du damit beginnen, diese zu variieren und die Werkzeuge untereinander auszutauschen. Bei manchen Werkzeugen funktioniert das besser als bei anderen. Schreibschrift-Alphabete, wie die aus den Kapiteln zur Spitzfeder und Glasfeder, lassen sich problemlos untereinander austauschen. Auch die Jugendstil-Schrift lässt sich hervorragend mit Glas- oder Spitzfeder schreiben. Schwieriger ist es mit der Bandzugfeder, aber auch hier lässt sich einiges ausprobieren.

Folgende Kombinationen bieten sich besonders an:

HÜPFENDE MODERNE MIT DER REDISFEDER

Für dieses Alphabet habe ich eine 1,5-mm-Redisfeder auf demselben Linienspiegel wie für die Spitzfeder verwendet. Im Prinzip schreibt sich das Alphabet ähnlich, es gibt jedoch ein paar kleine Änderungen aufgrund des anderen Werkzeuges:

- Kleine Schlaufen: Die kleinen Schlaufen lassen sich mit der Redisfeder auf dieser Größe nicht formen, daher werden sie durch kleine Zacken ersetzt.

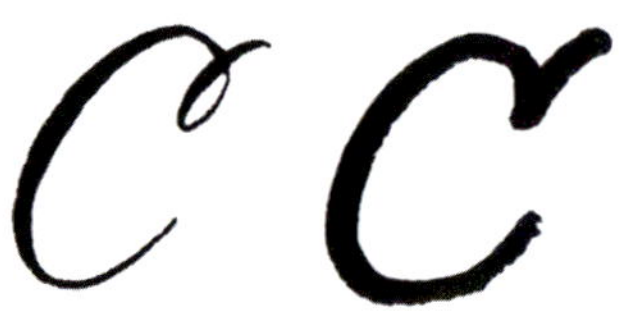

Ansonsten sind die Buchstaben geringfügig breiter geschrieben, um Tintenflecke zu vermeiden.

KANTIGE MODERNE MIT DER GLASFEDER

Striche mit der Glasfeder sind nur unwesentlich dicker als mit der Spitzfeder, daher eignet sie sich gut für Spitzfeder-Schriften. Auch die manchmal etwas unregelmäßigen Kanten der Glasfeder passen sehr gut zur kantigen Modernen, da sie ihr Erscheinungsbild noch verstärkt. Ich habe die Glasfeder hier auf demselben Linienspiegel wie für die Spitzfeder verwendet.

JUGENDSTIL-SCHRIFT MIT DER SPITZFEDER

Verwende für diese Schrift einen geraden Federhalter. Der Trick, die Buchstaben möglichst elegant erscheinen zu lassen, ist, immer nur am Anfang und am Ende der Striche Druck auszuüben.
Der Linienspiegel ist hier deutlich kleiner als für die Redisfeder, ich habe eine Buchstabenhöhe von 10 mm verwendet.

NEULAND MIT DER COLAFEDER

Wenn du die Neuland mit der Colafeder schreibst, ist es besonders wichtig, auf die Strichrichtung zu achten. Besonders bei Buchstaben wie B, D, P und R, bei denen ein Aufstrich vorkommt, kann die ausgerissene und unvorhersehbare Kante sehr spannend aussehen.

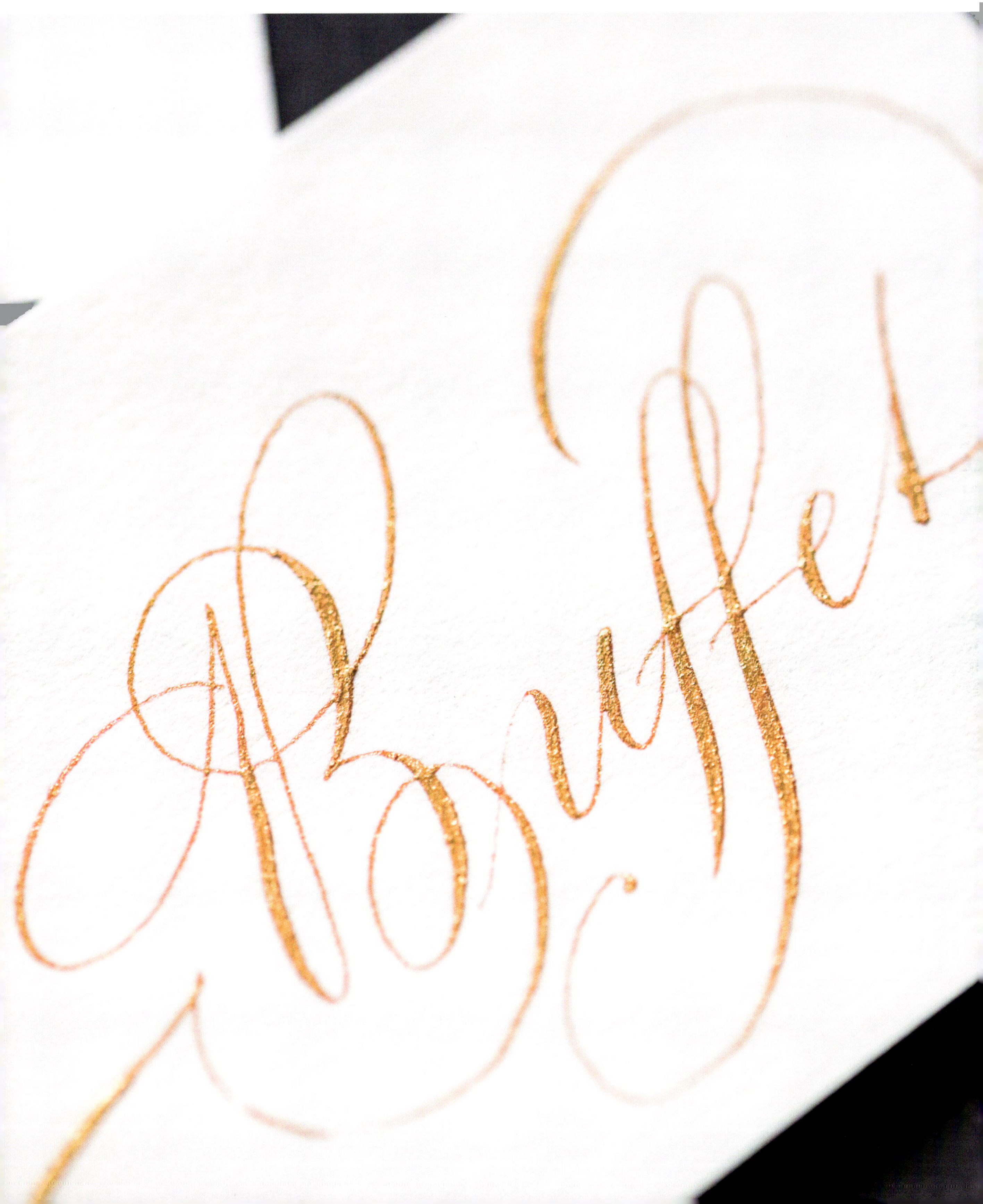
Buffet

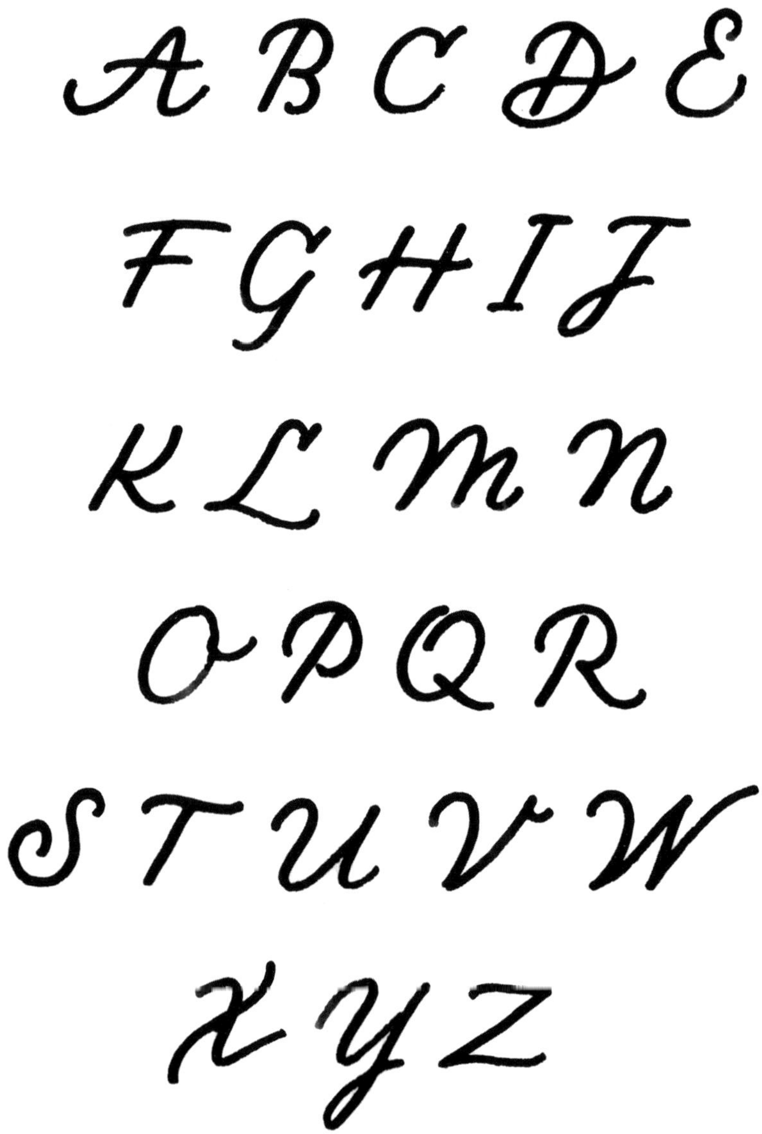
A B C D E
F G H I J
K L M N
O P Q R
S T U V W
X Y Z

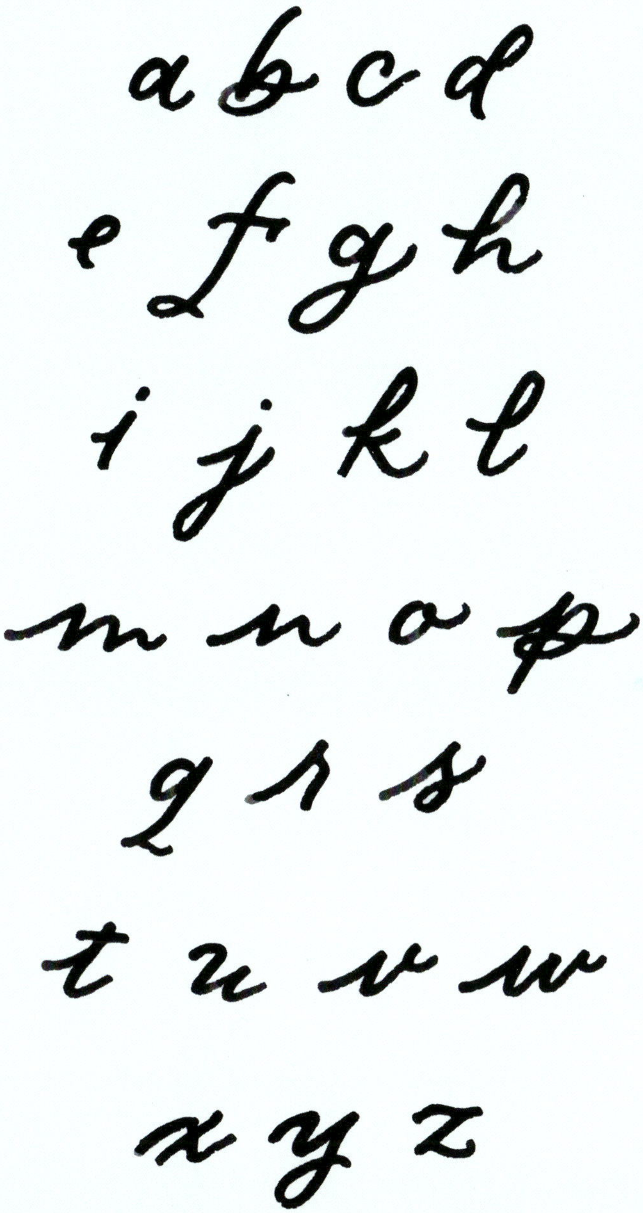

KANTIGE MODERNE MIT GLASFEDER

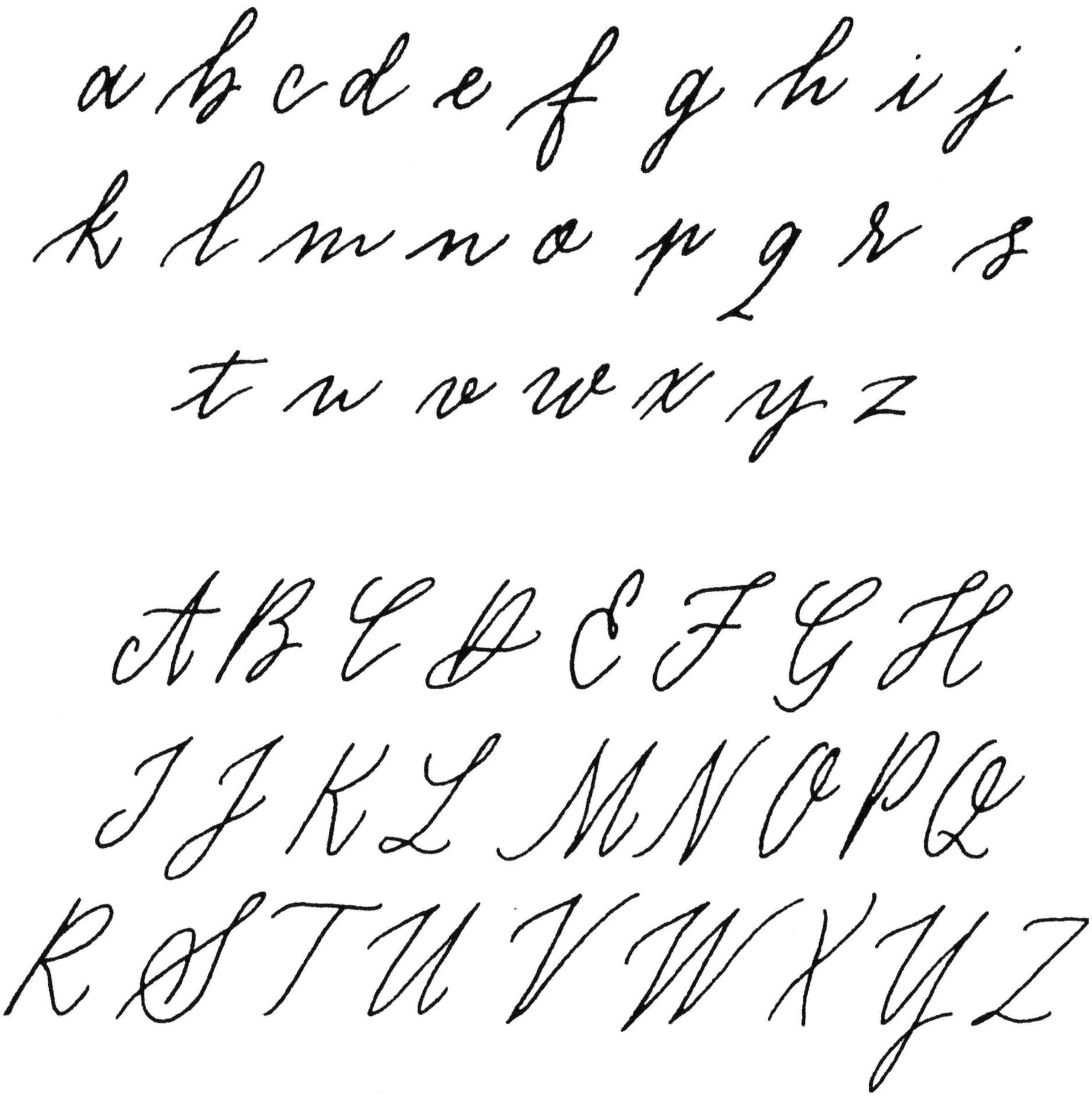

JUGENDSTIL-ALPHABET MIT SPITZFEDER

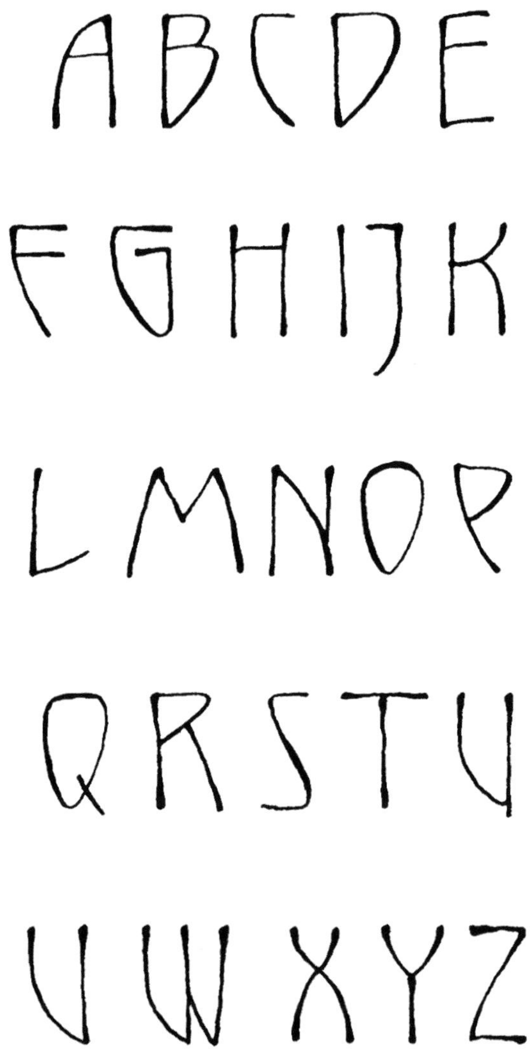

NEULAND MIT COLAFEDER

ABCDE
FGHIJ
KLMN
OPQRS
TUVW
XYZ

WEITERFÜHRENDE BÜCHER UND LINKS

Hier findest du einige weiterführende Links und Buchempfehlungen, um noch weiter in die Materie einzutauchen.

BÜCHERTIPPS

Moderne Kalligrafie von A bis Z von Natascha Safarik
Mein erstes Buch beschäftigt sich ausschließlich mit Spitzfeder-Alphabeten. Der Fokus liegt auf leicht verständlichen Erklärungen.

Spitzfeder-Kalligrafie von Stefanie Weigele
Der Titel sagt schon, worum es hier geht – ein schönes Buch, das sehr in die Tiefe geht.

Kalligrafie Meisterklasse von Gottfried Pott
Ein sehr umfangreiches deutschsprachiges Werk von einem angesehenen Kalligrafen.

Foundations of Calligraphy von Sheila Waters
Dieses englischsprachige Buch ist auf die Breitfeder-Kalligrafie ausgelegt und erklärt vieles im Detail.

Scribe – Artist of the Written Word von John Stevens
John Stevens ist ein amerikanischer Kalligraf, der verschiedenste Stile perfekt beherrscht. Sein Buch ist mehr Kunstwerk als Lehrbuch, aber es lohnt sich auf jeden Fall der Blick hinein.

ONLINE-QUELLEN

www.udemy.com
Seit Kurzem gibt es auf Udemy meinen Online-Kurs zum Thema Spitzfeder-Kalligrafie. Ein ausführlicher Kurs, in dem ich blutige Anfänger an die Thematik heranführe.

www.pennavolans.com
Penna Volans ist eine Website der Belgierin Sybille d'Ursel, die aus vielen historischen Kalligrafie-Werken Buchstabenkataloge zusammenstellt.

www.iampeth.com
Die International Association of Master Penmen and Teachers of Handwriting veranstaltet jährlich eine Koferenz in Amerika. Auf ihrer Website gibt es zahlreiche historische Bücher zum kostenlosen Download.

www.theflourishforum.com
Ein amerikanisches Forum, in dem fast alle Fragen zum Thema Kalligrafie schon mal beantwortet wurden.

MATERIALBEZUG

Hier stelle ich euch noch meine liebsten Online-Shops vor, bei denen ihr alle Kalligrafie-Materialien bekommt, die das Herz begehrt.

EUROPÄISCHE SHOPS

www.tintenfuchs.net/shop
Mein eigener kleiner Shop für Anfänger-Materialien

www.welovehandmade.at/shop
Von mir kuratierter österreichischer Online-Shop

www.kalligrafie.com
Niederländischer Shop, oft günstige Angebote. Große Auswahl an Federn, auch US-Importe

www.kalligrafie.ch
Federn, Walnusstinte, Eisengallustinte; Schweizer Produkte aus eigener Herstellung

www.kallipos.de
Vintage-Federn, selbst hergestellte Tinte

www.j-stuff.de
Nikko-G- und Zebra-G-Federn, Farben wie Bleedproof White und Sumi-Tinte

www.fountainfeder.eu
Ein auf Tinten spezialisierter deutscher Shop, bei dem man auch Proben verschiedenster Tinten bekommt. Perfekt geeignet, wenn man nicht gleich ganze Flaschen kaufen möchte.

www.coliro.de
Schimmernde Aquarellfarben aus deutscher Herstellung

www.scribblers.co.uk & www.blotspens.co.uk
Diese beiden britischen Shops bieten hauptsächlich für Tinten und Füllfedern, aber auch etwas Kalligrafie-Material.

INTERNATIONALE SHOPS

www.paperinkarts.com
Riesige Auswahl! Leider in den USA, daher fallen hohe Versandkosten und eventuell Zollgebühren an.

www.johnnealbooks.com
Ebenfalls ein großer amerikanischer Shop. Über JNB kann man internationale Kalligrafie-Zeitschriften abonnieren.

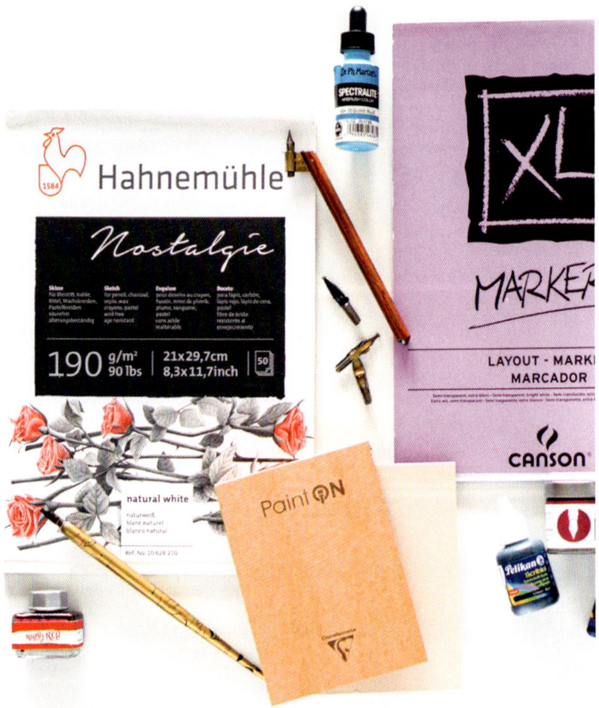

ÜBER DIE AUTORIN

Tintenfuchs, das bin ich, Natascha Safarik, eine der wenigen hauptberuflichen Kalligrafinnen Österreichs. Ich habe erst Anglistik studiert, dann Informationsdesign, und dann habe ich als Übersetzerin und Grafikerin gearbeitet, bis ich zur Kalligrafie gefunden habe. Manchmal braucht es halt etwas länger, bis man seinen Traumjob gefunden hat! Ich habe bei Meistern in Italien, den USA, Polen etc. viel über dieses traditionelle Handwerk gelernt. Seither übe ich das Zusammenspiel von Tinte, Papier und Feder täglich. Kalligrafie finde ich deshalb so toll, weil es noch so viel Spielraum bietet. Mir wird nie mehr langweilig werden.

Ich bin ursprünglich aus Graz und lebe seit einigen Jahren in Wien. In meiner Freizeit bin ich ein Nerd: Ich lese Comics und Bücher, spiele Brett-, Rollen- und Computerspiele und sitze mit meinen Liebsten und meinen Katzen auf dem Sofa, um die neuesten Folgen meiner aktuellen Lieblingsserien zu sehen. Außerdem helfe ich bei der Wildtierhilfe Wien beim Aufpäppeln und Auswildern von Wildtieren und schreibe viele Briefe – natürlich kalligrafiert.

Instagram | @tintenfuchs
Über mein tägliches Leben als Kalligrafin berichte ich auf Instagram, meine aktuellen Werke zeige ich hauptsächlich dort. Auch teste ich immer wieder verschiedene Tinten, Papiere und Stifte und gebe so einige Tipps zum Thema Kalligrafie.

Website | Tintenfuchs.net
Auf meiner Website findest du bisherige Projekte, Infos zu Buchungen und aktuelle Kurstermine. Wer über kommende Workshops, Events u. Ä. informiert werden möchte, kann sich für meinen Newsletter anmelden.

Facebook | facebook.com/tintenfuchs

DANKE

Ohne die Unterstützung vieler großartiger Menschen wäre ich beim Schreiben wahrscheinlich verzweifelt. Ich möchte mich daher besonders bedanken bei ...

... meiner Familie, besonders Iris, Mama und Ruth – Danke, dass ihr nie an mir zweifelt!
... Markus – Danke, dass du über Monate hinweg gefühlt zwölf Stunden am Tag meine Tiraden zum Thema Kalligrafie und Bücherschreiben ausgehalten hast!
... Petra – Danke für die Korrekturen, den Input und die tollen Kalligra-Gespräche!
... allen Dozenten, deren Kurse ich besuchen durfte. So lange es etwas zu lernen gibt, bin ich glücklich!
... all meinen Kalligra-Freunden, ihr wisst schon, wer ihr seid. Im realen Leben und auf Instagram seid ihr eine Bereicherung.

IMPRESSUM

Bibliografische Information der Deutschen Bibliothek.

Die Deutsche Bibliothek verzeichnet diese Publikation in der Deutschen Nationalbibliografie. Detaillierte bibliografische Daten sind im Internet über http://www.dnb.de/ abrufbar.

EIN BUCH DER EDITION MICHAEL FISCHER

1. Auflage 2020

Covergestaltung: Lara Nelles, Natascha Safarik (Schriftzug)
Redaktion und Lektorat: Nora Köpp
Layout und Satz: Meritt Hettwer
Fotos: ©Barbara Wenz

ISBN 978-3-96093-792-0

Gedruckt bei Polygraf Print, Čapajevova 44, 08001 Prešov, Slowakei

www.emf-verlag.de